Os conceitos fundamentais da pesquisa sócio-espacial

Do autor:

O desafio metropolitano

Mudar a cidade

ABC do desenvolvimento urbano

A prisão e a ágora

Fobópole

Os conceitos fundamentais da pesquisa sócio-espacial

Ambientes e territórios

Marcelo Lopes de Souza

Os conceitos fundamentais da pesquisa sócio-espacial

8ª edição

Rio de Janeiro | 2024

Título original: *Os conceitos fundamentais da pesquisa sócio-espacial*

Capa: Leonardo Carvalho

Editoração: FA Studio

Texto revisado segundo o novo
Acordo Ortográfico da Língua Portuguesa

2024
Impresso no Brasil
Printed in Brazil

Cip-Brasil. Catalogação na fonte
Sindicato Nacional dos Editores de Livros – RJ

S713c Souza, Marcelo Lopes de, 1963-
8ª ed. Os conceitos fundamentais da pesquisa sócio-espacial/ Marcelo Lopes de Souza. – 8ª ed. – Rio de Janeiro: Difel, 2024.
320 p.: 23 cm.

Inclui bibliografia
ISBN 978-85-286-1732-0

1. Geografia urbana. 2. Geografia humana. 3. Urbanização. I. Título

CDD: 307.76
13-03240 CDU: 316.334

DIFEL – selo editorial da
EDITORA BERTRAND BRASIL LTDA.
Rua Argentina, 171 – 3º. andar – São Cristóvão
20921-380 – Rio de Janeiro – RJ
Tel.: (21) 2585-2000

Atendimento e venda direta ao leitor:
sac@record.com.br

À memória de Orlando Valverde (1917-2006)

Sumário

Apresentação

Socioespacial, sócio-espacial...
(Ou: sobre os propósitos e o espírito deste livro)

O que são os nossos conceitos, e para que eles servem? Tentarei responder a essa pergunta com a ajuda de duas metáforas. Se pensarmos que, para elucidar a realidade, precisamos erguer "edifícios" que nos permitam enxergar mais e melhor, podemos entender os conceitos como os "tijolos"; a teoria como sendo os "tijolos" com "argamassa", já assentados, formando um todo coerente; e o método como sendo a maneira de "assentar os tijolos", "levantar as paredes" etc., sem agredir a realidade (sem ignorar a "topografia", sem enfear a "paisagem", sem deixar de aproveitar os "materiais" disponíveis mais apropriados...).

É claro que não nos valemos de tantos conceitos, em uma pesquisa empírica (mas teoricamente lastreada...) ou reflexão essencialmente teórica (mas devidamente informada pela pesquisa empírica...), quantos são os tijolos de um edifício. Apesar disso, talvez a metáfora ajude a perceber o papel dos conceitos como *unidades explicativas fundamentais*, ao mesmo tempo constitutivas de qualquer construção teórica (e imprescindíveis a toda pesquisa empírica que vá além do empirismo mais chão e descarnado) e nutridas pelas abordagens teóricas, as quais lhes garantem coerência.

É importante, adicionalmente, ressaltar que os nossos "tijolos" podem ter, cada um deles, um nome, mas eles e seus nomes são duas coisas diferentes. Uma coisa é o *termo técnico* que, por assim dizer, reveste o conceito; outra é o conceito em si mesmo, ou seja, o núcleo de significado que constitui a unidade explicativa fundamental em questão. Não é ocioso lembrar isso, pois tem sido comum, em nossa época, a proliferação de palavras, mais do que, propriamente, de conceitos. Por um lado, isso reflete, sem dúvida, as angústias e as perplexidades de nosso tempo; por outro lado, contudo, reflete, igualmente, a sua superficialidade. Ou seja: a forma "avança" para além do conteúdo, com praticamente cada autor querendo deixar uma marca pessoal. O ideal seria deixar essa marca (projeto inteiramente legítimo, é óbvio) por meio de novas e profundas (re)interpretações, renovados esforços de elucidação, novas sínteses de fôlego, e assim sucessivamente. Porém, na falta disso, muitos se contentam, na nossa época de inflação terminológica, com acrescentar uma ou outra palavrinha ou expressão vistosa, redefinir um pouco o significado de algum termo preexistente ou inventar algo "surpreendente" (quanto mais inusitado, melhor). O resultado, para os estudantes e mesmo para os pesquisadores já experimentados, é um cipoal de palavras (e, em parte, também de conceitos ou embriões conceituais) cada vez mais emaranhado. Não são poucos os que se confundem, inclusive imaginando, ou sendo induzidos a imaginar, que o conceito "x" é mais importante que todos os outros, ou que o conceito "y" saiu de moda, e coisas que tais.

Vou mudar a metáfora (aprecio muito as metáforas, pelo menos em livros de divulgação científica ou para estudantes de graduação, por mais perigosas que sejam as analogias: o seu valor didático pesa mais que o risco de comparações que, se não formos cuidadosos, podem soar esdrúxulas ou induzir a associações indevidas). Imaginemos, agora, os conceitos como "ferramentas". Uma ferramenta, obviamente, só nos será útil se soubermos usá-la, se tivermos um mínimo de treinamento e familiaridade com ela. A melhor ferramenta de carpintaria será inútil nas mãos de alguém que nada entenda do ofício. Da mesma maneira que uma ferramenta precisa ser testada ou, pelo menos, se tornar familiar a quem vai utilizá-la, uma ideia vaga e ainda não refletida consciente e sistematicamente deveria ser antes considerada uma *noção* que um *conceito*. O limite entre noções e conceitos pode ser, na prática, muitas vezes difícil de estabelecer com total segurança e sem arrogância, mas nem por isso a distinção, em si, é desimportante.

Se os conceitos são as nossas "ferramentas", precisamos, para o complexo trabalho da pesquisa sócio-espacial, nos valer de toda a nossa "caixa de ferramentas" (e, não raro, criar ferramentas novas, de tempos em tempos, mas com sobriedade e de acordo com reais necessidades); não faz sentido se fixar em uma única. Exagerar o papel de uma "ferramenta" conceitual seria como ignorar o martelo e o serrote e achar que, com uma chave inglesa, posso martelar pregos (coisa que, desajeitadamente, ainda vai) ou serrar madeira (o que, efetivamente, não dá). Privilegiar um determinado conceito, aprioristicamente e à revelia das circunstâncias concretas, em detrimento dos demais, me parece algo tão bizarro quanto um artesão que, independentemente do trabalho almejado e do material, insiste em só trabalhar com uma única ferramenta. Deve ficar claro que, na pesquisa, isso tende a produzir interpretações que são autênticos aleijões analíticos. Por certo que dominar os princípios de cada "ferramenta" conceitual e saber combinar inteligentemente as várias "ferramentas" não será, ainda, garantia de sucesso na pesquisa. Mas, sem isso, o fracasso estará pré-programado.

O presente livro é dedicado, em primeiro lugar, aos geógrafos de formação (estudantes de graduação, principalmente), mas não só a eles. A pesquisa sócio-espacial tem se beneficiado, há muitas décadas (em parte, até há muito mais tempo do que isso), dos aportes de sociólogos (especialmente urbanos), economistas regionais (e especialistas em teorias locacionais), e assim segue — sem esquecer dos *insights* e da inspiração direta ou indireta fornecida por vários filósofos e, também, por arquitetos(-urbanistas). Desejo, por isso, que os estudantes e estudiosos de Sociologia, Arquitetura etc. também possam ver alguma utilidade nas páginas que seguem. Do meu ponto de vista, a pesquisa sócio-espacial engloba os esforços de investigação científica, filosoficamente embasada e informada, em que as relações sociais e o espaço são, ambos, devidamente valorizados e articulados entre si com densidade no decorrer da construção do objeto e da própria pesquisa. E é uma questão de bom senso, mais até do que um dever de justiça, reconhecer que vários profissionais, com formações as mais diversas, além dos geógrafos, têm colaborado decisivamente para esse tipo de pesquisa há gerações. Em se tratando da pesquisa sócio-espacial em sentido forte, que poderíamos assim definir como um *campo interdisciplinar* — se bem que, indo além disso, alguns se esforçam para conferir à matéria os contornos ousados de um empreendimento *transdisciplinar* ou *adisciplinar*... —, a divisão do trabalho acadêmico, com seus "muros" e suas "cercas", se faz, infelizmente, também presente; porém, felizmente, tais "muros" e "cercas" são mais costumeiramente ultrapassados e transgredidos que em outros casos.

Há uma dose de arbitrariedade e subjetividade neste livro; não apenas no tratamento dado aos conceitos, mas na própria escolha deles. Outro autor selecionaria, talvez, ao menos em parte, outros conceitos. Creio, no entanto, abarcar a maior parte daqueles atualmente mais relevantes, no sentido de mais usados e debatidos ou, no meu entendimento pessoal, no sentido de mais úteis. A bem da verdade, há aqui três grandes tipos de conceitos: há aqueles que, talvez indiscutivelmente para a maioria dos pesquisadores, são imprescindíveis, ainda que a maneira de lidar com eles possa variar (caso da maioria dos conceitos apresentados nos capítulos 1 a 8); há, também, aqueles conceitos que, embora já estabelecidos e considerados imprescindíveis por muitos pesquisadores, não são correntes ou aceitos por outros tantos (caso da ideia de "*produção do espaço*"), ou, então, não são conhecidos pelo termo técnico aqui empregado (como ocorre com o *substrato espacial material*), ou estão sendo resgatados do esquecimento ou quase esquecimento (*setor geográfico*), ou, em certos casos, ainda não se consolidaram suficientemente, pelo menos no Brasil ("*construção social da escala*" e "*política de escalas*"); por fim, há aqueles conceitos que, sem dúvida, não são de modo algum usuais: os "*termos nativos*", por se referirem, no fundo, a noções extraídas do senso comum, e cujo tratamento conceitual ainda é, via de regra, embrionário e pouco conhecido, e o conceito de *desenvolvimento sócio-espacial*, por consistir em uma contribuição pessoal minha e ainda pouco disseminada. No fundo, está claro que a qualificação dos conceitos aqui contidos como "fundamentais" tem a ver, em parte, com certas tradições de uso pelos pesquisadores, mas, acima de tudo e em última análise, com aquilo que eu mesmo considero como básico.

O presente livro pretende ser uma simples introdução. Entretanto, por incrível que possa parecer, mesmo conceitos básicos não estão isentos de controvérsias. (Bem, quem porventura tiver uma razoável familiaridade com as ciências sociais não achará assim tão incrível...) Muitos, praticamente todos, são objeto de interpretações concorrentes. Seria, portanto, desonesto apresentar este livro como se fosse uma expressão de conhecimentos já consensuais. Conforme se viu no parágrafo anterior, alguns conceitos podem ser vistos como muito mais básicos do que outros, de acordo com o leitor, e alguns leitores podem veementemente discordar da inclusão desse ou daquele conceito na lista dos "fundamentais". Por dever de honestidade, busquei, por outro lado e de todo modo, oferecer mais de uma visão sobre um mesmo conceito, sempre que isso me pareceu imprescindível; e procurei, também, alertar sobre os aspectos particularmente polêmicos envolvendo tal ou qual conceito. Seja lá como for, é importante deixar claro que, por trás da concepção do livro, da seleção dos conceitos e do tratamento conferido a cada um deles, há muito, muito mesmo de minha visão pessoal. Isso, que é um fato do primeiro ao último capítulo, é particularmente evidente no caso do último, por se tratar de um conceito de minha própria lavra.

Os nossos conceitos são, em todo caso, carregados de historicidade. Do "*meio (telúrico)*", um dos conceitos centrais na obra do geógrafo anarquista Élisée Reclus (1830-1905), ao "*espaço social*" dos nossos dias, bastante influenciado pelo pensamento do filósofo neomarxista Henri Lefebvre (1901-1991), não se pode esquecer que os conceitos que empregamos são fruto de uma época e das condições internas e externas ao debate científico e intelectual próprias de cada época, mesmo quando as *palavras* (termos técnicos), em vários casos, sobrevivem às redefinições e mudanças de conteúdo. Não é lícito ou justo projetar no passado as expectativas e as convicções (ou ilusões...) do presente. No presente livro, procurei ter em mente, o tempo todo, esse preceito. Daqui a meio século, não somente o conteúdo de muitos (ou todos os) conceitos aqui expostos poderá ter mudado um pouco (ou bastante), mas um ou outro deles poderá até mesmo ter sido desprestigiado ou desbancado por novos conceitos, expressos por novos termos técnicos.

* * *

A diferença entre *socioespacial* e *sócio-espacial*, distinção sobre a qual tenho insistido há muitos anos (cf., p. ex., SOUZA, 2006a:111), é um caso particularmente interessante de historicidade conceitual, e convém esclarecer desde já essa diferença de grafia.

Como se verá logo no Capítulo 1, o conceito de "espaço social", concernente ao espaço produzido pela sociedade, afirmou-se como um dos mais relevantes para os geógrafos da atualidade. Muito embora o "espaço social" não deva ser simplesmente reduzido à materialidade (como mostrarei paulatinamente e com a ajuda de exemplos), ele também é, obviamente, e de partida, materialidade: um campo de cultivo e um estádio de futebol são realidades que exemplificam o espaço social, inclusive em seu sentido material. Se eu quero me referir ao espaço de um estádio de futebol, com as marcações do campo, com as suas arquibancadas etc., eu posso falar da sua estrutura *socioespacial*, sem hífen: aqui, o "social" meramente qualifica o espacial. Eu não estou fazendo referência direta às relações sociais que produziram o estádio, ou àquelas que o animam durante uma partida (as tensões e os confrontos entre torcidas, o jogo em si e os interesses econômicos e políticos eventualmente por trás dele...).

Entretanto, limites disciplinares são, cada vez mais, transgredidos. Felizmente. Imaginem se aos geógrafos de formação só coubesse a análise das estruturas socioespaciais, para descrevê-las e, quando muito, para refletir sobre como, uma vez criadas, elas balizam as dinâmicas que irão ali ter lugar: seria, para dizer o mínimo, frustrante, ao menos com os olhos de hoje. Houve época em que definições estreitas e preocupações corporativistas com a "geograficidade" (ou seja, com o conteúdo e o sentido geográfico ou espacial de um fenômeno ou objeto de estudo) levavam a que se interditasse o estudo das relações sociais (em suas várias dimensões; econômica, política e cultural) para além de um certo "limite", mais ou menos arbitrário. Ou seja: o estudo das dinâmicas que criam os espaços, as fronteiras etc. era relegado à seara de outros "especialistas" (sociólogos, economistas etc.). O curioso é que, nas últimas décadas, muitos desses "especialistas" passaram a se interessar, cada vez mais, pelas questões espaciais. Os geógrafos de formação, outrora tão vorazes em matéria de interesse, e tão megalomaníacos com suas pretensões exclusivistas de síntese, corriam o risco de se apequenar, de se tornar irrelevantes. Mas souberam, muitas vezes, não se deixar controlar por vieses disciplinares. (Às vezes, aprenderam tão bem que, ironicamente, quase que negligenciaram o próprio raciocínio espacial, ou a "imaginação geográfica", para usar uma expressão que David Harvey cunhou, inspirado na "imaginação sociológica" à qual se referira Wright Mills...)

Para se compreender e elucidar o espaço, não basta compreender e elucidar o espaço. É preciso interessar-se, profundamente, e não somente epidermicamente, também pelas relações sociais. É necessário interessar-se pela *sociedade concreta*, em que relações sociais e espaço são inseparáveis, mesmo que não se confundam. E é aqui que entra em cena o *sócio-espacial*, no qual o "sócio", longe de apenas qualificar o "espacial", é, para além de uma redução do adjetivo "social", um indicativo de que se está falando, direta e plenamente, também das relações sociais. Uma análise sócio-espacial de uma partida de futebol considerará, portanto, não apenas a estrutura socioespacial, mas examinará, como processos vivos, e sem "timidez epistemológica", as interações que se desenrolam durante a partida, nos marcos de uma espacialidade determinada e referenciadas (e relativamente condicionadas) por ela.

Sócio-espacial não consta dos dicionários. A rigor, *socioespacial* também não: são, ambos, termos técnicos que não foram, ainda, incorporados em um vocabulário mais amplo. Porém, em analogia com termos já dicionarizados, como "socioeconômico" e "sociopolítico", revisores de português têm insistido em que somente a versão sem hífen seria "correta". Teimam em desprezar, com isso, aquilo que o grande gramático Celso Luft qualificou, em seu famoso *Grande manual de Gramática Globo*, de "hifenização subjetiva, estilística, alheia a meras prescrições ortográficas", recurso usado, e com boas razões, por muitos escritores. Os pesquisadores anglo-saxônicos e alemães não sofrem com esse problema nas mãos de seus revisores: em inglês, *socio-spatial* é sempre com hífen, e, em alemão, *sozialräumlich* não tem como levar hífen algum. Mas aí é que reside a riqueza e a flexibilidade de que, neste caso (e em outros), dispomos em português. É interessante notar que, sempre que se deseja manter a noção de composição, em que os dois adjetivos preservam a sua individualidade semântica, o hífen continua a ser usado, mesmo após a última reforma ortográfica: dólico-louro, austro-húngaro... Assim, seja por analogia gramatical, seja, em última análise, por conveniência conceitual, sócio-espacial não é menos "certo" que socioespacial — *e vice-versa*. Ambas as expressões, como tenho sugerido, são válidas e úteis. São, na realidade, complementares.

No livro que o leitor ou a leitora tem em mãos, os conceitos selecionados são, todos, diretamente espaciais. E, como o título indica, trata-se de um elenco reduzido de conceitos *básicos*. Se eu fosse tentar dar conta de todos os conceitos espaciais interessantes ou úteis, teria de escrever um imenso léxico, que comportasse (de modo necessariamente superficial) uma plêiade de verbetes, de *fronteira* (e derivados como *fronteira morta* e *fronteira viva*) até *renda da terra*, de *limiar* (no sentido da Teoria das

Localidades Centrais, de Walter Christaller) até *zoneamento*, de *ecúmeno* até *segregação residencial*, de *conurbação* até *megalópole*... Não é essa, evidentemente, a finalidade deste livro. O seu propósito é apresentar e discutir alguns conceitos fundamentais, interligando-os entre si à medida que a exposição avança, e sempre com a preocupação de inscrevê-los em uma dinâmica de construção do objeto que *distingue* (até onde é possível), mas não *separa* o espaço das relações sociais. O espírito é o de iluminar o espaço recorrendo às relações sociais, e estas recorrendo-se ao espaço, em uma dialética sem fim. Trata-se, por isso, fortemente de trabalhar conceitos com a mente voltada para a pesquisa *sócio-espacial*, e não apenas para a radiografia de formas ou estruturas socioespaciais (por mais relevantes que estas, indiscutivelmente, sejam).

Agradecimentos

A origem deste livro se encontra no curso homônimo (abrigado sob a "disciplina guarda-chuva" *Tópicos Especiais em Teoria e Métodos da Geografia*) que, desde alguns anos, ministrei várias vezes para estudantes de graduação em Geografia da UFRJ. Resolvi ministrar, de tempos em tempos, essa disciplina, escolhendo como "tema central", repetidamente, os conceitos básicos da pesquisa sócio-espacial, por constatar a grave lacuna de formação conceitual dos alunos que cursavam comigo alguma disciplina eletiva já no final da graduação e, até mesmo, da maioria dos profissionais que ingressavam no mestrado (e mesmo no doutorado). Da disciplina à ideia de escrever o livro foi quase um pulo. Por isso, meu primeiro agradecimento, justamente, é para os estudantes que, com suas dúvidas, observações e sugestões, de algum modo colaboraram com as aulas que estão na origem deste trabalho. (Aliás, decidi preservar os traços dessa origem no próprio estilo de redação: em vez de utilizar o "plural majestático" ou as formas puramente impessoais, mais comuns em trabalhos científicos em português, oscilo entre a primeira pessoa do singular e a primeira pessoa do plural, mais ou menos como faço quando me dirijo aos estudantes em sala de aula.)

Agradeço, muito especialmente, a Glauco Bruce Rodrigues e Rafael Zilio Fernandes pela leitura de uma primeira versão do manuscrito. Por suas críticas e sugestões, o meu muito obrigado. Eles, naturalmente, não são responsáveis pelas imperfeições remanescentes, mas, sem sua ajuda, decerto haveria ainda mais imperfeições nas páginas que seguem.

Por fim, sou grato à Pinacoteca do Estado de São Paulo pela permissão para reproduzir, no Capítulo 2 ("Paisagem"), fotos de duas telas de seu acervo, de autoria do artista Joseph Léon Righini.

1

Espaço geográfico, espaço social, organização espacial e produção do espaço

O que é o *espaço geográfico*? Em uma *primeira aproximação*, pode-se dizer que ele corresponde à superfície terrestre. Veremos, contudo, que essa primeira aproximação é muito insuficiente. Se nos limitarmos a ela, deixaremos de perceber diversas sutilezas cruciais.

É preciso, antes de prosseguir, fazer uma outra advertência. Tem sido usual, pelo menos para aqueles que não são geógrafos de formação, tomar o adjetivo "geográfico" como sinônimo, em primeiro lugar, de algo que diz respeito aos processos e feições "naturais" da superfície terrestre (formação do relevo, hidrografia, clima etc.), e apenas secundariamente à "ocupação humana". Essa interpretação "naturalizante" não é descabida, e não se pode culpar os leigos por permanecerem aferrados a ela; afinal, durante muitas décadas ela foi preponderante no interior da própria disciplina acadêmica denominada "Geografia", e isso marcou a maneira como os conhecimentos da disciplina chegaram às escolas e aos livros didáticos.

De alguns decênios a esta parte, a maioria dos geógrafos, ou pelo menos a maioria daqueles identificados com a "Geografia Humana" (e que vêm se esforçando para serem reconhecidos como cientistas sociais), vem se mostrando grandemente desconfortável com aquele tipo de interpretação tradicional. Não é à toa que, sob inspiração principalmente do filósofo neomarxista Henri Lefebvre,[1] muitos passaram a ver no espaço *social*, e não mais no espaço *geográfico*, o conceito central de seu arsenal. Esse tipo de opção merece, no entanto, algumas pequenas ressalvas.

Pode-se entender o espaço social como aquele que é apropriado, transformado e produzido pela sociedade. Com isso, fica claro que não se está falando de um nível de abstração como o das conceituações de espaço dos matemáticos, dos físicos e de vários filósofos (como Immanuel Kant, por exemplo). Assim como o espaço geográfico, em uma primeira aproximação, corresponde à superfície terrestre, o espaço social, aqui, corresponde, também em uma primeira aproximação, e que igualmente precisará ser complementada, à superfície terrestre apropriada, transformada e produzida pela sociedade. (Como ficará claro mais à frente, a advertência quanto à insuficiência e incompletude da primeira aproximação referente ao conceito de espaço geográfico tem a ver, sobretudo, com certas peculiaridades do espaço social.)

Contudo, não poucas vezes, os sociólogos têm utilizado a expressão "espaço social" em um sentido diferente. A saber, em um sentido que, para um geógrafo de formação, soa como metafórico. De Émile Durkheim a Pierre Bourdieu, "espaço social" é, frequentemente, sinônimo de um "campo" de atuação, de uma teia de relações ou de posições relativas em uma estrutura social, sem necessária vinculação direta com um espaço

[1] Consulte-se, sobretudo, LEFEBVRE (1981).

geográfico concreto, preciso e delimitado. Isso, por si só, a partir de uma perspectiva que se preocupa com o diálogo interdisciplinar (e, quem sabe, até mesmo com o desafio das artificiais fronteiras disciplinares, tendo por horizonte uma *transdisciplinaridade*, para usar uma expressão piagetiana, ou uma *adisciplinaridade*, sugestivo termo usado pelo geógrafo Massimo Quaini), já é motivo suficiente para problematizar um pouquinho (*o que nada tem a ver com descartar!*) o conceito de espaço social.

E não é só isso. Para um sociólogo de formação, o vínculo com o estudo da natureza é muito mais distante e indireto que para um geógrafo. Muito embora as peculiaridades epistemológicas da Geografia venham sendo, há muito tempo, fator de preocupação e mesmo angústia, com muitos geógrafos "humanos" recusando, nas últimas décadas, a classificação de sua disciplina como algo eclético, na "charneira" entre ciências naturais e sociais, seria precipitado e lamentável ver a densidade e a intensidade da relação da Geografia com o estudo da natureza como apenas um fardo, um obstáculo, um estorvo. Elas podem ser uma verdadeira riqueza, um trunfo. Depende da maneira como se encararem as coisas.

* * *

Eis que surge, então, a essa altura, quase inevitavelmente, ao menos para os geógrafos de formação, a dilacerante questão: Geografia ou "Geografias"? Será legítimo falar da Geografia como uma ciência social, pura e simplesmente? Ou será ela, como sempre insistiram os clássicos, uma "ciência de síntese", "de contato", na "charneira" das ciências naturais e humanas, sendo ambas essas coisas ao mesmo tempo?

Como acabei de dizer, essas interpretações vêm sendo rechaçadas. As ideias da "síntese" e da "ciência do concreto", no sentido tradicional (tal como com quase arrogância e certa quase ingenuidade professadas, por exemplo, por Jean Brunhes, que implicitamente colocava a Geografia em um patamar diferente das disciplinas "abstratas"), se acham, há muito tempo, bastante desacreditadas. Ora: outras ciências também praticam sínteses, não apenas análises; e não há ciência que repudie, impunemente, o exercício da construção teórica, fazendo de uma (pseudo)concretude empirista profissão de fé. Com tantas necessidades de aprofundamento, não é de hoje que a resposta dos clássicos, muito inspiradora decerto, mas um tanto datada, não mais satisfaz. Entretanto, não teria o legado que compreende o longo arco que vai de um Carl Ritter ou de um Élisée Reclus, em meados ou na segunda metade do século XIX, até um geógrafo brasileiro como Orlando Valverde, na segunda metade do século XX, sido amplamente renegado em favor de uma compreensão da Geografia (por parte dos geógrafos humanos posteriores à "virada crítica" da década de 1970 — *radical turn*, como preferem os anglo-saxônicos) um pouco exclusivista, ainda que largamente correta e fecunda?

Não pretendo "resolver" esse problema secular da "identidade da Geografia", mas vou propor, aqui, duas *analogias*, que talvez soem estranhas. Milton Santos, com a sua teoria dos "dois circuitos da economia urbana dos países subdesenvolvidos" (SANTOS, 1979), logrou superar as interpretações *dualistas*, no estilo "setor moderno"/"setor tradicional", por meio de uma visão dialética da *bipolarização* entre dois "circuitos" ("inferior" e "superior") que, apesar de distintos e volta e meia atritarem entre si, são, sem embargo, em última instância interdependentes. Arrisco-me a pensar que seria produtivo ver a Geografia de modo semelhante: em vez de tratá-la dicotômica e dualisticamente (como se fosse realmente razoável "descolar" sociedade e natureza uma da outra, ou como se não se achassem dinâmica, processual e historicamente entrelaçadas de modo complexo), e também em vez de apenas decretar que a Geografia é "social" e que a Geografia Física é uma ilusão ou um anacronismo, não seria uma questão de sensatez, mais até do que se simples "tolerância", reconhecer que a Geografia é, diferentemente da Sociologia, da Ciência Política ou da História, mas também da Física, da Astronomia ou da Química, *epistemologicamente bipolarizada?*

Dois "polos epistemológicos" se abrigam no interior desse complexo, vasto e heterogêneo campo denominado Geografia: o "polo" do conhecimento sobre a natureza e o "polo" do conhecimento sobre a sociedade. Há geógrafos que fazem sua opção preferencial (e têm sua identidade profissional definida) pelo primeiro, o que terá consequências em matéria de formação e treinamento teórico, conceitual e metodológico; e há geógrafos que fazem sua opção preferencial (e têm sua identidade profissional definida) pelo segundo, o que também terá consequências em matéria de formação e treinamento teórico, conceitual e metodológico. E ambas as opções são legítimas, assim como legítimo e saudável será aceitar que as especificidades metodológicas, teóricas e conceituais exigem que, para que se possa falar em cooperação (ou, no mínimo, em respeito mútuo), os dois tipos de geógrafos — uns, identitariamente herdeiros por excelência da tradição dos grandes geógrafos-naturalistas, e os outros basicamente identificados com a tradição de um estudo da construção do espaço geográfico como "morada do homem", desembocando mais tarde na análise da produção do espaço pela sociedade — possuem interesses e, por isso, treinamentos e olhares diferentes. Havendo essa compreensão, base de uma convivência produtiva, pode-se chegar, e é desejável que se chegue, ao desenho de problemas de pesquisa e à construção de objetos de conhecimento específicos que promovam, sem subordinações e sem artificialismo, colaboração e diálogo.

Que promovam, pode-se dizer, a *unidade na diversidade*, sem o sacrifício nem da primeira nem da segunda. Gerar-se-iam, com isso, *sinergias* extraordinárias, atualizando-se e modernizando-se, sobre os fundamentos de um esforço coletivo, o projeto intelectual de um Élisée Reclus (ver RECLUS, 1905-1908).

O projeto intelectual do grande geógrafo e anarquista francês, marginalizado pelo mundo universitário durante muitas décadas por motivos políticos, não era, diga-se de passagem, exatamente idêntico ao que se tornou hegemônico nos marcos da Geografia clássica, e que já trazia em si, por assim dizer, o bacilo da dicotomização. O espírito que se tornou preponderante no âmbito da Geografia clássica (século XIX e primeira metade do século XX) foi bastante marcado pela contraposição de uma "Geografia Física", no estilo de um Emmanuel de Martonne e seu famoso *Tratado* (DE MARTONNE, 1973) a uma "Geografia Humana" (ou, para os alemães, "Antropogeografia"), no estilo de um La Blache (ou de um Ratzel). No interior desse tipo de concepção do campo de estudos, a "Geografia Humana" ou "Antropogeografia" se valeria de conhecimentos da "Geografia Física"; contudo, a "Geografia Física", desde os tempos do *Tratado* martonniano, revelava um interesse muitíssimo limitado pelo tipo de conhecimento que seus colegas "da Humana" produziam. E isso só fez se agravar com o tempo. Diferentemente, Reclus, que no início, em sua juventude, até mesmo tomava a Geografia praticamente como sinônimo de "Geografia Física",[2] aos poucos foi recontextualizando

---

[2] Note-se que, em *La Terre* (RECLUS, 1868-1869:9809) Reclus diz que à Geografia Física caberia cuidar das "harmonias terrestres", sendo que à História (e não à Geografia!) estaria reservado o papel de analisar as relações da humanidade com o planeta. Mesmo no primeiro volume da *Nouvelle Géographie Universelle*, já de 1876, seus referenciais terminológicos, embora tivessem se modificado, ainda traíam

o conhecimento sobre a natureza nos marcos do que passou a chamar de "Geografia Social" (*Géographie sociale*), em que sociedade e natureza se acham concebidas como dialeticamente interligadas. A expressão *Géographie sociale* atuava, em Reclus, ao fim e ao cabo, como a denominação de um conhecimento integrador do espaço geográfico com os seres humanos, sem qualquer respeito de reverência por fronteiras disciplinares (basta ver o entrelaçamento denso da Geografia com a História e outras ciências da sociedade em sua magnífica obra-prima *L'Homme et La Terre*). Embora o princípio norteador do projeto intelectual reclusiano tardio, em contraste com a época em que publicou *La Terre* — fundamentalmente uma obra de "Geografia Física" e com apenas alguns magros capítulos, ao final, sobre o homem e a ação humana sobre a natureza (de todo modo, muito mais do que faria, mais tarde, Emmanuel de Martonne em seu *Tratado*!) — fosse a busca da construção de um saber sobre a relação entre sociedade e natureza, podemos admitir, pragmaticamente, que certos geógrafos, legitimamente, podem, mesmo nos marcos de uma integração mais profunda, manter um forte interesse pela construção de conhecimentos também sobre *a natureza (enquanto espaço terrestre) sob o efeito da sociedade* (uma espécie de "Ecogeografia", para usar o termo de Jean Tricart) e não somente sobre a maneira como *a sociedade concebe e se apropria da natureza e a transforma, transformando a si própria* (a "Geografia Social" *stricto sensu*). A veia de naturalista poderá, assim, estar legitimamente presente em vários geógrafos, sem prejuízo de uma visão de conjunto e sem alimentar uma dicotomização nefasta, marcada pela hostilidade entre aqueles que deveriam cooperar uns com os outros.

---

nitidamente o peso de uma visão naturalizante, pois ele ainda distinguia entre uma Geografia "propriamente dita" (que seria a Geografia Física!) e uma "Geografia Histórica e Estatística" (RECLUS, 1876-1894, vol. I, pp. 7-8).

Para "integrarmos" esforços dessa forma não basta, entretanto, imaginarmos, abstratamente, que o "espaço" ou o "raciocínio espacial", por si só, já uniria, pois a própria maneira como o "espaço" é construído como objeto há de ser diferente, daí derivando conceitos-chave preferenciais bem distintos: em um caso, bioma, (geo)ecossistema, nicho ecológico, *habitat* (natural)... Em outro, território (como espaço *político*), lugar (espaço percebido/vivido), bairro... Partindo para a minha segunda analogia, poder-se-ia, à luz disso, dizer que a Geografia seria uma "confederação", devendo abdicar da pretensa homogeneidade ideologicamente postulada pelos ideólogos de um "Estado-nação". A Geografia é irremediável e estonteantemente *plural*. Na medida em que os geógrafos "físicos" admitam que a própria ideia de "natureza" é histórica e culturalmente construída (ou seja, compreendendo que o conhecimento *ecogeográfico* só adquire pleno sentido à luz da dinâmica social) e que a "natureza" que lhes interessa não deveria, em diversos níveis, ser entendida em um sentido "laboratorial" e "desumanizado" (no máximo recorrendo a conceitos-obstáculo como "fator antrópico"), e na medida em que os geógrafos "humanos", de sua parte, reconheçam que os conceitos, raciocínios e resultados empíricos da pesquisa ambiental (em sentido estrito) podem lhes ser muito úteis (articulando esses conhecimentos, sejam aqueles sobre ilhas de calor, poluição ou riscos de desmoronamentos/deslizamentos, aos seus estudos sobre segregação residencial ou problemas agrários), em um estilo inscrito, ao fim e ao cabo, na linhagem da *Géographie sociale* reclusiana,[3] *então* deixar-se-á

---

[3] O que não significa que a visão reclusiana de uma dialética entre sociedade e natureza (ou, para empregar o par terminológico mais frequentemente utilizado pelo próprio Reclus, entre homem e meio) não necessite ser atualizada e aprimorada. Pode-se propor, aprofundando a fórmula reclusiana do homem como "a natureza tomando consciência de si mesma", que, muito embora a natureza não

para trás o desconhecimento recíproco para se ingressar em um ciclo virtuoso.

Creio ser frutífero encarar o espaço geográfico, incluindo as facetas da "*primeira natureza*" e da "*segunda natureza*" (ainda que com o interesse por

---

se confunda inteiramente com a sociedade, ela *está*, ao mesmo tempo, *na* sociedade (a materialidade da natureza transformada pelas relações sociais); e, quanto à sociedade, mesmo que ela não se confunda inteiramente com a natureza, ela *está*, ao mesmo tempo, *na* natureza (a ideia de natureza como cultural e historicamente produzida). Tomemos os seguintes pressupostos de um enfoque contemporâneo da relação entre sociedade e natureza, a um só tempo socialmente crítico e (seguindo as pegadas de Reclus) libertário: 1) a natureza não pode ser reduzida a algo puramente exterior ao homem; 2) a própria ideia de natureza tem de ser reconhecida como sendo histórico-culturalmente condicionada (mesmo a ideia de uma "natureza primeira"); 3) a "hominização" da natureza não pode ser fundamentalmente reduzida à sua transformação pela sociedade por meio do trabalho, na base de uma razão prática mais ou menos "desculturalizada", uma vez que é essencial levar em conta *o conjunto das dimensões das relações sociais*, nos marcos de *imaginários específicos* que *dão sentido e significado* à natureza e à sua transformação material; 4) é preciso compreender que, ainda que as relações sociais sejam condicionadas, em certo grau, pela "natureza primeira", esse condicionamento é, sempre, histórica e culturalmente relativo (a sujeição do homem às "forças da natureza" varia historicamente e, além disso, cada cultura específica atribui um significado particular a qualquer condicionamento; 5) as fronteiras entre natureza e cultura são reais, mas suas relações e interpenetrações são dinâmicas, uma vez que a técnica constantemente influencia e o imaginário social constantemente redefine o que é "natural" e o que é "artificial"; 6) é necessário questionar o ideal moderno de uma "dominação da natureza", o qual trai um compromisso com o imaginário capitalista ao exteriorizar a natureza dentro de uma concepção produtivista da história, do espaço e da sociedade que, em um sentido profundo, é antiecológica e antissocial. À luz desses pressupostos, Reclus se sai relativamente bem no que tange ao primeiro, mas sua abordagem apresenta limitações a propósito dos demais (mesmo um pouco no caso do último, reflexo da crença no progresso típica do século XIX).

aquela subordinado ao interesse por esta última), como um verdadeiro *conceito-matriz*.

Marx utilizava, como é sabido, as expressões "natureza primeira" e "natureza segunda" para designar, respectivamente, a "natureza natural", intocada pelo homem (na segunda metade do século XX, o filósofo Cornelius Castoriadis chamaria isso de o "estrato natural originário"), e a natureza já transformada pela sociedade. Entretanto, mesmo geógrafos de formação parecem desconhecer que o geógrafo Élisée Reclus igualmente utilizou as expressões *première nature* e *seconde nature* com os mesmos sentidos — e, ao que parece, tendo chegado a essas noções por conta própria e sem ter sofrido influência de Marx.[4] Neste livro, portanto, tais expressões serão associadas aos nomes tanto de Marx quando de Reclus, por uma elementar questão de justiça.

O espaço da "natureza primeira", a rigor, se refere à natureza completamente exterior ao homem e não captada por sua consciência. Ora, o simples fato de se observar e estudar a natureza, mesmo dentro de um enfoque "laboratorial", típico das ciências naturais, já implica uma

[4] Reclus utiliza essas expressões já no primeiro volume de *La Terre*, publicado em 1868. Conquanto ele tenha conhecido Marx e sido até mesmo sondado por ele sobre a possibilidade de traduzir *Das Kapital* para o francês — projeto que não prosperou, porque Marx não concordou com a sugestão de Reclus de adaptar e abreviar a obra para o público francês —, esse encontro e o contato de Reclus com o referido trabalho de Marx só se deram no verão de 1869 (FLEMING, 1988:57-8). Desconheço evidências de que Reclus conhecesse bem ou acompanhasse detidamente a produção intelectual de Marx anteriormente a esse momento. O mais provável é que ambos tenham chegado às mesmas expressões por terem compartilhado determinadas fontes filosóficas, como a *Naturphilosophie* de Schelling (o alemão, não nos esqueçamos, era uma língua que Reclus, por ter estudado na Alemanha, falava fluentemente).

concepção (e até uma valoração) da natureza; ou seja, até essa forma "laboratorial" de lidar com a natureza, na qual esta não é *diretamente* investigada como uma "natureza-para-a-sociedade", é, também, expressão do fato inarredável de que, para o homem, a relação com a natureza sempre é mediada pela cultura e pela história. *Pragmaticamente*, porém, é possível entender a "natureza primeira" como correspondendo aos processos e ambientes do "estrato natural": bacia hidrográfica, ecótopo, ecótono... — que podem ser e são, muito frequentemente, estudados sem a preocupação primária de se levar em conta, ao menos aprofundadamente, a sua relação com a sociedade (impactos, apropriações), sendo o estudo conduzido com base em métodos e técnicas inerentes às ciências naturais. Já o espaço da "natureza segunda" abrange desde a materialidade transformada pela sociedade (campos de cultivo, infraestrutura, cidades etc.) até os espaços simbólicos e as projeções espaciais do poder, que representam o entrelaçamento dos aspectos imaterial e material da espacialidade social. Desse ponto de vista, a natureza que importa não é, em primeiro lugar, aquela das forças naturais (processos físicos, químicos e biológicos, e sua concretização como processos de modelagem da superfície terrestre), mas sim a "natureza-para-a-sociedade". Aqui, o espaço geográfico é, portanto, um espaço verdadeira e densamente *social*, e as dinâmicas a serem ressaltadas são as dinâmicas das relações sociais (ainda que sem perder de vista as dinâmicas naturais e seus condicionamentos relativos).

Feitas essas ponderações, é possível valorizar o conceito de *espaço social* sem, por outro lado, abrir mão do de *espaço geográfico*. Da perspectiva da pesquisa sócio-espacial, é como se tivéssemos duas "camadas" ou dois níveis de conceitos primordiais, sendo o conceito de espaço geográfico um pouco mais amplo, e o de espaço social (que equivale a uma qualificação do de espaço geográfico) podendo ser compreendido como mais específico e, a rigor, mais central. Das interfaces do espaço social com as diferentes dimensões das relações sociais emergem os conceitos de *território*, *lugar* e muitos outros, que podem ser vistos como *conceitos derivados*. Esses conceitos derivados serão objeto de exame ao longo do presente livro. Comece-se, então, ainda neste capítulo inicial, com os conceitos de *organização espacial* e *produção do espaço*, que também admitem ser entendidos como conceitos derivados do de espaço social.

Porém, antes de se passar à discussão dos conceitos de organização espacial e produção do espaço, faz-se necessário explicar a razão de eu ter salientado que identificar a superfície terrestre com o espaço social (e, por tabela, com o espaço geográfico) constitui somente uma primeira e insuficiente aproximação conceitual. Pormenores serão examinados nos capítulos 4 e 5, quando tratarei, respectivamente, dos conceitos de território e lugar. Contudo, o básico pode e deve ser explicado já agora.

O espaço social é, a princípio, algo material, tangível, palpável. Campos de cultivo, pastagens; casas, prédios, cabanas, ocas; estradas, ruas, vielas, picadas; barragens, represas, usinas... A lista é imensa, quase infinita. Cada uma dessas "coisas" pode ser chamada de um *objeto geográfico* particular. Muitos geógrafos, durante gerações, explícita ou implicitamente associaram o espaço, exclusivamente, à materialidade. Para Milton Santos, em seu célebre livro *Por uma Geografia nova*, "o espaço é a matéria trabalhada por excelência"; "uma forma, uma forma durável, que não se desfaz paralelamente à mudança de processos" (cf. SANTOS, 1978:137, 138).

No entanto, será que a materialidade *esgota* a ideia de espaço social? Tomemos, antes mesmo de adentrarmos o conceito de território, aquilo que pode ser denominado a *noção intuitiva* de território. Ela tem a ver com limites, com fronteiras... enfim, com a projeção, no espaço, de um *poder* que se exerce e que demarca espaços bem diferentes: "meu (nosso) espaço"/"seu espaço (espaço de vocês)." Os fatores que estimulam essas demarcações (econômicos, estratégico-militares etc.), a maneira como se chega a elas (argumentação, negociação, intimidação, imposição pela força) e o modo como elas são implementadas (menos ou mais excludentes, menos ou mais solidárias): tudo isso pode variar tremendamente. Assim como não há um único tipo de poder, tampouco há um único tipo de território. No entanto, uma coisa permanece: o território, mesmo sendo sempre considerado relativamente a uma porção material da superfície terrestre, *não se confunde inteiramente (ou propriamente) com ela.*

Tomemos dois exemplos. O primeiro, em escala diminuta, parece até brincadeira, mas é uma analogia séria. Dois colegas de escola (ou universidade) dividem, em caráter temporário (uma aula especial) ou permanente (todo o ano ou período letivo), uma mesa ou bancada. Cada um deles espalha o seu material (cadernos, livros, canetas, lapiseira, borracha...) pela bancada, ocupando um certo espaço. Com isso, ele ou ela está, no fundo, estabelecendo um território. Se for uma pessoa daquele tipo que, popularmente, é chamado de "pessoa espaçosa", um dos estudantes poderá, intencional ou inconscientemente, acabar ocupando um espaço útil bem maior do que aquele ocupado por seu ou sua colega — digamos, dois terços da mesa ou bancada. No fundo, para tanto, bastaria ele ou ela, por exemplo, posicionar uma de suas canetas sobre a mesa de um tal jeito — e a si próprio, com sua cadeira, de uma tal maneira —, ou utilizar um arranhão no tampo da mesa ou marca da madeira como "marco fronteiriço", que ficaria claro que aqueles dois terços foram "apropriados" por ele ou ela. ("Apropriados", no caso, é um certo abuso de linguagem, já que nenhum deles detém a *propriedade* da mesa ou carteira; cada estudante detém somente o direito à *posse*, durante o tempo em que estiver ali — se bem que, e esse é o problema, a pessoa mais "espaçosa" não esteja exercendo a posse *efetiva* de todo o espaço que ela "reivindica".) Consideremos, agora, a possibilidade de que o estudante prejudicado não aceite imposições e resolva deslocar a caneta do "espaçoso" e reposicionar a sua cadeira ou o seu material. Ao fazer isso, ele (ou ela) modificou a "fronteira" e criou, potencialmente, uma situação de tensão. Resta ver se o "espaçoso" engolirá o desafio... O que importa é que, sem alterar uma única molécula da mesa ou bancada, e somente por meio de indicações simbólicas (uma caneta simbolizando uma divisa, um limite — e, a rigor, nem seria necessário usar uma caneta para isso, bastando o próprio posicionamento do corpo da pessoa), foram definidos territórios.

Podemos passar a uma escala mais abrangente, mas mesmo assim bem acanhada, como a do trecho de uma rua que "cabe" a um grupo de prostitutas que fazem "ponto" em certo local, à noite. Em determinado momento, travestis podem resolver fazer "ponto" na mesma rua, começando a disputar espaço com as prostitutas. Estas, depois de um certo tempo e após vários incidentes — digamos que as prostitutas são, além de menos fortes, nesse caso hipotético também menos agressivas ou "territorialistas" —, se deslocam (ou melhor, são empurradas) para um trecho pequeno e mal iluminado da mesma rua na qual, inicialmente, elas se deslocavam com desenvoltura e sem serem incomodadas. Sem que a rua, em si mesma (suas árvores, sua calçada, seus postes, suas casas...), tenha sofrido, materialmente, qualquer modificação, o território das prostitutas encolheu significativamente.

Percebe-se, assim, o quanto a ideia de território, se levada às últimas consequências, se distingue da de espaço social material. Não digo que o território "se separe" completamente da materialidade; afinal, sem a materialidade para lhe servir de referência (em vários sentidos, não somente demarcatório), o que seria o território senão uma abstração vazia? Entretanto, uma distinção se estabelece e se impõe. Uma distinção entre realidades entrelaçadas, mas em que cada uma mantém uma individualidade. O interessante, em seguida, é notar que, como projeção espacial de uma relação de poder, o território é, no fundo, em si mesmo, uma *relação social*. Mais especificamente, uma *relação social diretamente espacializada*. Isso nos sugere que a distinção entre "espaço (social)", de um lado, e "relações sociais", de outro, não é muito precisa. O espaço só seria facilmente distinguível das relações sociais se ele fosse redutível à materialidade. Por exemplo: uma civilização pré-colombiana, como os maias, constrói uma cidade e nela habita por vários séculos, até o momento em que, por alguma razão, ela é abandonada e fica vazia. Aos poucos, a cidade vai sendo encoberta pela selva tropical e caindo no esquecimento, até ser "descoberta" por algum arqueólogo ou explorador, passando a ser, posteriormente, objeto de exame científico e/ou visitação turística. Durante o longo período em que esteve "esquecida", como verdadeira "cidade-fantasma", aquele conjunto de construções de pedra se achava esvaziado das relações sociais que a criaram — relações de poder incluídas. As construções foram produzidas pela mão humana, mas as mãos humanas haviam desaparecido. Ao menos na escala da cidade e de suas antigas subdivisões não havia mais territórios, somente "natureza primeira" que fora transformada em "natureza segunda" pelos construtores da cidade e que, agora, entregue a si mesma, estava abandonada às intempéries, retornando à condição de matéria apartada da consciência humana, desintegrando-se e reintegrando-se, muitíssimo lentamente, ao ambiente natural circundante.

A moral da história é: se disséssemos que o espaço social (e, por tabela, o espaço geográfico, em geral) corresponde, sem maiores discussões, à superfície terrestre, haveria sempre a possibilidade de se reduzir o espaço à sua expressão material (crosta terrestre e matéria bruta, além das matérias-primas transformadas pelo trabalho em bens móveis ou imóveis). Todavia verificamos, com a ajuda da ideia de território, que a materialidade não esgota o espaço social, e que as próprias relações sociais são, em determinadas circunstâncias ou a partir de uma determinada perspectiva, espaço — mesmo que, a rigor, uma certa distinção entre espaço e relações sociais continue sendo útil e válida.

Analogamente, o mesmo exercício poderia ser feito com relação à ideia de "lugar". O "lugar", aqui neste livro, não é "qualquer lugar", um sinônimo abstrato de localidade; ele é um espaço dotado de significado e carga simbólica, ao qual se associam imagens, muitas vezes conflitantes entre si: lugar de "boa fama" ou de "má fama", hospitaleiro ou perigoso, e assim segue. O lugar é, em princípio, um *espaço vivido*: vivido, claro, pelos que lá moram ou trabalham quotidianamente. Mas imagens de lugar também são criadas de fora para dentro, ou então com base em uma vivência mais frouxa, mais esporádica, não quotidiana. O que é uma imagem de lugar? Uma "ideia" (ou "ideias") e um "sentimento" (ou "sentimentos"), que se expressam por representações, por uma toponímia, por um conjunto de indicações (tabus, recomendações, interdições: "não vá lá, é perigoso"; "ah, como eu adoraria morar naquele lugar!"...). Uma imagem de lugar (e, no limite, a ideia de "lugar" em si), assim como um território, se "decalca" sobre um espaço material, mas não se confunde inteiramente com ele. A imagem de lugar pode se modificar, sem que o espaço, em sua materialidade, tenha se modificado; e o inverso também é verdadeiro: alterações materiais podem não alterar a imagem de um lugar (podendo, às vezes, no máximo, reforçá-la).

Uma vez fornecidas as explicações necessárias para se completar a explanação básica dos conceitos de espaço geográfico e espaço social, podemos passar à exposição dos conceitos de organização espacial e produção do espaço.

O que é, afinal, a *organização espacial?*

Para Roberto Lobato Corrêa, a organização espacial é "o conjunto de objetos criados pelo homem e dispostos sobre a superfície da Terra" (CORRÊA, 1986:55). "[C]onstituída pelo conjunto das inúmeras cristalizações criadas pelo trabalho social", como o autor completa duas páginas adiante (CORRÊA, 1986:57), a organização espacial tem a ver com a divisão espacial do trabalho, com a disposição e distribuição espacial da infraestrutura técnica (malha viária, redes técnicas de abastecimento de água e energia, de esgotamento sanitário etc.) e social (escolas, postos de saúde etc.), com o padrão de segregação e autossegregação residencial, e assim segue. Também tem muito a ver, por exemplo, com as centralidades (na escala intraurbana — *Central Business District*, subcentros de comércio e serviços — e em escalas supralocais — a rede urbana, vista na escala regional, nacional ou internacional).

Porém, é muito restritivo limitar a organização espacial apenas aos "objetos criados pelo homem". Ainda que a ideia de *organização* (assim como as de *ordem* e *desordem*) seja, em última análise, subjetiva e culturalmente enraizada, portanto não fazendo nenhum sentido em relação a uma "natureza-sem-o-homem" e que não seja objeto de percepção humana, não parece muito defensável excluir do conceito de organização espacial formas espaciais não criadas (mesmo que possam vir a ser transformadas) pela sociedade. Como descrever e compreender a organização espacial de ribeirinhos e seringueiros, na Amazônia, sem levar em conta os rios e entender o seu papel? Como descrever e compreender a organização espacial de caiçaras, de faxinalenses ou de quilombolas sem tomar em consideração o papel de feições da "natureza primeira"? E o mesmo raciocínio se aplica a numerosíssimas outras situações, e inclusive a espaços urbanos, em que — para ficar em um único tipo de exemplo — topografia, ocupação e segregação residencial são indissociáveis uma das outras.

Ademais, seria empobrecedor restringir a organização espacial tão somente à materialidade do espaço, ou seja, às estruturas diretamente tangíveis. As malhas territoriais, com suas fronteiras e divisas, seja entre entidades territoriais estatais (entre blocos internacionais de poder, entre países, entre estados ou províncias, entre municípios etc.), seja entre territórios não estatais (limites territoriais entre gangues de jovens ou quadrilhas de criminosos, por exemplo), por acaso também não constituem expressões de organizações espaciais determinadas?

A organização espacial está sempre mudando. Às vezes, mais rapidamente; às vezes, mais lentamente. E não apenas mudando: está, também, sendo constantemente *desafiada*, em diferentes escalas. Para cada "ordem" sócio-espacial aparecerá, mais cedo ou mais tarde, ao menos em uma sociedade injusta e heterônoma, um contraprojeto (ou vários contraprojetos concorrentes) que proporá ou pressuporá, explícita ou implicitamente, novas estruturas socioespaciais, para agasalhar novas relações sociais. A implosão ou corrosão de uma "ordem", gerando em certos observadores a impressão de um estado de "desordem", pode ser vista com pessimismo ou otimismo, dependendo dos interesses, do papel social e, por conseguinte, da perspectiva ou visão de mundo.

"Ordem" e "desordem" são ideias subjetiva e intersubjetivamente relativas, e quase sempre aparecem carregadas com forte carga ideológica (a "ordem" é, para muitos, algo bom em si mesma, e a boa "ordem" é a "ordem" sócio-espacial em vigor e hegemônica; a "desordem", independentemente de ter origem em protestos legítimos e justas reivindicações, é amiúde vista como problemática, porque perigosa, podendo até ser vista como patológica). O planejamento urbano (e regional) promovido pelo Estado costuma ser um guardião e reprodutor intelectual de uma visão altamente ideologizada da ideia de "ordem" (e de ideias correlatas, como "ordenamento", "gerenciamento" etc.). Os movimentos sociais emancipatórios, muito especialmente aqueles realmente imbuídos dos princípios de autonomia e autogestão (e "autoplanejamento", como tenho adicionalmente sugerido), costumam desafiar a ideia hegemônica de "ordem", para mostrar, na prática, que da aparente ou temporária "desordem" pode, precisamente, surgir uma nova "ordem" (ou novas "ordens"), menos injusta, desigual e assimétrica.

Quanto à "produção do espaço", de que falamos quando falamos dela?

Trata-se, essa, de uma expressão indescolável, hoje, da obra de Lefebvre, em particular de seu influente livro *La production de l'espace* (LEFEBVRE, 1981). Nesse livro, que dá continuidade a um veio que já vinha sendo explorado desde obras anteriores (ver, p. ex., LEFEBVRE, 1983), o filósofo francês sistematiza o *insight* sobre a importância crescente da produção *do* espaço (e não somente *no* espaço) para a acumulação capitalista. Segundo ele, na verdade, a sobrevivência do capitalismo dependeria, cada vez mais, precisamente disso. Vale a pena registrar que, na década de 1980, David Harvey, desdobrando a contribuição original de Lefebvre, discutiu a relevância do que chamou de "circuito secundário" da acumulação de capital. Esse circuito é aquele que se vincula não à produção de bens móveis, mas sim à produção de bens imóveis, isto é, do próprio ambiente construído. O capital imobiliário (fração do capital um tanto híbrida, que surge da confluência de outras frações) tem, nas últimas décadas, assumido um significado crescente na interface com o capital financeiro — às vezes com consequências globalmente catastróficas, como se pode ver pelo papel das "hipotecas podres" na crise mundial que eclodiu em 2008. E, em todo o mundo — das Docklands, em Londres, a Puerto Madero, em Buenos Aires —, "revitalizar" espaços obsolescentes tem sido um dos expedientes principais na criação de novas "frentes pioneiras urbanas" para o capital. (O uso ostensivo do termo "revitalização", diga-se de passagem, sugere que se está a presumir ou se quer fazer acreditar que os espaços a serem "revitalizados" se achavam antes "sem vida", isto é, "mortos", além de "deteriorados" — discurso ideológico que escamoteia o fato de que, nesses espaços, quase sempre, há pessoas, via de regra pobres, morando, trabalhando e até mesmo produzindo cultura. Voltarei a esse assunto, rapidamente, no Capítulo 10, para propor uma subversão do uso da palavra "revitalização".) No Brasil, megaprojetos como o da "Nova Luz", em São Paulo, e o do "Porto Maravilha", no Rio de Janeiro, se inserem no mesmo contexto de causas e motivações.

De toda sorte, não existe apenas uma única maneira de interpretar e focalizar a "produção do espaço". Do predomínio de uma visão estreitamente "materialista" (redutora do espaço à sua materialidade), e mesmo economicista — o que pode ser entendido, inclusive, como uma leitura empobrecedora dos *insights* de Lefebvre —, a uma visão mais abrangente e mais radical, que desafie o próprio pano de fundo filosófico da reflexão lefebvriana (o pensamento de Marx), várias são as possibilidades. Note-se, aliás, que é bem verdade que o próprio Lefebvre fez reparos, de passagem, a um certo reducionismo embutido no pensamento que se tornou predominante em Marx, o qual teria eliminado parte da riqueza da ideia hegeliana de "produção" em favor de uma interpretação cada vez mais estritamente econômica. Com efeito, já por aí se descortina a possibilidade de ver a "produção" como sendo não apenas a produção de bens materiais (móveis ou imóveis), mas também a produção simbólica e de relações de poder. O termo "produção" é suficientemente amplo e plástico para comportar essa multiplicidade de dimensões. No entanto, é conveniente lembrar que uma produção não é, necessariamente, uma *criação* radical, no sentido atribuído a essa expressão por Cornelius CASTORIADIS (1975), que foi o mais profundo renovador do pensamento libertário[5] no século XX: criação de novos *significados* ("significações imaginárias sociais", nos seus termos), e a própria história, na esteira disso, como um processo de autoinstituição da sociedade e criação de novas significações e imaginários; um processo radicalmente aberto à contingência, à emergência do *novo*, e infenso a interpretações teleológicas, etapistas (justamente do tipo que infestou o pensamento marxista desde o começo, e não esteve ausente também do anarquismo clássico). Uma "produção" pode ser, muitas vezes, essencialmente, *repetição*, *reprodução*. Por

---

[5] Considero como *libertárias*, para além das correntes e subcorrentes do anarquismo *stricto sensu* (ou, como venho propondo, *anarquismo clássico*, que foi bastante influente na segunda metade do século XIX e na primeira metade do século XX, mas cujos *insights* continuam a servir de inspiração para intelectuais e ativistas pelo mundo afora), igualmente: 1) as tentativas internas de renovação do legado dos clássicos (tentativas essas que podem ser chamadas de *neoanarquistas*) e 2) aquelas vertentes que, mesmo se opondo simultaneamente ao *status quo* capitalista e às premissas e estratégias típicas do marxismo-leninismo, como a organização partidária e a crença na possibilidade e desejabilidade de um "Estado socialista" (oposição simultânea essa que é, no frigir dos ovos, a característica mais essencial da atitude libertária, em sua objeção visceral às hierarquias rígidas, ao autoritarismo, à *heteronomia*), não se veem, por alguma razão (como o não compartilhamento de algumas premissas), como "anarquistas" — como pode ser exemplificado, aliás, pelo próprio Castoriadis.

várias razões, ligadas à compreensão da perpetuação da ordem sócio-espacial vigente, é muito importante reter esse significado de "produção"; mas é igualmente importante, tendo como horizonte a reflexão crítica sobre a realidade, ir além dessa acepção, abrindo-se para a reflexão sobre a *criação* em sentido forte.[6]

No presente livro, a produção do espaço pode se referir tanto à sua (re)produção, nos marcos do modelo social hegemônico, capitalista e heterônomo, quanto à emergência de novas significações, novas formas e novas práticas (que, em alguns casos, desafiarão explicitamente o *status quo* heterônomo).

---

[6] Castoriadis, infelizmente, não revelou, diferentemente de Lefebvre, muita sensibilidade espacial, e esse pode, inclusive, ser considerado um dos pontos fracos de sua, apesar disso, genial obra. Para ele (que, nesse ponto, se mostrava mais controlado por um preconceito tipicamente marxiano que o próprio Lefebvre!), o espaço, ontologicamente, seria, basicamente, repetição, e não o campo de visualização da verdadeira alteridade. Esse privilégio é reservado, de modo bem marxiano (ou bergsoniano), à história (privilégio que não era, por exemplo, aceito por Michel Foucault). No entanto, Castoriadis estava falando, essencialmente, do espaço dos matemáticos e dos físicos; somente mais para o final de sua vida é que ele começou, de forma claudicante, a vislumbrar, no terreno da reflexão propriamente filosófica, as possibilidades e particularidades oferecidas por uma reflexão sobre o espaço especificamente social (e, então, começou a admitir que também o espaço, e não somente o tempo, seria um terreno propício à visualização da diferença radical, da alteridade...).

2

Paisagem

Nenhum dos conceitos contidos e discutidos neste livro é trivial ou isento de controvérsias, por mais básico que seja. O conceito de *paisagem*, definitivamente, não é uma exceção.

Se tomarmos um dos livros que, a partir do começo da década de 1980, foram dedicados por "geógrafos físicos" e biólogos ao campo chamado de "Ecologia da Paisagem" (*landscape ecology*), verificaremos que a "paisagem" (*landscape*) é definida de modo tão abrangente que, no fundo, praticamente se torna um sinônimo de "espaço geográfico" (visto através das lentes de cientistas naturais e engenheiros, bem entendido) ou, simplesmente, de "área".[7] Isso não seria problema e não se prestaria a certas confusões não fosse o fato de que, no âmbito da pesquisa sócio-espacial, e a começar pela Geografia, o conceito de paisagem tem, tradicionalmente, um escopo mais específico, ligado, primordialmente, ao *espaço*

[7] "We now can define *landscape* as a heterogeneous land area composed of a cluster of interacting ecosystems that is repeated in similar form throughout" (FORMAN e GODRON, 1986:11).

abarcado pela visão de um observador (e, por extensão, e em claro diálogo com as tradições das artes plásticas, também à representação visual e pictórica de um determinado espaço, a partir de uma perspectiva de voo de pássaro ou de um ângulo privilegiado qualquer).[8] O que, sem embargo, não elimina a validade da pergunta feita por WYLIE (2007:1), referente ao que ele identifica como a tensão ou as tensões que "assombram" os estudos sobre paisagem entre os geógrafos (tensão entre proximidade e distância, entre corpo e mente, entre imersão e observação): "[i]s landscape the world we are living in, or a scene we are looking *at*, from afar?" Afinal, contemplamos a paisagem ou estamos dentro dela? Ou ambas as coisas?...

Voltando àquela diferença de usos entre a "Ecologia da Paisagem" e a pesquisa sócio-espacial, sublinho que não pretendo entrar a fundo no assunto. Arrisco, porém, o palpite de que o modo como os *landscape ecologists* anglo-saxônicos empregam o termo *landscape* se deve, originalmente, a um mal-entendido e a problemas de tradução. Quando, nos anos 1930 do século XX, o geógrafo alemão Carl Troll introduziu a expressão *Landschaftsökologie* (= Ecologia da Paisagem), isso podia fazer bastante sentido no ambiente linguístico alemão, sobretudo naquela época. Embora *Landschaft*, então assim como hoje, também tivesse e tenha o sentido fortemente visual que paisagem (e seus equivalentes em outras línguas neolatinas: *paisaje*, *paysage* etc.) e *landscape* apresentam, o termo alemão, nos

---

[8] Para a pesquisa sócio-espacial e para as humanidades, a paisagem é sempre, de certo modo, subjetivamente (e culturalmente) *construída*. Como bem se expressou Simon Schama em seu magnífico *Landscape and Memory*, "[b]efore it can ever be a repose for the senses, landscape is the work of the mind. Its scenery is built up as much from strata of memory as from layers of rock" (SCHAMA, 1996:6-7); e, mais adiante: "[i]t is our shaping perception that makes the difference between raw matter and landscape" (SCHAMA, 1996:10).

marcos da Geografia clássica principalmente, adquiriu uma abrangência insuspeitada por aqueles que não falam alemão e não estão familiarizados com o vocabulário geográfico da época. *Landschaft*, que vai ou pode ir além da face visível do espaço e, com isso, simplesmente designar uma porção da superfície da Terra sem estar excessivamente amarrada ao aspecto visual, acabou, de maneira não muito frutífera (como foi avaliado após a Segunda Guerra, já nos estertores da Geografia tradicional), servindo quase que como um conceito-chave para a Geografia alemã, conceito esse integrador e "onívoro". Isso correspondia bem às intenções de Troll, que pretendia, com a *Landschaftsökologie*, fundar uma abordagem holística e verdadeiramente integrada da natureza (e arranhando, também, o espaço produzido pela sociedade), que escapasse ao risco de fragmentação que a *géographie physique* ao estilo de um Emanuel de Martonne já vinha apresentando. Ocorre que, conforme já advertira o geógrafo estadunidense Richard Hartshorne em 1939, o termo inglês *landscape* não possui a mesma vocação de abrangência que *Landschaft*.[9] Muito embora Troll também tivesse introduzido uma outra expressão, equivalente e muito menos problemática, *Geoökologie* (= Geoecologia), o termo técnico que os anglo-saxônicos foram (re)descobrir, na década de 1980, foi a *Landschaftsökologie*, traduzida por eles literalmente. As advertências de Hartshorne nem sequer foram

---

[9] Conquanto Hartshorne já tivesse sido claro a respeito (HARTSHORNE, 1977:149 e segs.), o seguinte depoimento do historiador Simon Schama é um complemento útil: "[t]he word itself tell us as much. It entered the English language along with herring and bleached linen, as a Dutch import at the end of the sixteenth century. And *landschap*, like its Germanic root, *Landschaft*, signified a unit of human occupation, indeed a jurisdiction, as much as anything that might be a pleasing object of depiction" (SCHAMA, 1996:10).

levadas em conta; na verdade, o rico acervo de discussões conceituais da Geografia (inclusive em inglês) foi ignorado. Estava preparado o terreno para a confusão e os desencontros terminológicos que adviriam.

Deixando de lado o problema terminológico anteriormente relatado, proponho que retomemos o fio das tradições de debate no interior da Geografia, em particular, e da pesquisa sócio-espacial, em geral, dialogando com as "teorias" das artes plásticas. O mais fundamental e o provável denominador comum das diversas contribuições, no interior desses debates, consiste em assumir, como ponto de partida, o conteúdo fortemente visual e representacional da paisagem. Porém, será necessário complementar e complicar essa premissa.

A ideia de paisagem nos remete, inicialmente, não à ciência, mas sim à pintura, mais especificamente à pintura da Renascença na Itália e, principalmente, em Flandres (consulte-se, por exemplo, CAUQUELIN [2007]). Eis, portanto, uma das muitas situações em que fica evidente que a ciência não basta a si mesma, devendo, humildemente, deixar-se fecundar por outras formas de saber, como o "saber local" (*local knowledge*) dos não especialistas, as artes e a Filosofia.

A paisagem é uma *forma*, uma *aparência*. O conteúdo "por trás" da paisagem pode estar em consonância ou em contradição com essa forma e com o que ela, por hábito ou ideologia, nos "sugere". Uma paisagem meio "bucólica", dominada pelo verde de matas residuais ou mesmo de pastos com algumas cabeças de gado, em uma *franja rural-urbana* (também chamada de *espaço periurbano* — mas não confundir com o conceito de *periferia urbana* propriamente dito) parece indicar que estamos em presença de um espaço rural. Porém, será assim mesmo? O olhar pode não revelar, mas uma pesquisa baseada em entrevistas (ou distribuição de questionários) e consultas a documentos diversos poderá revelar que, apesar das aparências, a lógica de uso do solo é, há bastante tempo, urbana. O pasto pode ser nada mais que um verniz de ruralidade, para justificar o pagamento de Imposto Territorial Rural (ITR), muito mais barato que o Imposto Predial e Territorial Urbano (IPTU). Umas poucas cabeças de gado, vastas extensões incultas, abandonadas ao mato: terras em "pousio social", como gostava de dizer o geógrafo brasileiro Orlando Valverde, inspirado no termo alemão *Sozialbrache*, discutido pelo geógrafo alemão Wolfgang Hartke. Em suma: terrenos mantidos como reserva de valor, objeto de especulação.

Pesquisadores de figurino marxista têm, volta e meia, a partir das décadas de 1970 e 1980, ressaltado o problema da contradição ou descompasso entre aparência e essência. Isso tem sido feito tanto por estudiosos identificados com a ala mais crítica da chamada "Nova Geografia Cultural" (WYLIE [2007] apresenta uma síntese competente de suas contribuições) quanto por pesquisadores sem vinculação com ela (ver, p. ex., CARLOS, 1994). Quando geógrafos e outros cientistas sociais de orientação semelhante concluem que a paisagem, como um tipo de representação visual, "mistifica, torna opaca, distorce, oculta, oblitera a realidade" (WYLIE, 2007:69), e que, "às vezes, a paisagem parece ser menos um cenário para a vida de seus habitantes que uma cortina atrás da qual as suas lutas, realizações e acidentes têm lugar" (BERGER *apud* WYLIE, 2007:69), eles têm boas razões para ressaltar esse ponto. Resumindo as contribuições de vários autores, Wylie registra, por fim, que "a paisagem atua no sentido de naturalizar, estabilizar e tornar aparentemente universais relações sociais e econômicas que são contingentes" (WYLIE, 2007:107).[10]

---

[10] No original (e aproveitando para citar um trecho um pouco mais extenso): "As a product — a commodity — fashioned under the rubric of modern and industrial

Contudo, uma interrogação inteligente a respeito do que a paisagem oculta ou pode ocultar (tanto ou mais do que revela ou pode revelar) é algo que certos geógrafos já fizeram há muito tempo. Richard Hartshorne, dialogando com vários autores, sobretudo estadunidenses e alemães, lembrava, em 1939, certas limitações da paisagem como chave de acesso ao conhecimento geográfico (ou, pode-se dizer, sócio-espacial). Concordando com Jan Broek e repetindo os seus argumentos, ele pondera que, se nos restringirmos às "características diretamente observáveis", desprezaremos fatos tais como a necessidade de o geógrafo, diante da paisagem de uma área de exploração mineira, precisar ir além da boca da mina (afinal, não é justamente *dentro* da mina, longe das nossas vistas, que se dão as relações de trabalho e a atividade econômica?...), assim como a necessidade de se levar em conta, ao estudar uma paisagem rural, os sistemas de rotação, os propósitos da produção etc. (HARTSHORNE, 1977:156-57). De um ponto de vista socialmente crítico, James e Nancy Duncan complementariam a argumentação em torno desse tipo de ressalva, décadas mais tarde, por meio de uma forte e sintética frase: "há custos humanos profundamente embebidos na paisagem que são invisíveis aos olhos"[11] (DUNCAN e DUNCAN, 2003:89).

O fato de ser uma forma, uma aparência, significa que é saudável "desconfiar" da paisagem. É conveniente sempre buscar interpretá-la

---

capitalism, the work of landscape is ideological, as Berger and Williams and Cosgrove and Daniels had all each in turn suggested. For Mitchell, just as for these others writing in a materialist vein, landscape works so as to naturalise, stabilize and render apparently universal contingent social and economic relations."

[11] No original: "Deeply embedded in the landscape are human costs invisible to the eye."

ou decodificá-la à luz das relações entre forma e conteúdo, aparência e essência.

Aliás, é bom "desconfiarmos", também, das *representações* da paisagem, feitas por meio da pintura, da fotografia... Nas últimas décadas, vários geógrafos, principalmente de língua inglesa, investiram bastante na discussão (às vezes crítica, embora muitas vezes não tanto...) do conceito de paisagem e dos usos sociais e interesses ideológicos que se expressam (ou também se escondem) por meio de sua representação pelos pintores, fotógrafos etc. de uma dada época e em uma dada cultura, sob condições sociais determinadas. Podem ser destacados, a esse respeito, Denis Cosgrove e Stephen Daniels (COSGROVE, 1984, 1993; DANIELS, 1993; COSGROVE e DANIELS, 1988), James Duncan (DUNCAN, 1990; DUNCAN e DUNCAN, 2003 e 2004) e Don Mitchell (MITCHELL, 1994, 2002 e 2003), dentre vários pesquisadores que ofereceram ou têm oferecido contribuições dignas de nota. Entre eles deve ser também incluído, por seu abrangente e equilibrado compêndio conceitual, John Wylie (ver WYLIE, 2007). No Brasil, Luciana Martins mostrou, em belo livro sobre o Rio de Janeiro, tal como visto pelos pintores-viajantes ingleses do século XIX, como as representações da paisagem são caminhos para se acessar uma mentalidade e refletir sobre certos preconceitos e projetos (MARTINS, 2001).[12]

---

[12] Sintetizando os aportes trazidos por diversos autores que se dedicaram a examinar as vinculações entre paisagem, (neo)colonialismo e imperialismo, John Wylie ponderou, a propósito, que "(...) a própria estrutura visual da arte paisagística convencional tem o efeito de *subjugar a estranheza*, de tornar o distante e o topograficamente estranho familiares a olhos europeus" (WYLIE, 2007:131; no original: "(...) the very visual structure of conventional landscape art has the effect of *subduing strangeness*, of making the faraway and the topographically alien familiar to European eyes"). Algumas páginas adiante, ele complementa: "[u]ma consequência importante dessa

Uma dessas virtualidades da ideia de paisagem é, diga-se de passagem, a de trazer à tona o problema (repleto de carga histórica, cultural e político-ideológica) das relações e da integração entre natureza e sociedade (e cultura) e entre o "natural" e o "social" (e o "cultural") no espaço. Sintomaticamente, é em um livro dedicado ao conceito de *landscape* que o autor, John Wylie, observa que

> [p]ensar na natureza e na cultura — em processos naturais e práticas e valores culturais humanos — como sendo domínios distintos e independentes é (...) extremamente problemático, tanto na teoria como na prática. A questão de onde traçar a linha divisória entre os dois se torna carregada de dilemas políticos, morais e éticos. Os humanos já foram parte da natureza? Em tendo sido, como e quando eles se separaram dela? E, nesse caso, isso significa que algumas culturas humanas são mais "naturais" que outras? É a natureza algo fixado e dado, ao passo

---

naturalização e estetização do 'outro' não europeu é que a paisagem é caracterizada simultaneamente tanto como natural quanto como prístina, tanto como intocada quanto como não transformada" (p. 133; no original: "[o]ne important consequence of this naturalising and aestheticising of the non-European 'other' is that non-European landscape is equally simultaneously pictured as natural and pristine, as untouched and untransformed"). Em suma, "o ordenamento e a exibição visual do mundo são inseparáveis de uma imaginação colonial e imperial, na qual um observador ocidental informado, racional e ilustrado encara do alto um Outro definido simultaneamente como exótico, irracional e, dessa forma, carente de ordenamento" (p. 135; no original: "visual ordering and exhibiting of the world is inseparable from a colonial and imperial imagination in which an informed, rational and enlightened Western observer gazes upon an other simultaneously defined as exotic, irrational and so in need of ordering").

que a cultura seria dinâmica e plástica? Ou serão as práticas culturais, simplesmente, respostas às condições do ambiente natural?[13] (WYLIE, 2007:10).

A dialética da oposição e da união entre natureza e sociedade (ou cultura) é, ao lado de outras tantas, como a concernente aos vínculos entre rural e urbano, ou entre autêntico (ou primitivo, ou natural, ou original/originário, ou autóctone, ou vernacular) e artificial, uma das que podem ser pensadas com o auxílio da reflexão sobre as representações da paisagem em cada momento histórico, em cada contexto geográfico e nos marcos de cada imaginário específico.

A despeito de inextricavelmente associado à aparência, nada nos autoriza a achar que o conceito de paisagem é, só por isso, de pouca importância. Na verdade, a paisagem é reveladora, muito embora revele "ao encobrir" (e, inversamente, e de modo ardiloso, encubra "ao revelar"...). Em outras palavras: a paisagem é uma forma, uma aparência — *e não há nada de intrinsecamente ruim nisso, a não ser que a nossa própria limitação mental faça disso algo ruim*.

A pesquisa sócio-espacial crítica, tirando certos autores influenciados pela *radical geography* e afiliados à "Nova Geografia Cultural", parece ter tido e ainda ter uma certa dificuldade em valorizar adequadamente o conceito

---

[13] No original: "[t]hinking of nature and culture — of natural processes and human cultural practices and values — as distinct and independent realms is (...) extremely problematic in both theory and practice. The issue of where one draws the line between the two becomes fraught with political, moral and ethical dilemmas. Were humans once part of nature? If so, how and when did they separate themselves off from it? If so, does it mean that some human cultures are more 'natural' than others? Is nature then fixed and given and culture dynamic and pliable? Or are cultural practices simply responses to natural environmental conditions?"

de paisagem. Isso é uma pena, pois ele é de uma potencialidade extraordinária. Conforme salientou James Duncan, a paisagem, "entendida como uma produção cultural, pode integrar *tanto* a reprodução *quanto* a contestação do poder político" (DUNCAN, 1990:3; grifos no original).

Discutir, por exemplo, as práticas e os agentes que as representações deixam de fora ou retratam caricaturalmente — ou, pior ainda, as intervenções no espaço concreto que objetivam "limpar" a paisagem, dela removendo os agentes e as práticas tidos como "indesejáveis" ou "enfeadores" — é um veio riquíssimo, que tem sido, sim, explorado aqui e ali, mas que merece sê-lo ainda mais, cabendo ser melhor aproveitado pela pesquisa sócio-espacial. Citando, mais uma vez, James Duncan, em seu admirável *The City as Text*, a paisagem admite ser compreendida como um "sistema de significado" (*signification system*: cf. DUNCAN, 1990:5), sendo que o tema da "invisibilização" de agentes e práticas, que desejo aqui apresentar a título de ilustração, é apenas um dos componentes de uma potencialmente vasta agenda de pesquisa. As estratégias de "invisibilização" de agentes e práticas podem ser de dois grandes tipos:

1. "Invisibilização" por meio da representação seletiva ou "retocada" da paisagem (mediante a pintura, a fotografia, filmes etc.).
2. "Invisibilização" por meio de intervenções no próprio substrato espacial material — ou seja, mediante uma reformatação da paisagem na própria realidade.

Alguns interessantes casos do primeiro tipo de invisibilização podem ser apreciados, por exemplo, em MARTINS (2001). Também com relação a ele, a primeira série de fotografias a seguir objetiva ilustrar, tomando como exemplo o Rio de Janeiro e através da variação de ângulo e aproximação, o quanto, de um ponto de vista elitista, uma paisagem "poluída" ou "perturbada" pela presença de uma favela pode ser "depurada" e convertida em uma paisagem típica de cartão-postal.

Figuras 1a, 1b e 1c: "Pureza" e "impureza": a visão de uma favela encravada em área residencial "nobre" como um fator de "poluição" ou "perturbação" da paisagem, de um ponto de vista elitista: bairro de Botafogo, Zona Sul do Rio de Janeiro. (Fotografias: M. Lopes de Souza, 2010.)

Figura 1a: Uma paisagem "não poluída": visão da enseada de Botafogo sem favelas.

Figura 1b: Uma paisagem "ligeiramente poluída", de um ponto de vista elitista: uma outra perspectiva da enseada de Botafogo revela a presença de uma favela como parte do pano de fundo.

Figura 1c: Uma paisagem significativamente "poluída", de um ponto de vista elitista, tal como se apresenta a partir de uma perspectiva e uma aproximação que revelam claramente a presença de uma favela como parte do pano de fundo.

Quanto à "invisibilização" por meio de intervenções no próprio substrato espacial material, e não somente por meio da representação visual, a sequência de fotografias 2a e 2b ilustra, com a ajuda de um outro exemplo carioca, o resultado da "limpeza" elitista de uma paisagem.

Figuras 2a e 2b: Botafogo, na Zona Sul do Rio de Janeiro. (Fotografias: M. Lopes de Souza, 2010.)

Figura 2a: Uma típica paisagem de cartão postal: em primeiro plano, o Iate Clube do Rio de Janeiro e os barcos da enseada de Botafogo; em seguida, o morro do Pasmado e seu mirante; em último plano, o Corcovado, com a estátua do Cristo Redentor.

Figura 2b: Uma aproximação mostra o morro do Pasmado, no qual hoje se encontra o parque Yitzhak Rabin, rodeado de prédios residenciais de classe média e com a bandeira brasileira tremulando no topo. Sobre esse morro se encontrava a favela do Pasmado, erradicada após um controvertido incêndio nos anos 1960.

A sequência de fotografias 3a-3b-3c mostra um caso parecido: a "poluição visual", de um ponto de vista elitista, exercida pela visão de uma parte da favela da Rocinha a partir da área residencial burguesa da lagoa Rodrigo de Freitas, na Zona Sul do Rio de Janeiro — e o resultado da erradicação, na década de 1960, de uma das favelas então situadas próximas à Lagoa, a favela da Catacumba (as outras, também removidas, eram a da ilha das Dragas e a da Praia do Pinto).

Figuras 3a, 3b e 3c: Lagoa Rodrigo de Freitas, uma das áreas residenciais mais caras e elitizadas da Zona Sul do Rio de Janeiro. (Fotografias: M. Lopes de Souza, 2010.)

Figura 3a: Uma paisagem "não poluída"...

Figura 3b: Uma outra perspectiva do mesmo bairro, mostrando um trecho da Lagoa em que se pode observar parte da maior favela da cidade, a Rocinha, como parte do pano de fundo.

Figura 3c: Um outro trecho do bairro da Lagoa, onde até os anos 1960 havia a favela da Catacumba e onde, desde 1979, se acha o parque da Catacumba.

Outra potencialidade do conceito de paisagem para a pesquisa sócio-espacial reside em examinar como a paisagem condiciona a nossa (in)sensibilidade e o modo como somos socializados. Exemplificando: como a paisagem socialmente homogênea e protegida de um "condomínio exclusivo" pequeno-burguês ou burguês condiciona as crianças e os jovens criados em um tal ambiente? Até que ponto e de que maneira ela, hipoteticamente, bloqueia o despertar de uma consciência de responsabilidade e solidariedade sociais?... Exemplifiquemos, agora, com situações tematicamente aparentadas, mas raciocinando com um escopo mais amplo: consideremos as pessoas que nascem e crescem em um ambiente marcado pelo racismo e/ou pelo classismo, ambiente esse refletido na paisagem — desde aquelas formas extremas de segregação sócio-espacial, como nas cidades sul-africanas da época do *apartheid*, no Sul dos EUA até a década de 1960 e nos guetos judeus de algumas cidades da Europa de antes da Segunda Guerra Mundial, até as modalidades de segregação residencial encontradas nas grandes cidades contemporâneas pelo mundo afora. De que formas e com qual intensidade, ao se nascer e crescer em tais ambientes, podemos ser condicionados por determinados signos inscritos na paisagem, ou pela homogeneidade da paisagem mais imediata do próprio espaço residencial segregado ou autossegregado, a aceitar tais realidades como "naturais"? A hipótese é a de que a paisagem poderia exercer uma espécie de persuasão, análoga àquela que é exercida pela assim chamada *mensagem subliminar* em publicidade. Assim como o desejo de consumir uma mercadoria pode ser criado ou despertado por meio de uma mensagem subliminar, enxertada em um filme ou telenovela, sem que o consumidor em potencial se dê conta disso conscientemente, similarmente uma paisagem, ao impregnar continuadamente os nossos sentidos, "sugeriria" certos conteúdos, com relação, digamos, ao que é "normal" (e "familiar", "belo", "seguro"...) e ao que não o é (sendo, portanto, "anormal", "estranho", "feio", "perigoso"...).

No que concerne aos Estados Unidos, James e Nancy Duncan, em seu livro *Landscapes of Privilege* (DUNCAN e DUNCAN, 2004), ofereceram um ótimo exemplo de um estudo desse tipo ao analisar a (re)produção da paisagem do *suburb* de classe média de Bedford e os processos e estratégias elitistas e exclusionários subjacentes. Inspirados no caso de Bedford, assim escreveram eles, em um dos vários momentos de largo alcance teórico do livro:

> [m]embros de certos tipos de comunidades pequenas, afluentes e relativamente homogêneas são capazes de mobilizar suficiente capital econômico e cultural a fim de criar paisagens que têm o poder de incorporar e assimilar algumas identidades, ao mesmo tempo que excluem, apagam outras. Essas paisagens servem como escassos bens

posicionais, dotados de uma aura concernente à particularidade do lugar[14] (DUNCAN e DUNCAN, 2004:25).

Imaginemos o quão frutífero seria proceder a estudos sistemáticos semelhantes — obviamente com as devidas adaptações — a propósito dos "condomínios exclusivos" das cidades brasileiras, especialmente naqueles casos mais antigos, sobretudo em São Paulo e no Rio de Janeiro, em que uma ou até duas gerações de moradores já foram ali inteiramente socializadas...

Ainda hoje subsistem interpretações díspares — uma ou outra talvez até mesmo disparatada — a propósito da ideia de paisagem. Se é verdade que é praticamente consensual que a paisagem tem a ver com a "visualidade" (nas palavras de DUNCAN e DUNCAN [2004:25], a paisagem é "a superfície visível, material dos lugares"), outras coisas têm se mostrado bem mais controversas. A esse respeito, basta lembrar que ninguém menos que Milton Santos, em *A natureza do espaço*, avançou a interpretação segundo a qual a paisagem seria o espaço sem os homens (SANTOS, 1996:85)... Compare essa posição, por exemplo, com aquela de Otto Schlüter, citado por Richard Hartshorne, para quem a paisagem necessariamente inclui os seres humanos (que são, no fim das contas, também entes perceptíveis!).[15] E o próprio Hartshorne, discutindo

---

[14] No original: "[m]embers of certain types of small, affluent, and relatively homogeneous communities are able to mobilize enough economic and cultural capital to create landscapes that have the power to incorporate and assimilate some identities while excluding or erasing others. These landscapes serve as scarce positional goods charged with an aura of the particularity of place."

[15] Literalmente, a paisagem, segundo Schlütter, "(...) not only includes men on the grounds that they are perceptible objects, but in order that they may appear as more than 'minute grains'" (HARTSHORNE, 1977:152).

o conceito em questão, forneceu, por meio de exemplos dificilmente refutáveis, um argumento decisivo: seria razoável imaginar a Broadway sem ônibus, automóveis ou pessoas, ou o porto de Nova Iorque sem navios?... (HARTSHORNE, 1977:163). Ou, então, procuremos imaginar uma representação da paisagem da praia de Copacabana ou da praia de Ipanema em que não se veja banhista algum, pessoa alguma... Paisagens sem pessoas, como aquelas das telas "Arredores de cidade" (1862) e "Casas de índios na floresta Mata-Mata no Moju, Pará" (1867), do pintor Joseph Léon Righini (cerca 1830-1884), muitas vezes podem causar profunda estranheza e nos parecer artificiais; não nos sugerem uma paisagem, por assim dizer, "viva" (ver figs. 4 e 5). Como disse Vera Beatriz Siqueira, tais "paisagens-fantasma" mais se assemelham ao cenário de uma ópera ou apresentação teatral (ver SIQUEIRA, 2006:97).

Figuras 4 (em cima) e 5 (adiante): de Joseph Léon Righini, respectivamente, *Arredores de cidade* (1862, óleo sobre tela, 66,3 x 110,2 cm. RM 7379. Coleção Brasiliana – Fundação Estudar. Acervo da Pinacoteca do Estado de São Paulo. Doação: Fundação Estudar, 2007. Crédito fotográfico: Rômulo Fialdini) e *Casas de índios na floresta Mata-Mata no Moju, Pará* (1867, óleo sobre tela, 24 x 45,3 cm. RM 7380. Coleção Brasiliana – Fundação Estudar. Acervo da Pinacoteca do Estado de São Paulo. Doação: Fundação Estudar, 2007. Crédito fotográfico: Rômulo Fialdini). "Suas paisagens são como cenários para uma ação que lhe é exterior. (...) Inanimadas, imóveis, horizontais e iluminadas pela frente, elas poderiam perfeitamente ser panos de fundo para uma ópera ou apresentação teatral." (excertos extraídos de SIQUEIRA, 2006:97).

Provavelmente, o conceito de paisagem merece ser bem mais valorizado (e integrado com outros conceitos, tais como território e lugar) do que tem sido. É óbvio que ele possui certos limites, mas isso não é "privilégio" seu: toda ferramenta conceitual possui potencialidades e limitações. A questão é que, por enquanto, parece que as limitações do referido conceito têm sido mais sublinhadas que as suas potencialidades, que não são pequenas. Uma última potencialidade nos remete, aliás, para o mundo das possibilidades oferecidas pelo exame dos aspectos mais fortemente (inter)subjetivos da paisagem, ocasião em que não apenas o conceito de *lugar* merece ser também convocado, mas igualmente, como nos demonstra o seguinte fragmento de Fernando Pessoa (não datado e não assinado), toda a nossa capacidade de dar vazão ao lirismo e à imaginação, que ousam desafiar o imprescindível, mas estreito rigor da ciência:

> 1 – Em todo o momento de atividade mental acontece em nós um duplo fenômeno de percepção: ao mesmo tempo que temos consciência dum estado de alma, temos diante de nós, impressionando-nos os sentidos que estão virados para o exterior, uma paisagem qualquer, entendendo por paisagem, para conveniência de frases, tudo o que forma o mundo exterior num determinado momento da nossa percepção.

2 – Todo o estado de alma é uma paisagem. Isto é, todo o estado de alma é não só representável por uma paisagem, mas verdadeiramente uma paisagem. Há em nós um espaço interior onde a matéria da nossa vida física se agita. Assim uma tristeza é um lago morto dentro de nós, uma alegria um dia de sol no nosso espírito. E — mesmo que não se queira admitir que todo o estado de alma é uma paisagem — pode ao menos admitir-se que todo o estado de alma se pode representar por uma paisagem. Se eu disser "Há sol nos meus pensamentos", ninguém compreenderá que os meus pensamentos estão tristes.

3 – Assim, tendo nós, ao mesmo tempo, consciência do exterior e do nosso espírito, e sendo o nosso espírito uma paisagem, temos ao mesmo tempo consciência de duas paisagens. Ora, essas paisagens fundem-se, interpenetram-se, de modo que o nosso estado de alma, seja ele qual for, sofre um pouco da paisagem que estamos vendo — num dia de sol uma alma triste não pode estar tão triste quanto num dia de chuva — e, também, a paisagem exterior sofre do nosso estado de alma — é de todos os tempos dizer-se, sobretudo em verso, coisas como "na ausência da amada o sol não brilha", e outras coisas assim. De maneira que a arte que queira representar bem a realidade terá de a dar através duma representação simultânea da paisagem interior e da paisagem exterior. Resulta que terá de tentar dar uma interseção de duas paisagens. Tem de ser duas paisagens, mas pode ser — não se querendo admitir que um estado de alma é uma paisagem — que se queira simplesmente interseccionar um estado de alma (puro e simples sentimento) com a paisagem exterior (...) (PESSOA, 1998:101).

3
Substrato espacial material

A expressão "substrato espacial material" não é nem um pouco usual. Na realidade, eu a tenho utilizado, desde meados da década de 1990, para designar aquilo que, com outras expressões — referindo-se a ideias às vezes concorrentes, às vezes complementares —, tem sido o efetivo fulcro dos trabalhos dos geógrafos: *o espaço geográfico na sua materialidade.*[16] Comecemos esta apresentação do conceito de substrato espacial material

[16] Os arquitetos e urbanistas têm igualmente tido no espaço material a sua principal referência. Já certos economistas, ao cultivarem um conceito abstrato de "espaço econômico" (como veremos, rapidamente, no Capítulo 6), cedo se afastaram do excessivo privilegiamento da materialidade. Isso teve consequências tanto boas (questionamento da centralidade e da adequação do espaço enquanto *absoluto* e abertura para concepções *relacionais* do espaço) quanto ruins (ao superestimarem o alcance e subestimarem os limites de conceituações muito abstratas). Quanto aos geógrafos, mesmo uma mente brilhante como a de Maximilien Sorre, ao mesmo tempo que tentava ampliar os horizontes conceituais e analíticos da Geografia de sua época e relativizava as fronteiras disciplinares, sintetizava e reafirmava o enfoque clássico ao deixar claro que o espaço da Geografia, "ciência do concreto", era, em primeiro lugar e tipicamente, o espaço terrestre material (ver SORRE, 1984).

(ou, simplesmente, substrato) com a exposição de uma ferramenta conceitual muito antiga dos geógrafos, o *sítio*, passando, em seguida, ao que alguns gostam de chamar de "*ambiente construído*".

O sítio é o "assoalho" (mormente de uma cidade), geralmente referindo-se à topografia e ao conjunto de condições naturais abióticas (relevo e hidrografia, sobretudo). As descrições do sítio, precedendo e preparando a análise da evolução urbana, do uso do solo etc., constituíram uma das marcas distintivas dos textos geográficos durante o longo período de vigência da Geografia clássica (século XIX-meados do século XX). Com a hegemonia da *new geography* neopositivista (na década de 1960 e grande parte da de 1970) e, depois, com a "virada crítica" ou "radical" (década de 1970), tanto o conceito quanto as análises e descrições de sítio foram praticamente postos de lado pela Geografia Urbana.

O "ambiente construído", de sua parte, seria a materialidade socialmente produzida a partir da transformação das matérias-primas em ruas, pontes, edifícios etc., e na esteira da drenagem de pântanos, da canalização de rios, do desmonte de morros, da realização de aterros, e assim segue. A apropriação da natureza e a transformação da "natureza primeira" em "natureza segunda", materialmente, foram extensa e sistematicamente tematizadas pelo geógrafo e anarquista Élisée Reclus já na segunda metade do século XIX e nos primeiros anos do século XX, utilizando-se ele, naquela época, do conceito de *meio* (ou *meio telúrico*, ou ainda *meios telúricos: milieux teluriques*) para designar, em primeiro lugar, o espaço enquanto "natureza primeira", mas também, com base em algumas sutis distinções posteriormente introduzidas na maneira de empregar o conceito, o espaço criado pelos homens e pelas mulheres em sociedade. Em *La Terre* (RECLUS, 1868-1869), o grande geógrafo libertário se ateve, primordialmente, à "natureza primeira", mas sem deixar de examinar, nos capítulos finais do segundo volume da alentada obra, as relações sociedade⇆natureza (ou, nas suas palavras, as relações entre o homem e o meio, ou entre a humanidade e a Terra) e, mais particularmente, a "ação do homem sobre a geografia física".[17] Décadas depois, em *L'Homme et la Terre*, sua obra-prima, publicada logo após sua morte, Reclus distingue entre o que chama de um "meio estático" (as condições da "natureza primeira", as quais, em uma escala de tempo humana, mudariam relativamente pouco) e um "meio dinâmico" (que é a "natureza primeira" apropriada e afeiçoada pela sociedade e, por conseguinte, convertida em "natureza segunda", incrivelmente mutável) (RECLUS, 1905-1908: vol. 1, p. 117). Hoje, mesmo sendo interessante relembrar o conceito reclusiano de meio e os seus vários matizes, parece mais pertinente nos referirmos, com relação ao "ambiente construído", ao *espaço social material*.[18]

---

[17] O que, diga-se de passagem, já havia sido objeto e título de um ensaio publicado poucos anos antes, "De l'action humaine sur la géographie physique — L'Homme et la Nature" (RECLUS, 1864).

[18] Apesar de empregá-la nestes primeiros parágrafos do capítulo e em outros lugares, em geral evito a expressão "ambiente construído" por ser ela excessivamente anglo-saxônica; alguns arquitetos a usam, mas ela não chegou a ganhar direito de cidadania na Geografia brasileira, enquanto que, entre os geógrafos anglófonos, *built environment* é bastante comum. Isso não significa que o termo "ambiente", em si mesmo, deva ser descartado. Referindo-se ao "ambiente natural" ou "meio ambiente", vale dizer, aos fenômenos e processos concernentes à "natureza primeira", ele me parece bastante útil, por passar a ideia de algo que nos "envolve" ou "abriga" (a palavra alemã *Umwelt*, literalmente traduzível como o "mundo que [nos] envolve", é, quanto a isso, insuperável); abrangendo a litosfera, a hidrosfera, a atmosfera, a biosfera e suas interconexões, trata-se, com efeito, de um conceito operacionalmente útil. Mesmo em matéria de relações sociais e psicologia social, termos como "ambiente" e "ambiência" podem vir a calhar, em certos momentos. Mas estou seguro de que "ambiente construído" pode ser quase sempre substituído sem qualquer prejuízo por *espaço social material*.

O substrato espacial material compreende, teoricamente, ambas as facetas, a da "natureza primeira" e a da "natureza segunda". Porém, como na pesquisa sócio-espacial interessa, direta e fundamentalmente, a "natureza-para-a-sociedade", e como, portanto, a materialidade que importa é, sobretudo, a da "natureza segunda", ao me referir ao substrato espacial material estarei, quase sempre, fazendo alusão ao espaço social material — sem, todavia, deixar completamente de lado o sítio e os processos geoecológicos, sem cuja consideração determinados problemas (como a "fabricação social" de desastres naturais, a exemplo dos vínculos entre desmoronamentos/deslizamentos e enchentes com a segregação residencial em uma sociedade de classes) não poderiam ser adequadamente tratados.

A transformação da matéria bruta em matérias-primas, com o recurso a uma fonte de energia, e a subsequente transformação de matérias-primas em bens econômicos, igualmente recorrendo-se a uma fonte de energia (e, não esqueçamos, com a geração de resíduos/rejeitos — em suma, lixo — e calor), não se restringe à produção de bens móveis, sejam eles de consumo ou produção, duráveis ou não duráveis. O espaço social material, sob o capitalismo, foi sendo, ao longo dos séculos e das décadas, crescentemente dessacralizado e tornado, potencialmente, uma mercadoria como outra qualquer. Conquanto não faça sentido algum, na pesquisa sócio-espacial de processos vivos, deixar de lado os bens móveis (de artigos de consumo privado ao mobiliário urbano) que fazem parte dos fluxos de mercadorias, concentrando-se exclusivamente nos "fixos" espaciais, devem-se sublinhar, de todo modo (como David Harvey já fez em 1973 [cf. HARVEY, 1980]), a relevância especial e as peculiaridades do espaço social material enquanto mercadoria (ou, mais amplamente, como bem: isto é, não somente como valor de troca, mas também como valor de uso). Grife-se, adicionalmente, um outro ponto: seja com relação a bens móveis ou imóveis, a transformação de matérias-primas em bens não é algo que possa ser entendido como mediado apenas pelo trabalho (e com o concurso da energia), conforme economistas (aí incluídos "economistas políticos" de corte marxista, até mesmo geógrafos de formação) costumam simplificar. Esse processo, *imediatamente* econômico, no sentido de ser a dimensão que nos (às sociedades ocidentais ou fortemente ocidentalizadas) aparece em primeiro plano, jamais deixa ou poderia deixar de ser, mesmo em uma sociedade cujo imaginário se acha completamente embebido no mundo da mercadoria, igualmente um processo *político* (pois as relações de poder estão presentes) e *cultural* (pois a dimensão cultural-simbólica jamais está ausente).

Além do sítio, um outro conceito também associado ao substrato espacial material é o de *posição*, ou seja, a localização dos espaços (e dos objetos geográficos no espaço). Enquanto o sítio costumava ser visto como tributário de uma concepção "absoluta" de espaço (espaço como receptáculo, continente das coisas), a posição nos remete a uma visão de espaço "relativo".

Ao lado do sítio, a posição formou um par conceitual muito utilizado pelos geógrafos clássicos, de Johan Georg Kohl, Élisée Reclus e Friedrich Ratzel a Pierre Monbeig. Este último, menciono-o com destaque porque nos legou um belo ensaio, publicado em 1943 no *Boletim Geográfico*, em que são realçados o sítio e a posição das cidades (MONBEIG, 1943). Mais tarde, no final da década de 1950 e na seguinte, pesquisadores brasileiros importantes, seguindo os passos de Monbeig e de outros, escreveram notáveis textos sobre sítio e posição, como as geógrafas Lysia Bernardes e Maria Therezinha de Segadas Soares sobre o Rio de Janeiro (BERNARDES, 1987a, 1987b e 1987c; SOARES, 1987a e 1987b). Conquanto um ou outro geógrafo tenha, depois disso, sabido valorizar o par conceitual sítio/posição, notadamente em estudos de Geografia Urbana Histórica (basta ver, de Maurício Abreu, os seus magníficos *Evolução urbana do Rio de Janeiro* [ABREU, 1987] e *Geografia Histórica do Rio de Janeiro* [ABREU, 2011]), o fato é que, nas últimas décadas, ambos os conceitos perderam prestígio e quase caíram no esquecimento, ainda que não totalmente (a discussão da posição continua muito importante, por exemplo, em qualquer análise geopolítica ou político-geográfica das relações internacionais; por outro lado, as discussões sobre as "funções urbanas" e suas relações com a posição das cidades, como a "função defensiva", que geraram exaustivas classificações, viraram assunto da história da Geografia Urbana). O sítio e a posição — e a própria forma dos continentes, ilhas etc., tema já extensamente tratado por Élisée Reclus no volume 1 de seu *La Terre*, de 1868, e também em outros trabalhos, como nos volumes da *Nouvelle Géographie Universelle* (RECLUS, 1876-1894) — são assuntos que, da maneira como eram tratados no passado, indubitavelmente envelheceram. Mas seria um equívoco desprezá-los. Vale muito a pena considerá-los, ainda hoje, nos marcos de certas análises do substrato espacial.

No que concerne, mais especificamente, ao *espaço social material*, as décadas de 1970 e 1980 nos legaram algumas reflexões relevantes, que merecem ser recuperadas. Alain Lipietz, por exemplo, em seu livro *O capital e seu espaço* (LIPIETZ, 1988), em que se concentra na escala regional, mas sem deixar totalmente de lado a intraurbana, salienta a tensão entre um "antigo espaço" e um "novo espaço", entre um *espaço herdado* do passado (gerado por ou para relações de produção, matrizes tecnológicas etc. pretéritas ou atuais, mas em processo de envelhecimento) e um *espaço projetado* para o futuro (para novas relações de produção, para acomodar novas tecnologias etc.). Já na década de 1980 aquele autor havia abandonado várias de suas posições (especialmente políticas) contidas no livro (cuja primeira edição é de 1977), mas nem por isso devemos deixar de reter alguns dos elementos ali contidos. Continua sendo algo básico considerar como, para ultrapassar determinados gargalos (malha viária insatisfatória, estrutura urbana "antiquada", "meio impróprio à ocupação humana"...) e viabilizar futuros investimentos privados, o Estado capitalista projeta novos espaços, ou subsidia e flanqueia o seu planejamento — novos traçados, novas formas espaciais, novos objetos geográficos. Estamos diante, aqui, do tema das *refuncionalizações* e *reestruturações espaciais*.[19] *Refuncionalizar* um espaço material significa atribuir novas funções a formas espaciais e objetos geográficos preexistentes, modificando-os muito pouco ou mesmo sem modificá-los; *reestruturar* um espaço material quer dizer alterá-lo muito significativamente, modificando a sua estrutura.

Refuncionalizações e reestruturações têm ocorrido o tempo todo, de maneira mais rápida ou mais lenta, e em diferentes escalas, desde o começo dos tempos. Quando os romanos destruíram totalmente Cartago, após a terceira e última Guerra Púnica (em 146 a.C.), não deixando pedra sobre pedra e salgando a terra ao final, ou quando os mesmos romanos destruíram o segundo Templo de Salomão, em Jerusalém, em 70 d.C., promoveram reestruturações espaciais — aquela mais

[19] Essa segunda expressão tem sido, muito frequentemente, usada para designar somente processos de grande envergadura, em escalas supralocais, vinculados à chamada "reestruturação produtiva". Ora, isso é um uso demasiadamente estreito de uma ideia potencialmente ampla e flexível. Assim como as refuncionalizações, as reestruturações espaciais podem ser observadas nas mais diversas escalas.

extensa, esta mais pontual. Quando os espanhóis, em 1236, em plena *Reconquista*, transformaram a mesquita de Córdoba em uma catedral, ou quando, em Constantinopla, os turcos otomanos converteram a basílica de Santa Sofia (Hagia Sophia, construída entre 532 e 537 por ordem do imperador Justiniano) em uma mesquita, após a tomada da cidade em 1453, estavam, tanto uns quanto outros, promovendo uma sutil e simbolicamente poderosa refuncionalização espacial.

Por trás de uma refuncionalização e de uma reestruturação pode haver fatores econômicos, políticos e ideológicos, frequentemente combinados. A reforma urbanística de Pereira Passos, no Rio de Janeiro, reestruturação urbana muito bem analisada por ROCHA (1986) e ABREU (1987), apresentou três componentes: um, econômico, visando à adaptação do espaço material às necessidades de uma economia capitalista do início do século XX; outro, político, que consistiu na conveniência de se promover uma espécie de "limpeza étnica (e de classe)" na Área Central da capital da jovem república, exterminando os cortiços e casas de cômodos e afastando as "classes perigosas" (os operários, os temidos capoeiristas, os pobres em geral) para longe do palácio presidencial e de outros símbolos do poder; e, por último, um componente ideológico, que residia na busca de superação da imagem do Rio de Janeiro como uma cidade pestilenta, assolada por epidemias, com uma "cara colonial" e que ainda lembrava as instituições da monarquia e da escravidão. Outra reforma urbanística célebre, que serviu, aliás, de inspiração para a Reforma Passos, foi a Reforma de Paris, conduzida pelo Barão de Haussmann, prefeito indicado por Napoleão III, no século XIX (ver ROCHA, 1986:60-1).

Entretanto, as refuncionalizações e mesmo as reestruturações não se limitam a intervenções do Estado ou, diretamente, do capital privado.

Ao lado das reformas urbanísticas conservadoras e de vários outros tipos de intervenções capitalistófilas e antipopulares, há que se prestar muita atenção, igualmente, ao papel desempenhado por outros agentes: notadamente aos esforços de favelados, moradores de periferia e moradores de ocupações de sem-teto, que também modelam o espaço urbano. E, para além das cidades, é preciso reconhecer os esforços e o alcance das atividades de resistência e dos contraprojetos de sem-terra, seringueiros etc., que desafiam estruturas agrárias e espacialidades consideradas injustas. Algumas dessas práticas espaciais de resistência são, fundamentalmente, defensivas e reativas, como têm sido, geralmente, o caso dos processos de favelização — o que não impediu, em determinadas circunstâncias históricas, a emergência de aguerridos movimentos sociais, protagonistas de práticas espaciais e autores ou coautores de (contra)propostas e (contra)projetos desafiadores, como a bandeira da "Urbanização sim, remoção não", dos moradores da favela de Brás de Pina (Rio de Janeiro) de meados da década de 1960, bandeira essa em seguida encampada pela Federação de Associações de Favelas do Estado da Guanabara (FAFEG), perseguida e reprimida durante a grande fase de remoções de favelas na época do Regime Militar. Já outras práticas espaciais são, propriamente, *práticas espaciais insurgentes*, desde o início e deliberadamente: tomem-se como exemplos as ocupações de terrenos e prédios por ativistas do movimento dos sem-teto e as ocupações de terras por militantes do movimento dos sem-terra. Em princípio, a ocupação de um prédio por ativistas e famílias de sem-teto implicará somente a refuncionalização de diversos espaços (salas abandonadas serão convertidas em residências, em cozinhas coletivas, em espaços de reunião, em bibliotecas...); também o bloqueio de uma rua ou estrada para servir de palco a uma manifestação (como sempre fizeram muitíssimos manifestantes pelo mundo afora, com os *piqueteros* argentinos atingindo um grau maior de complexidade a esse respeito) ou a uma mistura de atividades políticas com atividades explicitamente lúdicas (como os europeus do movimento *Reclaim the Streets*) constitui uma refuncionalização, e ainda por cima efêmera. Mas, às vezes, é possível visualizar também uma certa reestruturação, embora isso se aplique basicamente aos terrenos ociosos ocupados por sem-teto e às terras ocupadas e cujo uso é reorganizado pelos sem-terra.

Sem-terra, sem-teto etc. reagem contra diversos tipos de problemas. Um deles é o que poderíamos chamar de "passivos espaciais" (expressão que soa bem mais ampla, a meu ver, que "passivos ambientais"). A poluição ambiental, a obsolescência de parques industriais inteiros, as falências (não raro fraudulentas) e o subsequente "abandono" de instalações e edifícios: tudo isso pode representar um problema do ponto de vista dos próprios interesses de longo prazo do capital (e sobretudo de algumas de suas frações) e, mais ainda, do ângulo dos interesses de longo ou mesmo curto e médio prazos dos moradores de bairros privilegiados, devido aos riscos à saúde em certos casos, aos prejuízos para a valorização imobiliária em outros tantos... Mas, para além dos malefícios que impactos espaciais/ambientais negativos e a geração de "passivos espaciais" possam acarretar para o capitalismo e para "a sociedade como um todo", com a geração de externalidades negativas, é necessário considerar que, nos marcos do capitalismo, não há somente quem perca com os impactos negativos (caso contrário, eles não existiriam), mas também quem ganhe, e muito; e, ademais, se muitos perdem ou podem perder, nem todos perdem com a mesma intensidade, já que alguns (em geral, uma minoria) podem se proteger muito melhor que outros (em geral, uma maioria): por exemplo, por meio da relocalização e da autossegregação (não esquecendo que a mobilidade horizontal e a amplitude maior ou menor do leque de opções locacionais dependem do fator *renda*, entre outros). São os mais pobres, mais claramente explorados e oprimidos, que geralmente constroem suas agendas em torno do questionamento frontal de certos "passivos espaciais" e do que eles representam: edifícios "abandonados" e se deteriorando — o que remete ao acintoso contraste, no Brasil, entre o *déficit habitacional* e o *estoque de domicílios vagos*, cujas magnitudes têm sido muito próximas em nosso país —, imensas propriedades agropecuárias subaproveitadas e submetidas às agressões ambientais típicas do agronegócio (como o uso exagerado de defensivos químicos) e aos efeitos deletérios da "Revolução Verde" e dos seus desdobramentos (transgênicos, por exemplo), e assim sucessivamente.

Voltando à ideia de "espaço herdado", cabe lembrar, aqui, as "rugosidades" às quais se referiu Milton Santos, inspirado nas formas do relevo (SANTOS, 1978:136 e segs., 212). O espaço material, com suas construções, com sua infraestrutura, exerce uma espécie de "inércia dinâmica", para usar outra expressão empregada pelo mesmo autor (SANTOS, 1978:137). Em outras palavras: uma vez produzido dessa ou daquela forma, o espaço material condicionará as relações sociais, as atividades e os processos posteriores. Durante um certo tempo, tudo pode transcorrer muito bem; mas chegará a hora, mais cedo ou mais tarde, em que o que era "novo" passará a ser "velho", e o que era um "avanço" passará a ser um "estorvo". Se bem que, por outro lado, o que é um "estorvo" para uns pode não sê-lo para outros: aproveitando para lembrar que não apenas as construções e infraestruturas, mas o próprio *sítio* admite ser visto como possível "rugosidade", vale a pena citar um belo artigo de Nina Rabha sobre a "cristalização" e a "resistência" na Zona Portuária do Rio de Janeiro (bairros da Saúde, da Gamboa e do Santo Cristo), extraído de sua dissertação de mestrado, em que ela mostra como a permanência de certas formas e até de certos conteúdos espaciais foi bastante (embora não exclusivamente) propiciada pela topografia, que dificultou a realização de reestruturações espaciais "modernizantes" significativas (RABHA, 1985).

Pois bem: o substrato condiciona as relações sociais em si mesmo, por bloquear, facilitar, dificultar etc. através de sua materialidade (infraestrutura boa ou ruim, que atrai ou afasta investimentos; espaços bem-cuidados ou não, que atraem ou repelem visitantes; espaços que favorecem ou desfavorecem o encontro casual, a assembleia, o debate entre cidadãos...). Mas também condiciona por ser o "portador" de símbolos e mensagens, inscritos formal ou informalmente no mobiliário urbano e, mais amplamente, nos objetos geográficos da paisagem, que colaboram, para o bem e para o mal, para a socialização e a (de)formação de hábitos, costumes e mentalidades.

Vamos dar um passo adiante. Seria válido pensar nas próprias fronteiras e imagens espaciais também como "rugosidades", ainda que em sentido não diretamente material? Não vejo por que não. Mas isso tem a ver com os assuntos de outros capítulos, notadamente daqueles sobre os conceitos de território e lugar.

O Urbanismo é uma prática intelectual, muito frequentemente fundamentada em modelos normativos sobre a "boa forma urbana", que objetiva promover e justificar intervenções nas formas espaciais (traçado, objetos geográficos etc.), visando à funcionalidade, ao conforto e à beleza. Entretanto, muitas vezes os urbanistas deixaram de explicitar (total ou parcialmente), em nome de um vago apelo ao "bem comum", os interesses que se agasalham, meio disfarçados, meio explícitos, nas ideias aparentemente puramente "técnicas" que esposam e popularizam. E, no entanto, foi um urbanista, Kevin Lynch, quem nos legou alguns dos elementos de referência mais fecundos para se pensar e repensar, de modo arejado, o problema de conceber refuncionalizações e reestruturações que atendam realmente às necessidades da maioria da população. Refiro-me às reflexões de Lynch sobre o que ele chamou de as "dimensões de desempenho" (*performance dimensions*) da "boa forma urbana": a "vitalidade" (*vitality*), o "sentido" (*sense*), a "adequação" (*fit*), o "acesso" (*access*) e o "controle" (*control*) (LYNCH, 1994).

A questão é que a interpretação e a aplicação de tais princípios não devem ser vistas como atribuições exclusivas do Estado. A rigor, descontadas aquelas raras conjunturas em que governos específicos se mostram (sobre os fundamentos do respaldo e, especialmente, da *pressão* popular, nos marcos de favoráveis coalizões de forças) consistentemente permeáveis à adoção de uma agenda não elitista (redistributivista, de significativa abertura à participação popular direta etc.), na maior parte do tempo os governos (e, em última instância, o Estado, estruturalmente) não costumam promover a liberdade e a igualdade efetiva de oportunidades. Pelo contrário. Por isso é não somente moralmente legítimo, mas politicamente indispensável que os ativismos (e, em especial, os movimentos) sociais[20] tentem ir além de agendas basicamente reativas e pautadas

---

[20] *Ação coletiva*, *ativismo social* e *movimento social* designam conceitos que correspondem a três níveis distintos de abstração/concretude. Todo ativismo social é uma ação coletiva, mas nem toda ação coletiva é um ativismo; se levarmos em conta que um ativismo possui, entre outras características, uma certa permanência no tempo e um caráter público, verificaremos que manifestações efêmeras, como um quebra-quebra de protesto não premeditado ou um linchamento, não são ativismos, muito embora sejam ações coletivas; similarmente, ações coletivas realizadas "nos bastidores" e sem caráter público, como *lobbies* para pressionar parlamentares, também não são ativismos sociais. Por seu turno, todo movimento social é um ativismo social, mas a recíproca não é verdadeira. É conveniente reservar a expressão

em demandas muito pontuais, para construir agendas o mais possível propositivas, atuando proativamente: em outras palavras, atuando não apenas como agentes modeladores do espaço, mas, até mesmo, como agentes de um "*planejamento crítico*" (ou, mais especificamente, de um "*planejamento insurgente*") e como gestores de "*territórios dissidentes*" (geralmente em escala local, em que pese o exemplo dos zapatistas mexicanos de Chiapas estar aí para nos lembrar como certas ousadias são possíveis também em escala regional, quiçá mais amplas ainda...).[21]

"movimento social" para designar ativismos particularmente críticos em relação ao *status quo*; ou seja, ativismos cuja dinâmica, longe de ser meramente adaptativa, é marcada por uma forte contestação, tácita ou explícita, da ordem sócio-espacial vigente. (Essa contestação, contudo, não precisa ser, e de fato várias vezes não tem sido, "progressista" ou animada por valores emancipatórios. Um movimento social pode ser animado, por exemplo, por valores religiosos fundamentalistas ou étnico-particularistas que, de um ponto de vista que se reconheça como ao menos parcialmente herdeiro do Iluminismo e do universalismo ético, certamente não admitem ser considerados como emancipatórios.) A partir dessa perspectiva, uma associação de moradores clientelista é uma organização de um ativismo social, mas não representa um movimento social.

[21] Ver, sobre esses assuntos, SOUZA (2006a e 2006b).

4

Território e (des)territorialização

O conceito de *território* é um dos que mais vêm sendo submetidos, de umas poucas décadas para cá, a fortes tentativas de redefinição e depuração. Ao mesmo tempo, a palavra "território" (e seus equivalentes em várias outras línguas: *territory*, *territoire*...) permanece sendo usada de modo bastante amplo. *Excessivamente* amplo, indistinto mesmo, seria lícito dizer. Isso para não mencionar que, no âmbito das falas quotidianas, "território" pode se referir, simplesmente, a uma "grande extensão de terra" — e é essa, aliás, a primeira acepção que consta do *Dicionário Houaiss da Língua Portuguesa*.

Em 1995, publiquei um capítulo de livro que acabou tendo bastante repercussão (SOUZA, 1995). Essa repercussão, de todo modo, foi acompanhada de alguns mal-entendidos, inclusive por parte de alguns que diziam concordar comigo. Pensando, sobretudo, em desfazer tais mal-entendidos, publiquei, quase quinze anos depois, um outro capítulo de livro, no qual, entretanto, não tive a oportunidade de entrar em certos detalhes (SOUZA, 2009). Retomo, agora, o fio da meada, com a finalidade de atualizar certas coisas e rever outras tantas, além de acrescentar uma ou outra nova. A base, porém, serão esses dois textos anteriores.

Para muita gente — curiosamente, até mesmo para pesquisadores profissionais —, o vocábulo "território" é, ainda hoje, quase que sinônimo de espaço geográfico. Não que lhes escape a tradicionalíssima vinculação entre essa palavra e o discurso político do Estado-nação ("território nacional"), ou que lhes escapem mesmo as alusões a relações de poder em geral. Ao mesmo tempo, muitos, e mesmo geógrafos e cientistas políticos, usam, no quotidiano e até em seus textos acadêmicos, o termo de um modo que poderia parecer "descuidado", por tomarem o território em um sentido bastante genérico. O aparente "descuido" se vincula a uma dificuldade em se conseguir extrair todas as consequências em matéria de depuração e refinamento conceitual do fato de que, intuitivamente, o território geralmente é percebido, mesmo no âmbito do senso comum, como um espaço *político* — ao mesmo tempo que se insiste em falar do território, tantas vezes, de um jeito tal que a dimensão política empalidece ou submerge em favor de referências vagas, como se *território* e *espaço geográfico* fossem sinônimos. Na realidade, não se trata somente de "descuido", mas sim de vícios de natureza ideológica que se reproduzem, turvando o nosso olhar. Voltarei a esse assunto mais para a frente.

Aqui, como em meus trabalhos anteriores, o território "é, fundamentalmente, um *espaço definido e delimitado por e a partir de relações de poder*" (SOUZA, 1995:78). Essa é, porém, uma fórmula que deve ser entendida somente como uma *primeira aproximação*. Necessária, sim, mas insuficiente. Tomá-la como se ela fosse, a um só tempo, o início e o fim da tarefa de conceituação, significa substituir o esforço de reflexão conceitual pela memorização de uma definição preparatória, com isso abrindo-se a porta para subverter o espírito daquele texto de 1995 e assimilar de modo truncado a mensagem ali contida.

Antes de prosseguir, é conveniente, agora, fazer uma breve pausa para apresentar o conceito de *poder*, sem cujo entendimento não será possível avançar.

* * *

O cientista político alemão Günther Maluschke acertadamente apontou, em texto do início da década de 1990, mas ainda útil, para a existência de uma apreciável quantidade superposições entre as ideias de *poder*, *dominação*, *violência*, *autoridade* e *competência* (cf. MALUSCHKE, 1991:354). E podemos constatar isso não somente na linguagem do senso comum, mas também nas próprias teorias políticas, ou no discurso da Ciência Política, da Filosofia Política e da Geografia Política. Superposições (e até mesmo confusões) desse teor costumam estar, nas ciências sociais, associadas a divergências de fundo metateórico, que nem sempre chegam a ser explicitadas.

Em trabalho ainda mais antigo, mas ainda plenamente válido e inspirador, a filósofa Hannah Arendt, refletindo sobre a natureza do poder, já lamentara que esse conceito fosse, tão frequentemente, confundido ou indevidamente vinculado à *violência*, à *força* e ao *vigor*, e também à *dominação* (inclusive por parte de ilustres tradições, como, por exemplo, a weberiana). Para ela, expressando-se com clareza sobre um ponto que seria, mais tarde, desenvolvido por Michel Foucault (o qual, lamentavelmente, não tomou conhecimento de Hannah Arendt em suas reflexões sobre o poder), o poder não é uma "coisa", algo que possa ser estocado; ele "não pode ser armazenado e mantido e reservado para casos de emergência, como os instrumentos da violência: só existe em sua efetivação" (ARENDT, 1983:212).

Arendt não deixa dúvida sobre certas diferenças, como aquela existente entre a *força* e o *poder* (e, de passagem, também entre este e a *violência*):

> O poder é sempre, como diríamos, hoje, um potencial de poder, não uma entidade imutável, mensurável e confiável como a força. Enquanto a força é a qualidade natural de um indivíduo isolado, o poder passa a existir entre os homens quando eles agem juntos, e desaparece no instante em que eles se dispersam. (...) Um grupo de homens relativamente pequeno, mas bem organizado, pode governar, por tempo quase indeterminado, vastos e populosos impérios (...). Por outro lado, a revolta popular contra governantes materialmente fortes pode gerar um poder praticamente irresistível, mesmo quando se renuncia à violência face a forças materiais vastamente superiores (ARENDT, 1983:212-13).

Em outro livro, na verdade um longo e brilhante ensaio especificamente sobre a violência, assim complementou a mesma autora:

> O "poder" corresponde à habilidade humana de não apenas agir, mas de agir em uníssono, em comum acordo. O poder jamais é propriedade de um indivíduo; pertence ele a um grupo e existe apenas enquanto o grupo se mantiver unido. Quando dizemos que alguém está "no poder", estamos na realidade nos referindo ao fato de encontrar-se essa pessoa investida de poder, por um certo número de pessoas, para atuar em seu nome. No momento em que o grupo, de onde originara-se o poder (*potestas in populo*, sem um povo ou um grupo não há poder), desaparece, "o seu poder" também desaparece. (...)
> "Vigor" designa inequivocamente alguma coisa no singular, uma entidade individual; trata-se de uma qualidade inerente a um objeto ou pessoa e que pertence ao seu caráter (...).

> A "força", que usamos frequentemente no linguajar diário como sinônimo de violência, especialmente quando a violência é usada como meio de coerção, deveria ser reservada, na linguagem terminológica, para designar as "forças da natureza" ou as "forças das circunstâncias" (*la force des choses*), isto é, para indicar a energia liberada através de movimentos físicos ou sociais.
> A "autoridade" (...) pode ser [um termo] aplicado às pessoas (...) ou pode ser aplicado a cargos (...) A sua característica é o reconhecimento sem discussões por aqueles que são solicitados a obedecer; nem a coerção e nem a persuasão são necessárias. (...)
> A "violência", finalmente, (...) distingue-se por seu caráter instrumental (ARENDT, 1985:24-5).

Sua argumentação se robustece ainda mais ao ser ilustrada com um exemplo eloquente, o dos tanques russos contra a população de Praga, em 1968:

> O confronto entre os tanques russos e a resistência inteiramente não violenta do povo da Tchecoslováquia [Arendt refere-se à chamada "Primavera de Praga"] é um caso típico de uma confrontação entre a violência e o poder em seu estado puro. (...) À violência sempre é dado destruir o poder; do cano de uma arma desponta o domínio mais eficaz, que resulta na mais perfeita e imediata obediência. O que jamais poderá florescer da violência é o poder. (...)
> O domínio através da violência pura vem à baila quando o poder está em vias de ser perdido (...).
> Resumindo: politicamente falando, é insuficiente dizer não serem o poder e a violência a mesma coisa. O poder e a violência se opõem: onde um domina de forma absoluta, o outro está ausente (ARENDT, 1985:29-30).

Como se vê, Hannah Arendt, longe de "demonizar" o poder, como fizeram tipicamente os anarquistas clássicos (fizeram-no, aliás, com a própria palavra "poder"), ressaltou, como sua característica essencial, não a coerção e muito menos a repressão violentas, mas sim um certo grau de entendimento mútuo, fonte da verdadeira legitimidade do seu exercício. Para a maioria dos pensadores e militantes anarquistas, pelo contrário, o poder sempre surgiu como algo negativo por ser, via de regra, confundido com o Estado — ou seja, com uma instância heterônoma, a qual, ainda que não recorra sempre e todo o tempo à força bruta (caso contrário, nos termos de Arendt, tratar-se-ia de violência, e o mínimo consentimento necessário ao exercício mesmo de um poder bastante autoritário se desmancharia), potencialmente sempre acena com essa possibilidade; ou seja, a intimidação é latente no caso do poder estatal, ainda que nem sempre manifesta. Contudo, não foram só os anarquistas clássicos que "demonizaram" o poder. Um caso de "demonização" implícita é o de Michel Foucault, por ter ele focalizado, preferencialmente, exemplos de poder opressor, heterônomo, ainda que tenha explicitamente proclamado a necessidade de libertar o conceito de sua apreensão puramente "negativa" (no sentido de proibição), entendendo o poder também por trás da produção de disciplina e "eficiência" (FOUCAULT, 1994), e ainda que, aqui e acolá, Foucault não tenha se furtado a focalizar, ainda que não de maneira profunda ou sistemática, as rebeldias, as revoltas, as "contracondutas" (FOUCAULT, 2008:266). Ainda que, à diferença dos anarquistas clássicos, Foucault tenha sabido resistir à tentação de superpor excessivamente *poder* e *poder estatal*, a sua visão do poder, sofisticada, mas, de algum modo, também restritiva, lhe valeu palavras de reprovação por parte do neoanarquista Murray BOOKCHIN (1995a:228-29 e 1995b:27).

De sua parte, o filósofo greco-francês Cornelius Castoriadis conseguiu, em um certo sentido, ir além de Arendt e de Foucault ao perceber, mais nitidamente que qualquer um dos dois, a visceral *ambivalência* do poder. Poder que, além de ambivalente, também é, conforme Castoriadis (e também Arendt) claramente sublinha, *ubíquo*. Como Castoriadis deixa claro, "uma sociedade sem nenhum poder" não é nada mais que uma "ficção incoerente" (CASTORIADIS, 1983:16) — uma afirmação que desafia a interpretação anarquista clássica, mas da qual o neoanarquista Bookchin, outro renovador do pensamento libertário, não teria discordado. Castoriadis deixa claro que o poder pode muito bem ser *autônomo* — vale dizer, radicalmente democrático, em um sentido ainda mais profundo que aquele que explicitamente aflora a partir dos textos de Arendt —, e não necessariamente heterônomo, ou seja, em que há uma assimetria (estrutural) de poder e uma dominação de alguns indivíduos e grupos por outros. Talvez Foucault, com seus laivos estruturalistas e sua consequente interpretação de que a categoria do sujeito ter-se-ia tornado "supérflua" (típica da década de 1960 e parte da seguinte, posição certamente relativizada ou mesmo abandonada por ele a partir de fins da década de 1970, em sua obra tardia, mas sem que, no entanto, sua abertura chegasse ao ponto de tematizar o sujeito sistemática e propriamente como sujeito de uma *práxis*),[22] tenha tido dificuldades para superar um certo tipo de "pessimismo", o que também concorreu para que ele visse a ideia

[22] Foucault saudou, sem dúvida, revoltas esporádicas, mas sua desconfiança em relação a revoluções e à palavra *utopia* é sintomática de um tipo de "minimalismo", e mesmo de um pessimismo (ou ceticismo) que, do ponto de vista emancipatório, ao mesmo tempo que ajuda a vacinar contra determinadas ingenuidades pode ser muito limitante. Sobre o conceito de práxis, ver o Capítulo 10.

de "utopia" sempre com muita desconfiança e não explorasse sistematicamente as possibilidades em matéria de práxis emancipatória.

A questão da autonomia, à qual retornarei aprofundadamente no último capítulo deste livro, é que uma coletividade, ao acordar livremente — vale dizer, com todos os membros em igualdade *efetiva* de condições no processo decisório — *regras* no tocante à organização de um espaço (que pode ser um imóvel ocupado por sem-teto, ou então uma biblioteca mantida por uma organização libertária, ou ainda um centro ou "diretório" acadêmico autogerido...), definindo, inclusive, possíveis punições para os transgressores dessas regras, está exercendo poder, poder esse que se consubstancia sob a forma de um conjunto de normas. O fato de essas normas poderem ser discutidas e rediscutidas a qualquer momento, podendo ser alteradas, em vez de serem vistas como inquestionáveis ou tabus, indica que se está diante de um poder não heterônomo — e não que se está diante da "ausência de poder".

Evidentemente, valorizar ou não a crítica do poder heterônomo e desejar uma subversão desse poder e a construção de um poder autônomo é algo que tem tudo a ver com a cultura ou, como diria Castoriadis, com o *imaginário* social. A esta altura, portanto, vale a pena lembrar a distinção por ele estabelecida entre o *poder explícito*, que é o exercício do poder visível e vinculado ao governo (não necessariamente apenas no sentido de governo estatal, mas também no de *autogoverno*), e o *infrapoder*, que corresponde à introjeção coletiva de valores ("significações imaginárias sociais", no dizer de Castoriadis) que induzem a comportamentos conformes a um certo *nómos*.

Retornando brevemente a Hannah Arendt e voltando a acompanhá-la em sua reflexão, podemos verificar que aquilo que ela chamou de "poder em estado puro", sem o concurso da violência como coadjuvante e pautado em uma ampla aceitação da legitimidade de uma demanda ou ação, é algo fundado sobre o entendimento, dialogicamente; portanto, algo perfeitamente compatível com a autonomia (ou, para dizê-lo de outro modo, com a liberdade) de coletividades e indivíduos. É certo que a dialogicidade não exclui de todo o engodo, a mentira, a falta de sinceridade, a mistificação e a manipulação retórica, pois não estaremos jamais diante de anjos ou santos, nem mesmo em uma sociedade basicamente autônoma... Habermasianamente, pode-se considerar que uma autêntica "ação comunicativa", isto é, aquela que busca o consenso por meio do diálogo racional e da persuasão, possui determinados requisitos ético-práticos (HABERMAS, 1981, 1990 e 1999), e que o engodo, a mentira, a falta de sinceridade, a mistificação e a manipulação retórica estorvam a dialogicidade genuína; adicionalmente, é possível ver que uma "ação comunicativa", para se concretizar e florescer verdadeiramente, necessita de um outro contexto social que não seja heterônomo (conclusão a que Habermas, sob o peso de sua filiação filoliberal, esteve longe de levar às últimas consequências), isto é, necessita de uma sociedade livre, *autônoma*, como sugeri em trabalhos anteriores (SOUZA, 2000 e 2002). O ponto a ser aqui enfatizado, de qualquer modo, é que, enquanto o poder heterônomo dificilmente poderá renunciar ao auxílio sistemático e ostensivo da violência, ainda que apenas na qualidade de uma ameaça ou intimidação latente (a não ser na situação hipotética de um formidável e hipertotalitário controle ideológico ou teocrático, em que o infrapoder heterônomo atuasse de modo tão eficaz que os corações e mentes se encontrassem integralmente submetidos e domesticados), a coisa se coloca de maneira bem diversa em se tratando de um poder autônomo. Este, é bem verdade, talvez não possa renunciar completamente a instrumentos de coerção e mesmo de violência, seja com a finalidade de autodefesa em meio a um mundo heterônomo (dos muros da Atenas democrática da Antiguidade ao exército makhnovista na Ucrânia durante os anos de guerra civil que se seguiram à Revolução Russa ou às milícias anarquistas durante a Guerra Civil Espanhola), seja, em um contexto já de ultrapassagem da heteronomia, para fazer face à perpetração de atos de violência interpessoal (já que intimidações, agressões e ofensas seguramente não desapareceriam inteiramente, mesmo em uma sociedade livre, na qual sentimentos como ciúme, inveja e ódio continuariam a existir). Apesar disso, do ponto de vista do poder autônomo a violência é algo a ser profundamente desprezado e utilizado somente como último recurso, sem ser jamais um objeto de emprego sistemático, muito menos de culto e reverência.

* * *

Após essa necessária pausa para tratar do conceito de poder, voltemos a nossa atenção, diretamente, para o território, que nos remete à conjunção dos conceitos de espaço e poder. Em meu capítulo de 1995, eu havia escrito que a questão primordial, em se tratando do conceito de território e sua aplicação, é a seguinte: "quem domina, governa ou influencia e como domina, governa ou influencia esse espaço?" (SOUZA, 1995:78-9). À luz do que foi dito nos parágrafos anteriores, já deve estar claro que "governo", do meu ponto de vista, não é sinônimo de governo estatal, e que mesmo em uma sociedade não heterônoma existirá algum tipo de governo (*auto*governo), e influências serão exercidas, em contextos informais e também formalmente deliberativos, por alguns indivíduos sobre outros. Além do mais, a própria "dominação", conquanto sempre tenha a ver com o poder heterônomo, não deve ser exclusivamente associada à violência e à força bruta ou bélica, mesmo que elas, como já se disse, nunca estejam totalmente ausentes como fatores de manutenção do poder heterônomo — seja na escala do Estado-nação, seja na escala, por exemplo, de um espaço segregado territorializado por traficantes de drogas de varejo ou uma "milícia" paramilitar. O fato é que, via de regra, até mesmo fora de um contexto radicalmente democrático e dialógico, há que se buscar o componente de *consentimento* no exercício do poder — e, por extensão, no exercício do controle sobre um espaço. Uma vez que o espaço territorializado é, em última análise, um instrumento de exercício de poder, a questão formulada mais acima neste parágrafo traz embutida, latente, esta outra, que a torna mais precisa, e que eu também já havia apresentado em trabalhos anteriores: *quem domina, governa ou influencia quem nesse espaço, e como?*

Por outro lado, não é apenas o território que só pode ser concebido, concretamente, com a ajuda da ideia de poder. Embora talvez soe muito menos evidente (mas não deveria...), também o poder só se exerce *com referência a um território e, muito frequentemente, por meio de um território*. Não há influência que seja exercida ou poder explícito que se concretize sem que seus limites espaciais, ainda que às vezes vagos, igualmente sejam menos ou mais perceptíveis. Mesmo quando se exerce poder a grandes distâncias, por meio das modernas tecnologias de comunicação e informação, o alvo ou destinatário jamais é um grupo social "flutuando no ar", mas sempre um grupo social *em conexão com um espaço* (a ser [des]territorializado, portanto). E, em muitos casos, o uso intenso e ostensivo de práticas espaciais, como restrições de acesso e locomoção, manuseio de signos inscritos na paisagem e ressignificação de lugares (mediante alteração da toponímia etc.), modificação de fronteiras, e assim sucessivamente, envolvem a instrumentalização e a alteração do território (e também do substrato espacial material, da paisagem e das imagens de lugar, em vários casos).

Por que razões se deseja territorializar um espaço e manter o controle sobre ele? Há, potencialmente, uma plêiade de motivações. O que se pode dizer, conforme eu já havia grifado em 1995, é que essas motivações sempre estarão, de algum modo, conectadas ao substrato espacial material e, eventualmente, também aos próprios significados culturais atribuídos às formas espaciais, isto é, às imagens de lugar. O desejo ou a cobiça com relação a um espaço podem ter relação com os *recursos naturais da área em questão*; podem ter a ver com *o que se produz ou quem produz no espaço considerado*; podem ter ligação com o *valor estratégico-militar daquele espaço específico*; e podem se vincular, também, *às ligações afetivas e de identidade entre um grupo social e seu espaço* (ou, mais especificamente, entre um grupo e objetos geográficos determinados, como um santuário ou símbolo "nacional").

Mais uma vez: o que "define" o território é, em primeiríssimo lugar, o *poder*. Ou, em outras palavras, o que determina o "perfil" do conceito é a *dimensão política* das relações sociais, compreendendo essa dimensão no sentido amplo de *o* político (*le politique, das Politische*), e não no sentido de *a* política (*la politique, die Politik*).[23] Isso não quer dizer, de jeito nenhum, que a cultura (o simbolismo, as teias de significados, as identidades...) ou a economia (o trabalho, os processos de produção e circulação de bens) não sejam relevantes ou não estejam "contemplados" ao se lidar com o conceito de território a partir do enfoque que propus em 1995, e que depois retomei e refinei um pouco mais em 2009. Não se pretende negar, em absoluto, que esses aspectos possam ser de vital importância para que se compreenda a *gênese* de um território ou as *razões do interesse por mantê-lo*.

---

[23] Consulte-se, sobre essa distinção, CASTORIADIS (1990).

O que importa reter é que, por conta disso, não se justifica, pura e simplesmente, confundir o território com o substrato espacial material que serve de referência para qualquer (tentativa de) territorialização. Diversamente do substrato, os territórios não são matéria tangível, palpável, mas sim "campos de força" (SOUZA, 1995:97), que só existem enquanto durarem as relações sociais das quais eles são projeções espacializadas. O verdadeiro *Leitmotiv* do conceito de território é *político*, e não econômico ou, como ocorre com o conceito de lugar, cultural-simbólico.

Insistir sobre o fato de que o que "define" o território é, acima de tudo, o poder, em nada justifica pensar que a abordagem ora advogada "negligenciaria" quer a materialidade do espaço, quer a dimensão cultural-simbólica da sociedade. Para tentar não deixar margem a dúvidas, vou cometer uma pequena deselegância e citar a mim mesmo, reproduzindo inteira uma passagem do aludido texto de 1995, a qual evidencia aquilo que, desde muitos anos, tenho em mente quando coloco em primeiro plano a dimensão política:

> O *território* (...) é fundamentalmente um *espaço definido e delimitado por e a partir de relações de poder*. A questão primordial, aqui, não é, na realidade, *quais são as características geoecológicas e os recursos naturais de uma certa área*, *o que se produz ou quem produz em um dado espaço*, ou ainda *quais as ligações afetivas e de identidade entre um grupo social e seu espaço*. Estes aspectos podem ser de crucial importância para a compreensão da gênese de um território ou do interesse por tomá-lo ou mantê-lo (...), mas o verdadeiro *Leitmotiv* é o seguinte: *quem domina ou influencia e como domina ou influencia esse espaço?* Este *Leitmotiv* traz embutida, ao menos de um ponto de vista não interessado em escamotear conflitos e contradições sociais, a seguinte questão inseparável, uma vez que o território é essencialmente um instrumento de exercício de poder: *quem domina ou influencia quem nesse espaço, e como?* (SOUZA, 1995:78-9).

Como a passagem anteriormente reproduzida demonstra, desde aquele momento busco esclarecer que as *motivações* para se conquistar ou defender um território podem ser fortemente ou até primariamente de cunho cultural ou econômico; é óbvio que não são, sempre, de ordem "estritamente" política (ou, ainda, estratégico-militar). A conexão entre os "campos de força" quer são os territórios, de um lado, e a materialidade que lhes serve de referência (e suporte), de outro, é cristalina, de tal sorte que aventar qualquer hipótese de "desvinculação" entre o território e o substrato não passaria de um rematado disparate. O que se pode afirmar, isso sim, é que *confundir* o território com o substrato espacial material (as formas espaciais, os objetos geográficos tangíveis — edificações, campos de cultivo, feições "naturais" etc.) seria equivocado, assim como seria uma distorção muito pouco fecunda *confundir* o território com o lugar, como se um único conceito devesse dar conta de todas as facetas do espaço social.

Sem embargo, de onde, então, derivaria a possibilidade de uma leitura tão disparatada quanto a que sugere ter a presente abordagem "negligenciado" a materialidade? Acredito que a resposta não é difícil de encontrar. Confundir, menos ou mais conscientemente, território e substrato espacial material equivale a "coisificar" o território, fazendo com que não se perceba que, na qualidade de projeção espacial de relações de poder, os recortes territoriais, as fronteiras e os limites podem todos mudar, sem que necessariamente o substrato material que serve de suporte e referência material para as práticas espaciais mudem. E isso não é, necessariamente, apenas ou primariamente um problema de um analista individual. Há, disso estou convicto, *filtros ideológicos* que concorrem para uma leitura "coisificante" do território. À luz de uma tal leitura enviesada, e por causa dela, é que se pode explicar que a minha abordagem apareça como "fantasmagorizante" ou coisa que o valha.

Os autores clássicos "coisificaram" o território rotineiramente, e havia, colaborando para isso, poderosos fatores ideológicos em jogo. E é precisamente por isso, em grande parte ou talvez sobretudo, que, até hoje, mesmo pesquisadores costumam, volta e meia, usar a palavra "território" como sinônimo de "espaço geográfico", às vezes mal deixando entrever justamente aquele aspecto que, a rigor, é o que é conceitualmente definidor, acima de todos os outros: o exercício do poder. O "território", nesse discurso "coisificante" ou "coisificador", como que se confunde com um pedaço qualquer da superfície terrestre, delimitado menos ou mais arbitrariamente pelo observador em função daquilo a que ele deseja aludir. Ou, mesmo que o território seja efetivamente delimitado com base em fronteiras e limites políticos, o substrato "se torna" o próprio território. Com isso, mais do que somente *conter* uma porção do substrato (e, por extensão, devemos também englobar o "mar territorial" e o domínio sobre superfícies líquidas em geral, além de pensar tridimensionalmente e contemplar o espaço aéreo de um Estado-nação), porção essa circunscrita por fronteiras ou limites, o "território" acaba *sendo* o próprio substrato espacial material, com seus rios, suas matas e suas cadeias de montanhas, com os pastos e os campos de cultivo, com as cidades e as vilas.

Vai ficando perceptível, assim, que o uso do termo "território" dessa maneira não é um mero "descuido"... Um problema que talvez pareça distinto, mas que historicamente se associa intimamente ao anterior e o condiciona, foi, também entre os clássicos, a associação exclusiva ou quase exclusiva do termo "território" a um tipo de recorte político-espacial específico: aquele definido pelo *Estado-nação*. Ao se proceder dessa maneira, historicamente, não apenas se privilegiou, no tocante ao uso do termo, um tipo de *fonte de poder* em particular, mas também tornou-se difícil descolar o emprego da palavra "território" das necessidades ideológicas específicas vinculadas à legitimação dessa fonte de poder, mediante a construção de um discurso de enaltecimento e, na esteira disso, de total privilegiamento analítico-conceitual do "território pátrio", do "território nacional". Exercendo sua soberania, geralmente, sobre vastas extensões da superfície da Terra,[24] um Estado-nação se manifesta, político-geograficamente, como um *país*, com seus recursos e suas riquezas. Exaltar esses recursos e essas riquezas, das jazidas de minérios às belezas naturais, sempre fez parte do discurso legitimatório de qualquer Estado-nação, ao lado da insistência naturalizante sobre a "personalidade própria e indivisível" daquele espaço ("discurso-argumento" contra a cobiça externa e "discurso-vacina" contra projetos separatistas internos), por mais que um país possa abrigar, menos ou mais conflituosamente, vários povos e múltiplas "nações" em seu interior: basta olharmos para os países africanos, a maior parte dos países da América Latina e, até mesmo, para um país europeu como a Espanha. Para o senso comum, mas também para juristas, militares e mesmo cientistas políticos — e até mesmo para muitos geógrafos, ainda hoje —, o "território" por excelência terminou sendo, durante muito tempo, e largamente ainda é, assim, aquele "sobre o qual" o aparelho de Estado exerce ou busca exercer a sua soberania. Sob tais condições, há que se compreender que a tarefa de, por assim dizer,

---

[24] "Vastas", aqui, para uma "escala humana", o que faz com que até mesmo o pequeno Portugal e a pequena Holanda sejam relativamente grandes, ainda que pequeníssimos em comparação com a Rússia, o Canadá, os EUA, a China e o Brasil...

"emancipar" a categoria *território* e construir um conceito em que não se confundissem a projeção espacial do poder (as fronteiras e a malha territorial) e os objetos geográficos materiais — e no qual uma fonte de poder (e com ela determinadas escalas) não fosse hiperprivilegiada — exigiria um esforço de *crítica ideológica*. Esforço esse que, em virtude do contexto histórico-cultural, durante muito tempo não foi sequer percebido pela maioria como sendo necessário ou pertinente. No fundo, nem se cogitava disso.

Falei, parágrafos atrás, dos autores clássicos. Tomemos como exemplo aquele que é, a respeito da discussão política na Geografia, provavelmente o mais clássico entre todos: Friedrich Ratzel. É interessante notar que ele nitidamente procedeu, em sua obra *Politische Geographie* (RATZEL, 1974), a uma emblemática "coisificação" da ideia de território. Ao mesmo tempo, e não por acaso, o vocábulo que ele mais empregava era, entretanto, de longe, "solo" (*Boden*, em alemão), e não "território" (em alemão, reverberando o latim, *Territorium*)... Ou seja, percebe-se a "coisificação" (e a forte "naturalização") do território já nessa escolha, tão lapidarmente ilustrada por trechos em que, por exemplo, Ratzel esclarece que o Estado não é um "organismo" meramente porque ele "representa uma união do povo vivo com o solo imóvel", mas também "porque essa união se consolida tão intensamente através de interação que ambos *se tornam um só*" (RATZEL, 1974:4, grifos meus); páginas adiante, o autor registra que "[e]xclusivamente o solo dá coerência material a um Estado", sendo o solo "tanto o fundamento coerente do Estado quanto o único testemunho palpável e indestrutível de sua unidade" (RATZEL, 1974:11). Muito sintomática desse modo de enfocar as coisas é, ademais, a interessante expressão ratzeliana *bodenständiger Organismus*, a propósito do Estado, a qual podemos livremente traduzir como "organismo estreitamente vinculado ao solo"...

Devemos estar cientes de que, em Ratzel, o termo *território*, por isso mesmo, não possui o *status* de uma categoria científica com características próprias. O termo *Territorium* é usado com parcimônia na *Politische Geographie*, e, quando ele é usado, se refere a um recorte político-espacial que praticamente se confunde com o *Boden*, com o solo, esse fator de "coerência material do Estado" — e que era a verdadeira pedra angular do discurso ratzeliano. Em outras palavras, ele não explorou e desenvolveu propriamente um *conceito* de território plenamente individualizado. Por quê? Não, certamente, por falta de capacidade intelectual. Mais uma vez, é válido insistir sobre a necessidade de entendermos os nossos conceitos como sendo carregados de historicidade (e, não raro, de ideologia, especialmente se livrarmos esta palavra de sua leitura simplista como "falsa consciência"). Dadas as restrições de seu contexto histórico e de sua situação político-ideológica, a preocupação ratzeliana com a dimensão de apropriação, de conquista e de dominação do espaço geográfico não chegou a levá-lo a "emancipar" a categoria de território. Seria preciso esperar, para uma tal "emancipação", por um momento posterior e por outras contribuições.

Não caberia, aqui, tentar historiar todo o percurso acadêmico que redundou em um questionamento de várias coisas (embora não necessariamente de maneira simultânea): do privilégio de uma instância de poder; de algumas escalas analíticas; e, finalmente, da "coisificação" do território, pavimentando-se assim o terreno para uma construção conceitual mais sofisticada e menos escrava da banalização operada pelo senso comum e pelo discurso ideológico dominante. O que posso agora fazer é registrar que várias fontes colaboraram, direta ou indiretamente, durante decênios, para essa virada teórico-conceitual. Entre essas fontes contam-se desde trabalhos de antropólogos até reflexões filosóficas (como as de Michel Foucault e as da dupla Gilles Deleuze & Félix Guattari). Nas décadas de 1980 e 1990, finalmente, o ambiente estava suficientemente maduro para que algumas explicitações e as primeiras sínteses fossem tentadas no interior do próprio ambiente profissional da Geografia, sendo o livro *Human Territoriality*, de Robert D. Sack (SACK, 1986), a meu juízo o marco mais importante a esse respeito.

Antes de passar a outras alusões à obra de Sack (e às contribuições de outros autores), é conveniente, porém, retomar o fio da meada em relação à minha tentativa de esclarecer a abordagem que venho propondo (a qual, de certo modo, radicaliza ou leva até as últimas consequências alguns pensamentos e possibilidades entrevistos por Sack e por determinados não geógrafos): se o exercício do poder, e com ele o desejo ou a necessidade de defender ou conquistar territórios, tem a ver com um acesso a recursos e riquezas, com a captura de posições estratégicas e/ou com a manutenção de modos de vida e do controle sobre símbolos materiais de uma identidade — ou seja, se o exercício do poder tem a ver com desafios e situações que remetem ao substrato espacial e às suas formas, aos objetos geográficos visíveis e tangíveis —, é evidente que a materialidade jamais poderia ser desimportante. O fato de se admitir que o território, na qualidade de uma projeção espacial de relações de poder, não deve ser confundido com o substrato não quer dizer, de jeito nenhum, que seja possível compreender e, mais ainda, investigar territórios concretos (sua origem e as causas de suas transformações ao longo do tempo) sem que o substrato espacial material do espaço social seja devidamente considerado.

É importante não perder de vista que, no meu texto de 1995, procedi à formulação do conceito em duas etapas. Retomando aquilo que disse no começo deste capítulo, e repetindo o procedimento que eu já havia empregado, no começo do livro, com relação às conceituações de espaço geográfico e espaço social: é conveniente proceder por aproximações sucessivas. Na primeira aproximação, apenas para facilitar a comunicação, caracterizei o território como um "espaço definido e delimitado por e a partir de relações de poder". Ocorre que essa formulação não pode ser desconectada daquilo que escrevi em seguida no mesmo texto e que a qualifica e refina. Se eu tivesse me limitado e essa formulação, estaria, provavelmente, contribuindo para que o território continuasse a ser enxergado como se ele fosse, de fato, um "pedaço" tangível da superfície terrestre, isto é, como equivalente ao próprio substrato espacial material. No mínimo, eu não teria me distanciado de modo suficientemente explícito do vício conceitual da "coisificação". Contudo, essa foi, repita-se, apenas uma *primeira aproximação*.

Não que essa primeira aproximação conceitual seja, em si, falha; na verdade, ela já contém todo o essencial, ainda que de modo implícito. Entretanto, ao ser expresso de modo extremamente sintético, o conceito, nesse momento, se apresenta ainda incompleto, correndo o risco de ser mal interpretado. Pois bem: em uma *segunda aproximação*, de construção mais sutil, esclareci que os territórios são, no fundo, "antes relações sociais projetadas no espaço que espaços concretos" (p. 87). Com o intuito de "complementar" e "precisar" a "lacônica definição" que eu fornecera no início daquele texto, identifiquei o território, então, como sendo "*relações de poder espacialmente delimitadas e operando, destarte, sobre um substrato referencial*" (p. 97, grifos no original), para o que me socorri, também, da analogia com um "*campo de força*". Com esse expediente, nada mais fiz que tentar tornar explícito algo que, antes, estava somente implícito: que o território, conquanto sendo, também ele, uma das manifestações do espaço geográfico (ou, mais especificamente, do espaço social) e da espacialidade, nem por isso é uma "coisa" material.

O raciocínio admite ser resumido com o auxílio das seguintes evidências, as quais recheiam o argumento e que eu já havia apresentado, nesta mesma sequência, em SOUZA (2009:65): 1) se as fronteiras e os limites podem ser "invisíveis" (o fato de tomarmos como referência feições tangíveis e visíveis na paisagem, tais como rios ou marcos fronteiriços materiais instalados *ad hoc*, em nada altera a questão), uma fronteira bem pode ser uma linha reta arbitrariamente traçada sobre um mapa em gabinete, a qual será, depois, imposta a muitos milhões de homens e mulheres; 2) se os limites e as fronteiras podem ser deslocados sem que para isso seja preciso, *necessariamente*, alterar o substrato material, ou sem que uma tal alteração seja um requisito prévio; 2) e se territórios podem ser criados e se desfazer ciclicamente, ter duração efêmera e nem chegar a deixar marcas na paisagem — *então* é imperativo reconhecer que o território e o substrato espacial material que lhe serve de suporte e referência, e inclusive de fator de condicionamento, por mais que não possam ser *separados* concretamente de modo simples (pois não pode existir um território sem um substrato), não são, só por isso, *sinônimos*.

A comparação de um território com um "campo de força" aparece, então, como uma analogia bastante razoável: ao mesmo tempo que o território corresponde a uma faceta do espaço social (ou, em outras palavras, a uma das formas de qualificá-lo), ele é, *em si mesmo*, intangível, assim como o próprio poder o é, por ser uma relação social (ou melhor, uma das dimensões das relações sociais). Se o poder é uma das dimensões das relações sociais, o território é a expressão espacial disso: *uma relação social tornada espaço* — mesmo que não de modo diretamente material, como ocorre com o substrato, ainda que o território dependa, de várias maneiras, deste último. Da mesma maneira que não se exerce o poder sem contato com e referência à materialidade em geral, tampouco a existência de um território é, concretamente, concebível na ausência de um substrato espacial material. Quanto à questão de não ser o território redutível ao substrato espacial material, isso é evidenciado pelo fato de que, se porventura a fonte de poder que dirigiu ou coordenou a modelagem material de uma porção da superfície da Terra (transformação da natureza e retrabalhamentos sucessivos da materialidade do espaço social) for destruída ou sucumbir, o substrato espacial material, caso não tenha sido totalmente arrasado no transcurso de uma guerra, ainda estará, apesar disso, presente, como testemunho — ainda que "morto" — das realizações de um povo, de um grupo social; no entanto, o território, enquanto tal, pode vir a ser subdividido, repartido, pulverizado entre facções rivais, ou mesmo desaparecer por completo. Em casos extremos, como o de Cartago depois da última guerra contra Roma, tanto a infraestrutura e o conjunto das construções humanas materiais quanto o território podem ser varridos do mapa.

Para os geógrafos de formação, o aparelho de Estado tem sido, tradicionalmente, um *locus* de referência discursiva (isto é, objeto de estudo) privilegiado, ainda que indiretamente (da Geopolítica aos efeitos de políticas públicas e projetos estatais sobre a estrutura urbana); além do mais, o Estado tem sido, para eles, o principal *locus* de construção discursiva (ou seja, o ambiente de trabalho, o ambiente a partir do qual se elaboram as ideias e as pesquisas). Os ativismos sociais, em particular os movimentos emancipatórios, têm, por outro lado, recebido uma atenção proporcionalmente muito menor. E isso tem uma forte relação com a tradicional maneira de se conceituar o território e de empregar a palavra: ou se pensa no "território" quase como se fosse um sinônimo de espaço geográfico, ou se trata o território como um espaço propriamente político, mas privilegiando-se o Estado-nação e suas subdivisões político-administrativas (ao mesmo tempo que, de certo modo, a materialidade do espaço geográfico é, também aqui, implicada diretamente, como parte do conceito: o "solo pátrio" *é* o território).

As fronteiras estatais, especialmente em escala nacional, costumam alterar-se em uma escala de tempo que se aproxima da "longa duração" ("*longue durée*") braudeliana: as ordens de grandeza são as gerações e, às vezes, até mesmo os séculos, como é bem ilustrado pelas fronteiras internacionais de Portugal. Isso, devidamente refletido por espelhos ideologicamente deformadores, contribuiu, historicamente, para "naturalizar" as fronteiras dos Estados e para passar uma ideia de fixidez dos territórios estatais, sobre os fundamentos de identidades e de um "destino comum" reais ou, em larga medida, apenas supostos ou habilmente introjetados nos corações e mentes de cima para baixo. Não admira, assim, que o território, ao ser reduzido à sua manifestação como condição de poder estatal — um poder estruturalmente heterônomo, em que o corpo de cidadãos aliena sua soberania menos ou mais voluntariamente, mas sempre sob o efeito de condicionamentos ideológicos —, em particular ao poder estatal na escala do Estado-"nação", tenha sido "coisificado".

"Descoisificar" o território não quer dizer, de jeito nenhum, negligenciar a materialidade do espaço. Quer dizer, isso sim, *refinar o conceito* e *conferir-lhe maior rigor*, assim enriquecendo o arsenal conceitual à disposição da pesquisa sócio-espacial. Parafraseando e adaptando uma formulação célebre, como eu já tinha feito em texto anterior (SOUZA, 2009:68), pode-se admitir que aqui não há nada a perder, a não ser grilhões ideológicos e teóricos. O espaço social é multifacetado, e é sensato aceitar que o território nada mais é que *uma* de suas facetas.

A necessidade, em nome de uma ampliação dos nossos horizontes analítico-interpretativos, de se flexibilizar o uso do conceito e "descoisificar" o território, tornando-o adequado para o estudo também de movimentos sociais e suas organizações, protestos menos ou mais efêmeros, grupos de jovens, quadrilhas de criminosos e por aí vai, leva a colocar a questão do papel que a dimensão cultural-simbólica pode ter em nossa conceituação de território. Quanto à errônea interpretação segundo a qual uma proposta como a aqui advogada, que coloca em primeiro plano a dimensão política, negligenciaria a dimensão cultural-simbólica, vale a pena refletir sobre o seguinte: será que, curiosamente, ao se clamar por um conceito que, em si mesmo, "integre" todos os aspectos das relações sociais, não se está caindo vítima, sem que se perceba, da armadilha que consiste em não compreender muito bem que "a própria separação entre o 'político', o 'cultural' e o 'econômico', da maneira como amiúde é feita, tem muito de cartesiana, de artificialmente preocupada em separar aquilo que é *distinguível*, mas não é propriamente *separável*" (SOUZA, 2009:60), como já tive oportunidade de dizer? Se, no âmbito de nosso trabalho de pesquisa e reflexão *como um todo*, sabemos muito bem que a sociedade concreta é una e indivisível, qual seria a necessidade de sobrecarregar um único conceito — no caso, o de território —, quando podemos e devemos, na realidade, nos servir de vários conceitos simultaneamente, integrando-os uns com os outros de modo complexo, ao sabê-los interdependentes e mutuamente complementares?...

Ao mesmo tempo, compreender a sociedade concreta como uma realidade una e indivisível não nos impede de entender que, em meio a relações sociais complexas, uma *dimensão* (note-se que não falo de "instância", "[sub]estrutura" ou "subsistema") pode aparecer, histórico-culturalmente, como a mais importante em face de tal ou qual processo, de tal ou qual circunstância — o que está longe de significar que ela seja a única relevante! Em cada caso concreto, ao se examinarem os fatores por trás de processos de territorialização, descobriremos, recuando no tempo e escavando o suficiente, um emaranhado de motivações, dos mais diversos tipos. Como eu já registrei e agora reitero, a defesa de uma identidade pode estar associada a uma disputa por recursos e riquezas, no presente ou no passado; e a cobiça material não é, de sua parte, descolável do simbolismo e da cultura ("capitalismo também é cultura", poderíamos dizer — ainda que uma pobre cultura, deveríamos completar). Portanto, o que importa aqui ressaltar é que, dependendo das circunstâncias e também do ângulo a partir do qual observamos, uma dimensão particular de fato pode aparecer como *imediatamente* mais visível ou mesmo relevante, ainda que, *mediatamente*, todas as dimensões das relações sociais sejam importantes e devam ser levadas em conta na análise.

De um ponto de vista conceitual, a questão central, no que se refere ao território, é a seguinte: *o que é um processo de territorialização ou desterritorialização, em sentido forte?* Um tal processo *pode*, sem a menor sombra de dúvida, ter a ver com experiências cultural e identitariamente importantes e, no caso da desterritorialização, até mesmo traumáticas, na esteira do desenraizamento de indivíduos e de grupos sociais inteiros; e *pode* também implicar a privação do acesso a recursos e riquezas (na verdade, isso é uma consequência muitíssimo comum de qualquer desterritorialização). O território de uma gangue de jovens ou "tribo urbana" é, simultaneamente, o espaço primário de afirmação de uma identidade e da reprodução de um estilo ou subcultura, assim como o enfrentamento entre, digamos, anarco-*punks* e *skinheads*, por envolver uma dimensão de poder e a disputa por território, nem por isso deixa igualmente de envolver, logicamente e acima de tudo, uma fricção no plano cultural-simbólico. A desterritorialização de grupos sociais inteiros, como ocorreu com tantas populações ameríndias, confinadas em reservas e, algumas vezes, relocalizadas centenas de quilômetros longe de suas áreas tradicionais, a exemplo do que foi feito com muitos apaches nos Estados Unidos, ilustra perfeitamente a dupla agressão que pode estar embutida em desterritorializações forçadas *manu militari*. É evidente que isso não é uma violência com resultados restritos ao redesenho territorial de um povo, mas algo que possui sérias implicações para o modo de vida, a cultura e, no limite, a própria sobrevivência.

Porém, o essencial, conceitualmente, é que uma territorialização ou desterritorialização é, *sempre* e *em primeiro lugar*, um processo que envolve o exercício de relações de poder e a projeção dessas relações no espaço (espaço que, vou repetir, também é, simultaneamente, enquanto substrato material e lugar, uma referência e um condicionador das próprias práticas de poder). Aliás, envolve, não raramente, também o uso da violência, como exemplificado por fenômenos como migrações forçadas após uma conquista militar (e mesmo uma partilha diplomaticamente negociada, como aquela que dividiu o subcontinente indiano entre Índia e Paquistão, em 1947, envolveu, preliminarmente e também depois, muita tensão e muitos conflitos violentos), remoções de favelas, despejo de famílias sem-teto de uma ocupação, expulsão de vendedores ambulantes pelas "forças da ordem", e assim sucessivamente. Qualquer temor de que alguma dimensão das relações sociais (e, portanto, das práticas espaciais) venha a ser, por conta dessa compreensão mais flexível e sofisticada da ideia de território, excluída ou negligenciada, é infundado. Como seria possível, por exemplo, analisar situações de desterritorialização de moradores pobres, na esteira de processos de "gentrificação" ou "revitalização" de partes da cidade (mormente áreas centrais), sem levar em conta as suas causas econômicas imediatas e mediatas?

Após explicar a conveniência de se "descoisificar" o conceito de território e discorrer um pouco sobre o papel que a dimensão cultural-simbólica pode ter em nossa conceituação, é chegado o momento de avançar na tentativa de argumentar que o conceito em tela *pode e deve ser aplicado às mais diferentes escalas e situações* — inclusive àquelas do quotidiano, tradicionalmente negligenciadas pelas pesquisas geográficas, com sua tradicional predileção pela "visão de sobrevoo".[25] Dar a devida atenção ao que

---

[25] A expressão "visão de sobrevoo" (ou "olhar de sobrevoo") tem sido utilizada por mim em analogia à expressão "pensamento de sobrevoo" (*pensée de survol*), utilizada por Maurice Merleau-Ponty e com a qual ele criticava a pretensão objetivista de um "saber onisciente" e completamente desenraizado, típico da ciência moderna: "[a] ciência manipula as coisas e renuncia habitá-las. Estabelece modelos internos delas e, operando sobre esses índices ou variáveis as transformações permitidas por sua definição, só de longe em longe se confronta com o mundo real" (MERLEAU-PONTY, 2004:13). Conforme eu já tive oportunidade de dizer alhures (SOUZA, 2007), essa crítica merleau-pontiana apresenta evidentes pontos de convergência com as considerações que Hannah Arendt teceu a propósito do que ela chamou de "alienação da Terra" (ARENDT, 1983). Quanto à solução do problema, ela foi sintetizada por Merleau-Ponty em uma passagem subsequente do mesmo texto, salpicada de metáforas espaciais: "[é] preciso que o pensamento da ciência — pensamento de sobrevoo, pensamento do objeto em geral — torne a se colocar num 'há' prévio, na paisagem, no solo do mundo sensível e do mundo trabalhado tais como são em nossa vida, por nosso corpo, não esse corpo possível que é lícito afirmar ser uma máquina de informação, mas esse corpo atual que chamo meu, a sentinela que se posta silenciosamente sob minhas palavras e sob meus atos" (MERLEAU-PONTY, 2004:14). No meu entendimento, a "visão (apenas) de sobrevoo" (ou a "alienação da Terra") mostra-se como uma séria limitação epistemológica: como interrogar, questionando criticamente, mas sem arrogância, os *discursos dos atores*

se passa com o "mundo da vida" (*Lebenswelt*), ou, em outras palavras, com o quotidiano dos indivíduos e dos grupos sociais, nos leva a observar e considerar, em matéria de "campos de força" do poder espacializado — isto é, em matéria de territórios —, realidades espaço-temporais bem diferentes da aparente fixidez das fronteiras estatais. Isso pode ser, talvez, particularmente bem exemplificado em uma grande cidade contemporânea ao levarmos em conta a miríade de práticas espaciais que ocorrem

---

e as *palavras no contexto quotidiano dos discursos*, sem adentrar os "mundos da vida" (*Lebenswelten*), sem explorar o senso comum e suas contradições? Ou, como concretamente me expressei em trabalho anterior, "sem descer das alturas que permitem a perspectiva 'voo de pássaro' e o tratamento em escala global, nacional, regional e mesmo local, chegando à escala do pequeno assentamento ou da habitação"? Como adentrar os "mundos da vida" sem mergulhar na escala geográfica das casas, das praças, das ruas, das fábricas? Sem descer "à escala das pessoas amontoadas ao relento nas calçadas ou embaixo dos viadutos, à escala das celas e dos diversos espaços de uma penitenciária, à escala da faina diária dos ambulantes, à escala dos espaços do trabalho das prostitutas fazendo seu *trottoir* noturno?..." (SOUZA, 2007:110). Para evitar qualquer mal-entendido: não estou, em absoluto, sugerindo que "olhar de longe" seja *sempre* algo ética e politicamente reprovável. Pensar assim equivaleria a incorrer, talvez por questões demagógicas, em obscurantismo. O "olhar distanciado" permite que se ganhe uma perspectiva que é imprescindível e insubstituível: aquela que permite uma "noção de conjunto", que faculta a apreensão das "grandes linhas"... aquela, portanto, que permite trabalhar com as escalas da *estratégia*. O problema reside em *entronizar* ou mesmo em *adotar com exclusividade* o "olhar de longe". E a solução, por conseguinte, não consiste em substituir meramente, de maneira absoluta, o "olhar de longe" pelo "olhar de perto", pelo "mergulho no quotidiano" que negligenciaria o contexto e as preocupações "macro" e estruturais, mas sim em *combinar as escalas* (de análise e de ação) de modo a não abrir mão de nenhuma, nem mesmo da dos "nanoterritórios" e dos pequeníssimos lugares quotidianos, tanto quanto combinar os olhares — o de perto e o de longe, aquele que permite "colocar-se de fora" (e à distância) com aquele que exige "estar dentro".

em uma escala geográfica muito reduzida (que é aquela que tenho chamado de escala dos "nanoterritórios", em que as "fronteiras" englobam uma rua ou um trecho de rua, um prédio ocupado por sem-teto, uma prisão, parcelas das arquibancadas de um estádio de futebol...). Essa é a escala, por excelência, dos oprimidos e de suas táticas, com suas resistências quotidianas inscritas no espaço ou expressas espacialmente, como já assinalara Michel De CERTEAU (1996). É a escala, mais abrangentemente, dos "micropoderes", da "microfísica do poder", assunto brilhantemente desbravado pelo principal inspirador de De Certeau, Michel Foucault (ver, por exemplo, FOUCAULT, 1984, 1986 e 2008), e que, de um modo diferente, também pode ter nas reflexões de Gilles Deleuze e Félix Guattari fecundas fontes de inspiração (ver DELEUZE e GUATTARI, 1973 e 1980; GUATTARI e ROLNIK, 1985).

A mim, pessoalmente, têm interessado, em primeiro lugar, as ações coletivas que se traduzem em ativismos sociais e, mais ainda, em verdadeiros movimentos sociais emancipatórios, que são ambiciosos e dotados de um poderoso horizonte crítico. Se examinarmos as práticas dos ativistas e organizações, veremos que muitas ou quase todas são, em sentido forte, práticas espaciais (assunto a ser detalhado no Capítulo 10); e, se examinarmos suas ações de resistência e protesto, verificaremos que entre as práticas espaciais se destacam as ações de territorialização. Essas ações, porém, muitas vezes se concretizam em uma escala temporal de curta ou curtíssima duração, e são sempre marcadas, como é óbvio, pela instabilidade, não raro pelo confronto violento com o aparelho de Estado: é o que acontece, para ilustrar, com uma rua ou uma estrada bloqueada por *piqueteros* ou ativistas sem-teto ou sem-terra; e é o que ocorre também com um prédio ou terreno ocupado por uma organização de sem-teto ou sem-terra, em que as pessoas estão expostas a um risco de despejo e de sofrer agressões, ou mesmo a morrerem, como aconteceu em Eldorado dos Carajás, no Pará, em 1996, ocasião em que 19 dos 1.500 sem-terra que participavam de uma marcha foram mortos pela Polícia Militar.

Mesmo práticas territorializantes como o bloqueio de uma estrada ou rua — ótimo exemplo de *prática espacial insurgente* — dão origem a *territórios dissidentes*, ainda que esses territórios sejam de efêmera duração. (As expressões "práticas espaciais insurgentes" e "territórios dissidentes", que empreguei no Capítulo 3 e que haviam sido apresentadas já em outros trabalhos [SOUZA, 2006, 2010], serão novamente mencionadas, desta feita para discuti-las melhor, mais à frente neste livro, nos capítulos 10 e 11.) Tais territórios são, a exemplo dos "territórios móveis" de Robert Sack e daquilo que eu denominei "territorialidade cíclica" (SOUZA, 1995:89), ilustrações concretas que devem funcionar como estímulos para que possamos nos desvencilhar de vez da representação do território como uma "coisa" — ou, conforme eu já disse em outro lugar, como um "território-coisa" (SOUZA, 2009:67).

Territórios *móveis*, tal como entendidos por Sack, podem ser exemplificados com "a convenção entre navios de guerra de não se aproximar de belonaves estrangeiras em alto-mar" (SACK, 1986:20) — em que cada navio, claramente, institui uma espécie de território ao seu redor, que se desloca acompanhando o próprio vaso de guerra. De sua parte, os que chamei, em 1995, de territórios *cíclicos*, podem ser exemplificados com os diferentes usos diurnos de muitas praças e outros logradouros públicos pelo mundo afora, comumente tão diferentes de seus usos noturnos (SOUZA, 1995:87-9). De dia, mães com crianças e aposentados frequentam uma praça para conversar, deixar os filhos brincar etc.; a mesma praça que, à noite, é ocupada por prostitutas ou travestis à espera de clientes. Em ambos os casos, o dos territórios móveis e o dos territórios cíclicos, temos ilustrações de territorialidades bastante *flexíveis* (SOUZA, 1995:87), uma vez que o território se desloca constantemente ou se desfaz e refaz regularmente.

Na realidade, os territórios admitem ser classificados de diferentes maneiras, de acordo com a variável que se deseja ressaltar: o tempo (de existência), a presença ou ausência de contiguidade espacial... Se tomarmos, por exemplo, o tempo de existência, territórios podem ser *de longa duração* (décadas ou séculos: fronteiras internacionais de Portugal), em um extremo, ou *efêmeros* (dias ou horas!), no extremo oposto.

Para arrematar este capítulo, vale a pena discutir, para ampliar ainda um pouco mais a compreensão do assunto aqui focalizado, o tema da *reestruturação espacial*. Foi visto, no Capítulo 3, que reestruturações espaciais não precisam se referir a transformações do substrato em escala regional, na esteira de processos como a chamada "reestruturação produtiva" ou a "reestruturação urbana". A bem da verdade, é na escala local, e em particular intraurbana, que as reestruturações podem se fazer de modo mais completo — e às vezes brutal, como a Reforma Passos no Rio de Janeiro. No entanto, a reestruturação espacial nem sequer precisa ter algo a ver com o substrato espacial material. Alterações políticas que levem a um redesenho da malha territorial estão, igualmente, condicionando uma reestruturação espacial — ou, mais especificamente, territorial —, a qual, por sua vez, condicionará a dinâmica social subsequente. Tomemos um exemplo eloquente, mas pouco lembrado pelos geógrafos, e que já tinha sido objeto de minha atenção em outro livro (SOUZA, 2006a:335-37): a reforma conduzida, na Atenas da Antiguidade, por Clístenes, a partir de 510 a.C.

Não é exagero algum dizer que a reforma de Clístenes preparou o terreno para o florescimento da democracia ateniense. É notável como ela foi, indubitavelmente, uma profunda reforma *sócio-espacial*, e, mais especificamente, *territorial*, na qual a transformação da malha territorial (tendo por coadjuvante a refuncionalização e, às vezes, a reestruturação de formas espaciais e objetos geográficos do substrato) foi, a um só tempo, fruto e fator de condicionamento das novas relações sociais. Assim resumiu a filósofa brasileira Marilena CHAUI (2003:132):

> A reforma de Clístenes institui o espaço político ou a *pólis* propriamente dita. Combinando elementos de aritmética, geometria e demografia, Clístenes reordena a Ática (na parte que constituía o território de Atenas) distribuindo os *géne* [≅ famílias] de maneira a retirar deles, pelo modo de sua distribuição no espaço, a concentração de seus poderes aristocráticos e oligárquicos. Para tanto, faz com que a unidade política de base e a proximidade territorial não coincidissem, de sorte que *géne* vizinhos não constituíam uma base política legalmente reconhecida, impedindo, assim, o seu poderio.
> Como procede Clístenes? Em primeiro lugar, reordena o espaço para definir cada unidade territorial: cria a trítia, uma circunscrição territorial de base, e institui trinta trítias. Em seguida, reordena a distribuição dos *géne* para definir cada unidade social: reúne os *géne* em dez tribos, cada uma das quais formada por três trítias, atribuídas a cada tribo por sorteio; o essencial, porém, foi a localização de cada uma das três trítias, pois não eram vizinhas, e sim situadas em três pontos diferentes (uma no litoral, uma no interior e uma na cidade). A seguir, define a unidade política, o *démos*; cada trítia é formada por um conjunto de *démoi*, cada conjunto de cem *démoi* constituindo a unidade política de base, cada qual com suas assembleias, seus magistrados e suas festas religiosas, espaço público onde os atenienses fazem o aprendizado da vida

política. A *pólis*, portanto, não era a cidade como conjunto de edifícios e ruas, nem os grupos de parentela, e sim o espaço político do território ateniense, tendo Atenas em seu centro urbano.

O historiador alemão Christian MEIER (1997:192-94) nos fornece detalhes adicionais a propósito da dimensão espacial da reforma empreendida por Clístenes, além de, em um ponto específico (o papel do sorteio), retificar ou tornar mais preciso o quadro oferecido por Marilena Chaui:

> A nova ordem instaurada por Clístenes englobou dois componentes. De uma parte, ele constituiu um sistema de autogoverno em toda a Ática no interior de pequenas unidades de assentamento, na base da igualdade de direitos entre todos. De outra parte, ele criou um sistema complicado, no qual cidadãos das mais variadas partes do país foram postos em contato e relações de cooperação, sendo que isso simultaneamente serviu para deixar bem presente a vontade dos cidadãos em Atenas. Ele introduziu *démoi*, novas tribos e um Conselho dos Quinhentos [a *Boulé*]. Os *démoi* eram compostos, normalmente, por uma aldeia ou uma pequena cidade. A par disso, pequenas áreas foram agrupadas para formar um *démos*; por outro lado, Atenas foi subdividida em vários *démoi* e a cidade de Brauron, em dois. Daí originou-se uma divisão local em 139 unidades, cada uma delas abrangendo pelo menos cerca de cem cidadãos, frequentemente alcançando centenas e, ocasionalmente, mais de mil.
> (...)
> Os *démoi* formavam as menores unidades do novo sistema de tribos. Tal sistema baseava-se em uma complicada combinação de agrupamentos e separações de distritos geográficos. A Ática foi subdividida em três regiões: a cidade de Atenas mais o seu entorno imediato até o litoral, o interior e a área costeira restante. Em cada uma delas os *démoi* foram

agrupados em dez áreas, via de regra considerando-se a compartimentação geográfica do terreno. Dos trinta grupos de *démoi* daí resultantes Clístenes extraiu dez tribos, mediante a junção sempre de uma [trítia] da cidade, uma do litoral e uma do interior. Segundo conta a tradição, ele teria deixado que isso se decidisse por sorteio, conquanto isso seja improvável. As quantidades de membros das tribos teriam sido talvez muito díspares. Ele denominou as trinta áreas "terços" (*trittyes*), correspondendo à sua parcela das tribos. As tribos compreendiam, em média, cerca de 3.500 cidadãos.

Cada tribo — assim se pode resumir — deveria conter em si algo de cada uma das diversas regiões; cada região deveria estar presente em cada tribo. E, inversamente, nenhuma das tribos deveria representar interesses locais particulares.

A "mistura" das populações, tendo por nova referência o território, e não mais a velha organização tribal, possibilitou a unificação política dos cidadãos: "tribos e *demos* são estabelecidos numa base puramente geográfica; reúnem habitantes de um mesmo território, não parentes de mesmo sangue como os *géne* e as frátrias, que subsistem sob sua forma antiga, mas que agora ficam fora da organização propriamente política" (VERNANT, 1984:71). Singela quanto possa parecer, foi essa uma medida verdadeiramente revolucionária — uma "reforma revolucionária" —, e um primor de artesanato político. Um primor, enfim, de artesanato *territorial*. Não seria esse, portanto, um emblemático exemplo de reestruturação espacial, ainda que não diretamente material?

5

Lugar e (re[s])significação espacial

"Lugar" comporta, tanto em português quanto em inglês (*place*), uma acepção banal, referente a uma localidade qualquer, a uma área qualquer determinada ou indeterminada ou, mesmo, a um espaço qualquer, seja lá qual for. Para ser mais exato: as acepções são numerosas; algumas menos, outras mais vagas. Se tomarmos nas mãos, uma vez mais, o *Dicionário Houaiss da Língua Portuguesa*, veremos que os sentidos variam de "área de limites definidos ou indefinidos" a "conjunto de pontos caracterizados por uma ou mais propriedades" (entre outros sentidos geométrico-abstratos), passando por "área apropriada para ser ocupada por pessoa ou coisa", "assento ou espaço onde uma pessoa se põe como passageiro ou espectador", e assim segue. Ou seja: "lugar" é, muito mais que "território" e quase tanto quanto "espaço", um "termo-valise", quase um *passe-partout* no âmbito do senso comum, sem contar os usos no interior de discursos especializados.

Mesmo em um sentido geograficamente vago ("neste lugar", "naquele lugar"), a significação e uma certa "imagem" dificilmente poderiam estar ausentes, mas esses aspectos não são referidos direta ou intensamente. É uma referência espacial concreta, mas superficial.

Dialogando com um trabalho anterior de John Agnew, Ulrich Oslender, em um notável artigo, sintetiza assim os três "elementos principais" ("*main elements*") ou, por assim dizer, três aspectos ou significados da discussão geográfica em torno da ideia de "*place*" (que seriam, a saber, *location* [localização], *locale* [de difícil tradução, mas imperfeitamente traduzível como o substantivo "local", porém sem relação exclusiva com um único nível escalar particular] e *sense of place* [sentido de lugar]):

> Em termos amplos, *location* se refere à área geográfica físico-material e aos modos como ela é afetada pelos processos econômicos e políticos operando em uma escala mais ampla. Enfatizam-se o impacto de uma macro-ordem sobre um lugar e as maneiras pelas quais certos lugares são inscritos, afetados e tornados sujeitos aos condicionamentos das estruturas econômicas e políticas que, normalmente, se originam fora da própria área. A noção de *location* deve ser entendida como um antídoto contra o resvalar para o subjetivismo aos discutir-se o lugar, e não como um rígido contexto dentro do qual as interações sociais são fixadas como ações predeterminadas esperando apenas para acontecer. Isso, portanto, nos acautela com relação ao menosprezo tanto da estrutura quanto da escala, que é frequentemente observado nos tratamentos fenomenológicos do lugar, e contextualiza de modo relevante os lugares nos marcos de uma produção geral da escala geográfica enquanto um princípio central de organização, em conformidade com a qual ocorre a diferenciação geográfica (OSLENDER, 2004:961-62).[26]

---

[26] No original: "Broadly speaking, *location* refers to the physical geographical area and the ways in which it is affected by economic and political processes operating at a wider scale. It stresses the impact of a macro-order in a place and the ways in

O segundo elemento ou aspecto destacado por Agnew-Oslender é o do *locale*, o qual

> se refere aos quadros espaciais [*settings*] formais e informais nos quais as interações e relações quotidianas são constituídas. No entanto, mais do que meros quadros físico-materiais [*physical settings*] de atividades, *locale* implica que esses contextos são ativa e rotineiramente acionados por atores sociais em suas interações e comunicações quotidianas (...) (OSLENDER, 2004:961-62).[27]

Por fim, tomando por base a própria ideia de *locale*, edificou-se o conceito de "sentido de lugar" [*sense of place*], o qual

> se refere às maneiras como a experiência e a imaginação humanas se apropriam das características e qualidades físico-materiais [*physical characteristics and qualities*] da localização geográfica. Ele [o conceito de *sense*

---

which certain places are inscribed, affected and subject to the wider workings of economic and political structures that normally originate from outside the area itself. The notion of location should be understood as an antidote against lapsing into subjectivism when discussing place, rather than a rigid framework within which social interactions are fixed as pre-determined acts waiting to happen. It thereby cautions against the disregard of both structure and scale, which is often found in phenomenological accounts of place, and importantly enframes places within a general production of geographical scale as central organising principle according to which geographical differentiation takes place."

[27] No original: "*Locale* refers to the formal and informal settings in which everyday social interactions and relations are constituted. Yet, more than merely the physical settings of activity, locale implies that these contexts are actively and routinely drawn upon by social actors in their everyday interactions and communications (...)."

> *of place*] captura as orientações subjetivas que derivam do viver em um lugar em particular como um resultado de processos sociais e ambientais interconectados, criando e manipulando relações flexíveis com o espaço físico-material [*physical space*]. As abordagens fenomenológicas do lugar, por exemplo, têm tendido a enfatizar os modos como os indivíduos e as comunidades desenvolvem ligações profundas com os lugares por meio da experiência, da memória e da intenção (Relph, 1976) (OSLENDER, 2004:962).[28]

A despeito da existência de várias acepções da palavra "lugar", e em que pese a existência de diversos aspectos mesmo no âmbito da conceituação sócio-espacial (exercício proposto por Agnew, retomado por Oslender e que, também em português, pode ser feito), há, porém, um sentido que se veio afirmando como mais específico, no plano conceitual, da década de 1970 para cá, e que é aquele que interessa neste capítulo: o lugar como um espaço percebido e vivido, dotado de significado, e com base no qual desenvolvem-se e extraem-se os "sentidos de lugar" e as "imagens de lugar". O inglês, com o vocábulo *place*, permanece sendo a língua em que essa acepção se estabeleceu mais firmemente, muito embora a Geografia brasileira também já esteja acostumada com ela. (Ao passo que, em alemão, a palavra Ort não consegue, até hoje, carregar

[28] No original: "Finally, the concept of *sense of place* refers to the ways in which human experience and imagination appropriates the physical characteristics and qualities of geographical location. It captures the subjective orientations that are derived from living in a particular place as an outcome of interconnected social and environmental processes, creating and manipulating flexible relations with physical space. Phenomenological approaches to place, for example, have tended to emphasize the ways in which individuals and communities develop deep attachments to places through experience, memory and intention (Relph, 1976)."

o sentido denso de espaço vivido, como em *place* ou mesmo em *lugar*.) Em português, ainda não se estabeleceu com tanta força um tal significado, muito embora esteja presente, desde a década de 1980, a acepção mais específica que, em língua inglesa, já se tornou corrente na literatura especializada, graças ao acúmulo e à densidade das discussões. Seria por isso talvez mais correto aspear a palavra, sempre que ela aparecesse, neste livro, com esse sentido mais específico. Contudo, para não sobrecarregar a leitura com um excesso de aspas, e para que o leitor ou a leitora se vá familiarizando mais e mais com o termo nessa acepção particularizada, achei melhor reservar as aspas somente para algumas situações, com a finalidade de realçar o termo; ou, então, para neologismos como "lugarização", "relugarização", "deslugarização" e "lugaridade", que serão apresentados mais à frente.

Pois bem: no caso do conceito de lugar, não é a dimensão do poder que está em primeiro plano ou que é aquela mais *imediatamente* perceptível, diferentemente do que se passa com o conceito de território; mas sim a dimensão cultural-simbólica e, a partir daí, as questões envolvendo as identidades, a intersubjetividade e as trocas simbólicas, por trás da construção de imagens e sentidos dos lugares enquanto espacialidades vividas e percebidas, dotadas de significado, marcadas por aquilo que TUAN (1980) chamou de "topofilia" (e, por que não acrescentar, antes por "topofobia" que por "topofilia" em certos casos...). Por conseguinte, como já tive ocasião de chamar a atenção do leitor ou leitora em momentos anteriores, ainda que com outras palavras, o lugar está para a dimensão cultural-simbólica assim como o território está para a dimensão política.

Dizer que, em se tratando do conceito de lugar, não é mais a dimensão do poder que é aquela mais *imediatamente* perceptível, mas sim a dimensão cultural-simbólica, não significa, porém, de jeito nenhum, sugerir que a dimensão do poder (sob a forma de *heteronomia* ou de *autonomia*) não deva ser levada em conta. Pensar assim seria cometer um rematado disparate. Para exemplificar: uma *região* ou um *bairro* é, enquanto tal, um espaço definido, basicamente, por identidades e intersubjetividades compartilhadas, como veremos melhor no Capítulo 6; ambos são, portanto, "lugares", no sentido específico que aqui desejo salientar: espaços vividos e percebidos. Porém, é lógico que um bairro e, mais provavelmente ainda, uma região igualmente pode ser nítida ou intensamente um *território*: seja em função de regionalismos e bairrismos, dando origem a territórios informais, seja mesmo porque foram "reconhecidos" pelo aparelho de Estado como unidades espaciais formais de administração ou planejamento. Isso sem contar que hipotéticos movimentos sociais, se ali passarem a exercer, fortemente, um *contrapoder* de resistência ou insurgente, podem também definir um tipo de territorialidade alternativa, a atritar com a estatal. No fundo, ambos, região e bairro, podem ser até mesmo estudados privilegiando-se o exercício do poder e a questão do regionalismo ou do bairrismo, apesar de, teórico-conceitualmente, essa não ser a característica definidora *primária* desses recortes espaciais, conforme já observei em SOUZA (2009:61).

Uma situação interessante, aliás, na qual espaços tais como bairros ou regiões merecem ser cuidadosamente valorizados enquanto lugares, se refere a políticas públicas que se pretendem participativas. Unidades espaciais consideradas para fins de planejamento e gestão promovidos pelo Estado e no âmbito de esquemas participativos, representarão uma valorização desses espaços enquanto lugares na medida exata em que não tiverem eles sido definidos considerando-se meramente critérios "técnicos" objetivos (tais como a distribuição espacial de características como renda ou carência infraestrutural, ou, ainda, tais como recortes da própria natureza, a exemplo das bacias de drenagem).

O conceito de lugar foi, desde a década de 1970, fortemente influenciado pela corrente chamada de Geografia Humanística (ver, entre outros, RELPH, 1976; TUAN, 1983), supostamente de inspiração fenomenológica (se bem que, na prática, o diálogo com a Filosofia tenha sido, comumente, pífio e ralo). Seja lá como for, o que importa ressaltar é que, como talvez já se tenha notado pelas palavras de Oslender, mesmo esse sentido do termo "lugar" já transcendeu, e há bastante tempo, os limites de uma única vertente de pensamento ou corrente da Geografia.

Se todo lugar é um espaço social, nem todo espaço social é um lugar, ao menos no sentido forte aqui especificado: o espaço social é aquele espaço produzido socialmente, fruto da transformação e apropriação da natureza, ao passo que um lugar é um espaço dotado de significado, um espaço vivido. No entanto, seria plenamente suficiente reter essa formulação? Acredito ser necessário proceder do mesmo modo como se procedeu, no capítulo precedente, relativamente ao território, e tomar a interpretação do lugar como um *espaço dotado de significado*, como um *espaço vivido*, simplesmente como uma *primeira aproximação conceitual*. Isso porque, mais exatamente, os lugares merecem ser entendidos como *as imagens espaciais em si mesmas*. De maneira análoga ao que se disse em relação ao território, um lugar não deve ser assimilado ao substrato espacial material. Tão pouco quanto os territórios, são eles, os lugares, "coisas"; e, à semelhança daqueles, eles também só existem enquanto durarem as relações sociais das quais são projeções espacializadas. As imagens e os sentidos de lugar não são "coisas" materiais — e, por derivação, os próprios lugares, enquanto tal, não devem ser assimilados diretamente à materialidade. Os lugares só existem *pela* e *na* "topofilia" (ou pela "topofobia", tanto faz). Sem os sentimentos e as imagens que se produzem e reproduzem na comunicação e nos discursos, o que há é o substrato material, não o lugar. Para evitar mal-entendidos: não há, na prática, lugares "descarnados", sem um referente "material" (ainda que apenas virtual, mítico-lendário ou fictício: Valhala, Jardim do Éden, Ilha da Utopia, Liliput...); por outro lado, um espaço material cujas relações sociais que o animavam desapareceram, se extinguiram (uma cidade-fantasma), certamente perdeu as características que o tornavam um lugar, tanto quanto aquelas que dele faziam um território.

É lógico que, na prática, os espaços nos quais pensamos quase sempre "são" lugares, por serem dotados de significado e se conectarem a um "sentido de lugar", a um *sense of place*: o "lar", a igreja ou a escola que se frequenta ou frequentou, o bairro, o "torrão natal", a região... O que não impede, todavia, a existência de recortes ou divisões espaciais estabelecidos de acordo com critérios "objetivos", ou seja, espaços definidos por especialistas e planejadores a serviço do Estado que não apenas podem ser "artificiais" e forçados, por não gerarem empatia naqueles que deverão ser seus usuários, mas que podem vir a ser, até mesmo, estorvos e fatores de fricção, por desrespeitarem identidades sócio-espaciais construídas ao longo de gerações (ver, para alguns exemplos sobre isso, SOUZA, 2006a:subcapítulo 5.2).

Muito apropriadamente, Ulrich Oslender registrou que

> uma preocupação crítica da Geografia Humanística dos anos 70 estabelecia que um "autêntico" *sense of place* derivado de modos de vida tradicionais e de uma solidariedade social (em aldeias ou cidades pequenas) crescentemente vem sendo perturbado pelo contato com a modernidade, que apaga a especificidade local em favor da homogeneidade global.

> Um tal enfoque nostálgico do lugar tem sido mais recentemente criticado como uma super-romantização, em contraste com um "sentido global de lugar" ["*global sense of place*"] mais progressista, o qual vê os significados dos lugares menos como amarrados no tempo e no espaço e mais como flexível e criativamente conectados a abrangentes redes globais de relações sociais e entendimento (...) (OSLENDER, 2004:962-63).[29]

Ao referir-se a esse "senso global de lugar", Oslender se reporta, explicitamente, à abordagem de Doreen MASSEY (1994). Antes de comentar essa abordagem, no entanto, é preciso mencionar uma outra, tipificada por David HARVEY (1996), que consiste em desconfiar da ideia de "lugar" por conta do temor quanto ao caráter conservador e mesmo reacionário de identidades "congeladas" e acriticamente celebradas em meio a discursos ideológicos. No entanto... será que o "lugar" precisa (ou pode) ser reduzido a isso? Entre a celebração acrítica do lugar entendido como algo fixado (identidades como que imutáveis, petrificadas) e a desconfiança em relação aos "lugares", na esteira de um medo de que se prestem a um papel conservador de legitimação de discursos ideológicos nostálgicos e reacionários, é que se inscreve a posição de Massey, mais

[29] No original: "(...) A critical concern in 1970's humanistic geography argued that an 'authentic' sense of place derived through traditional life forms and social solidarity (in villages or small towns) increasingly became disrupted by the contact with modernity that erased local specificity in favour of global homogeneity. Such an often nostalgic approach to place has been criticised more recently as over-romanticisation and countered with a more progressive or 'global sense of place' that sees the meanings of places less as bounded in time and space but as flexibly and creatively connected to wider global networks of social relations and understanding (...)."

sofisticada e, apesar disso, crítica, que revela uma indiscutível simpatia para com os "lugares", ao serem as identidades vistas como fluidas e mutáveis, mas que não podem, justamente, ser "fixados".

E, apesar de tudo, o próprio enfoque de Massey suscita alguns questionamentos e demanda aprimoramentos. É certo que é preciso avançar para além de Tuan e outros "geógrafos humanísticos" da década de 1970, mas Massey, a despeito da sofisticação de sua análise, não chega a esgotar a tarefa de colaborar para que se produzam "anticorpos" capazes de nos defender de uma "simpatia exagerada" para com os lugares (o que não seria, de um ponto de vista exigente, melhor que uma desconfiança exagerada). CRESSWELL (2004), discutindo tanto Harvey quanto os "humanísticos" e Massey, identificou como tarefa a busca por uma espécie de "síntese" que vá além de visões mais parciais. Independentemente de ele ter obtido sucesso ou não, a mim me parece que esse é um caminho frutífero. Há, ainda, bastante trabalho a ser feito quanto a isso.

Faz-se mister sublinhar que o fato de uma identidade sócio-espacial ser forte não a beatifica, muito menos a canoniza. Pensar algo diferente não parece ser um caminho nem um pouco promissor. Por trás de muitas identidades sócio-espaciais escondem-se preconceitos, para não dizer xenofobia explícita, exclusões e segregação, de modo que, aqui como em outras situações, não se deve assumir, acriticamente, *vox populi, vox Dei*. O senso comum não deve ser censurado ou reprovado a partir de uma perspectiva cientificista, como se a ciência, do alto de sua arrogância, fosse de fato infalível e absolutamente superior; mas muito menos deve-se deixar de submeter o senso comum (como fazemos com a própria ciência), repleto de contradições (que, aliás, também estão longe de estar ausentes do discurso científico), a um constante escrutínio crítico. A usual separação entre bairros e favelas é um exemplo eloquente a esse respeito. Por que não seriam as favelas, bairros, ainda que informais? (Mas e quem disse que a "cidade formal" é sempre, realmente, formal?... Basta ver que a maioria dos "condomínios fechados" se constitui, na realidade, de *loteamentos fechados*, o que fere a legislação federal.) Em Caracas, as favelas são chamadas de *barrios*, e, em Portugal, de "bairros de lata". No Brasil, construiu-se uma imagem típica da favela como um lugar, mas basicamente de fora para dentro desses espaços segregados, em que se subtrai o próprio direito de vê-lo como um bairro — e, inversamente, induzindo-o a vê-lo como um símbolo de degenerescência.

Interessantemente, o caso da reforma de Clístenes em Atenas, visto no capítulo precedente, mostra que, eventualmente, ampliar/aprofundar (ou, naquela situação, instaurar) a democracia poderá requerer que sejam *afrontadas* identidades sócio-espaciais e relações de vizinhança tradicionais (no caso da Atenas da Antiguidade, para enfraquecer as identidades e relações aristocrático-oligárquicas e evitar corporativismos territoriais), em vez de serem elas corroboradas. Entretanto, o ponto é outro: se o que se pretende é abrir caminho para ampliar as chances de uma participação popular minimamente consistente no planejamento e na gestão da cidade, mesmo que ainda nos marcos de uma sociedade heterônoma — e, é escusado dizer, com todos os riscos e limitações que isso acarreta —, os territórios da participação popular deveriam ser, eles próprios, definidos *participativamente*, em outras palavras pactuados com a população, com a consequente consideração de sentimentos de lugar, da intersubjetividade.

Na prática, *lugares* são, menos ou mais claramente, e menos ou mais fortemente, quase sempre *territórios*. Isso tem a ver com o fato de que às identidades sócio-espaciais se associam, sempre, relações de poder espacializadas, em que se nota a finalidade de defender as identidades e um modo de vida (ou também, e não raro usando isso como pretexto, o propósito de defender os privilégios de um grupo ou o acesso privilegiado a certos recursos). Tendo em mente o caso das divisões territoriais que servem de referência para processos ditos participativos, pode-se afirmar que, ainda que seja verdade que mesmo territórios mais ou menos "artificiais" possam vir a engendrar, por força de inércia e com o passar do tempo, novos sentimentos de lugar e novas lealdades, impor territórios à revelia do que pensa e sente a população *tende* pelo menos a ser algo inteiramente contraditório com uma tentativa de promover a participação popular. Seccionar espaços simbolicamente referenciais ou misturar coisas identitariamente heterogêneas ou incompatíveis é, no mínimo, arriscado. O exemplo da reforma de Clístenes não chega a ser, quanto a isso, um "contraexemplo" perfeito: diferentemente da Atenas da Antiguidade, o que está em jogo, nesse tipo de situação contemporânea, é muito mais a presença sorrateira de um certo tecnocratismo (a despeito do discurso da "participação") e de uma insensibilidade espacial que, propriamente, uma intenção, motivada por princípios democratizantes, de afrontar identidades tradicionais. É por isso que, ao lado de critérios mais evidentes, como o percentual de recursos orçamentários sobre o qual a população poderá deliberar (questão que, apesar disso, curiosamente, raramente tem sido realmente investigada!), o grau em que a divisão territorial respeita e incorpora uma certa "lugaridade", ou mesmo, sobre essa base, territórios gerados na esteira de tradições de organização da sociedade civil (ativismo de bairro), é um ótimo indicador de consistência participativa de experiências de orçamento participativo. Um desempenho ruim, a propósito desse indicador, poderá significar muito mais que simplesmente desleixo por parte da administração: será um indício razoavelmente seguro de um entendimento muito limitado da ideia de participação popular, além de, provavelmente, revelar um compromisso frouxo com essa própria ideia (ver, sobre isso, também SOUZA, 2006a:341 e segs.).

Quanto à cautela que se deve ter com relação ao lugar e ao sentido e às imagens de lugar, Oslender faz uma ressalva que, ainda que um pouco pertinente, pode ser interpretada de modo assaz perigoso:

> E no entanto a essencialização estratégica de um sentido "oficial" de lugar, amiúde articulado em uma política de identidade, é, claramente, um fenômeno importante e, alguns podem dizer, válido! (...) [A] construção do que eu denomino "sentido aquático de lugar" entre as comunidades negras rurais na região da costa do Pacífico colombiana é menos uma forma de desejo nostálgico por algumas formas de vida imaginadas como pré-modernas e não corrompidas no labirinto da rede de rios da região costeira do Pacífico que um discurso político subalterno estrategicamente articulado, que criativamente lança mão da e mobiliza a experiência vivida e reconstrói a memória coletiva em uma política de identidade como defesa de suas construções específicas de lugar (OSLENDER, 2004:963).[30]

Introduzirei, agora, alguns termos, elaborados por analogia: em analogia com a territorialização, a "lugarização"; com a desterritorialização

---

[30] No original: "Yet, the strategic essentialisation of an 'official' sense of place, often articulated in identity politics, is clearly an important phenomenon, and some may say, a valid one! (...) [T]he construction of what I term an 'aquatic sense of place' among rural black communities in the Colombian Pacific coast region is less a form of nostalgic yearning for some untainted pre-modern imagined life forms in the labyrinthine river networks of the Pacific coast region, but a strategically articulated subaltern political discourse that creatively draws on and mobilises lived experience and re-constructs collective memory in an identity politics as defence of their particular constructions of place."

(que sempre é territorialização por parte de outro...), a "deslugarização" (que sempre é, ao mesmo tempo, uma outra "lugarização"); com a reterritorialização, a "relugarização"; e com a territorialidade, por fim, a "lugaridade". "Lugarizar" significa atribuir sentido, na base de algum tipo de vivência — que *não* precisa ser direta, forte ou quotidiana. "Lugar", "lugaridade", "lugarização" e "deslugarização", portanto, são fenômenos muito mais gerais do que fazem supor certas interpretações "(pseudo)canônicas". Seria um aeroporto, por exemplo, um "não-lugar", por ser "frio", "pasteurizado" e "impessoal"?[31] Depende. Para muitos, possivelmente, sim; ou, então, pelo menos, o sentido de lugar é muito tênue. Porém o que dizer no caso de *frequent flyers* que, de um modo ou de outro, acabam se apegando a certos aeroportos ou a partes deles (como um restaurante), e tendo-os como extensões de suas casas? (Ou seriam as suas casas quase que lugares de parada transitória entre um hotel e outro, um aeroporto e outro?...) O capitalismo contemporâneo, que impessoaliza, atomiza e massifica, também gera reações psicológicas como a necessidade de familiarizar-se (ou mesmo apegar-se) a certos espaços — tornados, assim, lugares —, por mais que a vivência deles traga as marcas da velocidade e da falta de intimidade. Para além da óbvia dependência humana do espaço enquanto materialidade (substrato), e também para além da necessidade de constituição de territórios, há uma visceral necessidade psicológica de "lugarização", de tornar familiares e dotar de significado e carga afetiva as porções do espaço com as quais mais interagimos. Parece ser vital ou quase vital, assim, pelo menos para

[31] Ver, sobre a discussão de "não-lugar", o problemático livro do antropólogo Marc AUGÉ (1994). Bem antes dele, e com mais sutileza, E. Relph já havia discutido a "não-lugaridade", a *placelessness* (RELPH, 1976).

a esmagadora maioria de nós, construir um "lar", mesmo nas situações mais precárias e improváveis, como um cantinho embaixo de um viaduto ou uma cela de prisão. O *homo economicus* dos economistas pode ser uma abstração de validade altamente discutível, mas o *homo geographicus* de que nos falou SACK (1997) possui um enorme apelo concreto.

Quanto a "relugarizar", isso passa pela atribuição de novos significados aos espaços (ou melhor, aos lugares, já que se trata de ressignificar um espaço já dotado de significado). Isso pode ser feito com a ajuda de representações da paisagem; de novas adjetivações e novas descrições; de revisões da história (reescrever a narrativa da "história do lugar": reler o passado, influenciar o futuro...); e, também, do decalque de uma nova toponímia. Muitas vezes, uma "relugarização" substancial exige uma nova toponímia: um prédio abandonado ou um terreno ocioso, baldio, passa a ser uma ocupação de sem-teto chamada Chiquinha Gonzaga, Zumbi dos Palmares, Quilombo das Guerreiras, Anita Garibaldi, João Cândido... E, não raro, a nova toponímia e os novos qualificativos precisam resistir e lutar para se afirmar (trincheira simbólica) contra a indiferença e o preconceito: por exemplo, ao rejeitar o termo "invasão" (comumente empregado pela grande imprensa e pelo Estado), por conta da interpretação de que *invasão* é quando alguém se apossa de um imóvel que estava ocupado, ao passo que, quando o imóvel está ocioso, *desocupado* (ou, no caso de terra agrícola, é mantido improdutivo ou subutilizado), o que há é uma *ocupação*. Eis, sinteticamente, a justificativa do movimento dos sem-teto (e do movimento dos sem-terra).

E há, também, aquele tipo de "relugarização" que, nitidamente, é uma "deslugarização" opressora, que desrespeita a dignidade de pessoas humildes e implica desqualificar a vida e as memórias de quem construiu e habita um lugar: um espaço deixa de ser um bairro popular para ser tido, acima de tudo, como "degradado" ou "deteriorado", que precisa ser "revitalizado"... Tais termos são típicos de um discurso técnico que "deslugariza" para facilitar a desterritorialização — e as intervenções no substrato e na paisagem que propiciarão uma revalorização capitalista do espaço, com o valor de troca esmagando, uma vez mais, o valor de uso dos objetos geográficos. Um discurso que desqualifica um determinado espaço em nome de uma "requalificação espacial", e que busca justificar uma intervenção do Estado e do capital, "fazendo de conta" (no plano terminológico) de que não há ali gente, cultura e história...

Como eu indiquei parágrafos atrás, é certo que lugares são, em geral, também territórios. Ocorre que postular que territórios e lugares muito frequentemente se superponham não é o mesmo que sugerir que sempre haja algo como uma correlação perfeita entre eles. Exemplo 1: para os judeus da diáspora, o lar que tiveram de deixar, no século I da era cristã, expulsos pelos romanos, permaneceu, em sua memória, sendo um *lugar* — como, expressivamente, sugerem os votos de *LeShaná HaBa'á B'Yerushalaim* ("No ano que vem, em Jerusalém"), maneira usual de encerrar o jantar da Páscoa judaica (*Pessach*) —, embora só tenha voltado a ser um *território* em sentido forte (e descontados os ensaios representados pelas pequenas colônias e pela migração patrocinados pelo movimento sionista desde o século XIX) após 1948, com a criação do Estado de Israel — em cuja esteira um outro povo, o palestino, terminou por ser desterritorializado... Exemplo 2: Para muitos irlandeses, na sua maioria católicos, toda a ilha da Irlanda é um só lugar (mas com o inconveniente de que, no Ulster, ou Irlanda do Norte, a maioria é protestante...); um lugar, porém, dividido entre dois territórios: para os protestantes do Ulster, seu território, integrante do Reino Unido, é um lugar totalmente à parte, cercado por gente hostil, e assim deve permanecer. Exemplo 3: para os bascos que integram ou apoiam a organização separatista Euskadi Ta Askatasuna [Pátria Basca e Liberdade], mais conhecida como ETA, o País Basco (*Euskadi*), como um lugar, se encontra agrilhoado, necessitando de um território independente (e não apenas ser uma "*comunidad autónoma*") para se realizar plenamente, sem estar submetido ao que consideram ser o jugo de Madri (interpretação que muitos bascos, aparentemente satisfeitos com o quinhão de liberdade de que desfrutam hoje, parecem não compartilhar; aliás, a maioria da população das Vascongadas nem sequer possui o euskera como sua língua principal ou materna). Exemplo 4: para os curdos, o Curdistão é um lugar que se espraia por porções dos territórios de nada menos que seis países (Turquia, Iraque, Irã, Síria, Armênia e Azerbaijão).

Haverá uma *escala* específica para o lugar? Ou existiriam diferentes "níveis de lugaridade"? Há fortes razões para se creditar à escala local — e, em menor grau, à regional, pelo menos no caso de pequenas regiões — uma posição especial: devido à possibilidade de deslocamentos diários (em parte até mesmo a pé); pela tendência de maior uniformidade linguística (descontando-se, claro, os socioletos), em comparação com escalas mais abrangentes; e pela imediatez de certos problemas e certos processos, que tendem a criar alguns fortes laços comuns (se bem que, dependendo do que estiver em jogo, as fraturas de classe e outras podem ser muito mais importantes, a não ser quando mascaradas). Entretanto, quem disse que identidades sócio-espaciais fortes se restringem à escala local? E o que define, no fim das contas, a "vivência", nos dias de hoje — tão mediada pelas informações e imagens geradas, amiúde, em locais muito distantes? É plausível, portanto, considerar a existência de "níveis de lugaridade"; contudo, tais níveis não obedecem a uma hierarquia pré-fabricada. Para uma pessoa, a região é um referencial identitário forte, mas o país é um referencial identitário fraco; para outra, dá-se exatamente o inverso...[32] Quanto a isso, discordo daquele que, sem sombra de dúvida, está entre os autores que mais profundamente meditaram sobre o conceito de lugar, J. Nicholas Entrikin. Este, no admirável livro que é *The Betweenness of Place* (ENTRIKIN, 1991), exibe diversas virtudes, como a de buscar uma espécie de balanço entre os aspectos subjetivo e objetivo; ao mesmo tempo, cometeu e perpetuou um enrijecimento desnecessário da ideia em questão, associando-a apenas à escala local. Ele chegou a excluir até mesmo a escala regional, vendo-a como um nível escalar distinto; entre outras passagens, disse ele claramente em uma nota que "[l]ugar e região se referem, ambos, a contextos de área, mas podem ser distinguidos em termos de escala espacial"[33] (ENTRIKIN, 1991:137, nota 1).

Além disso, os "níveis de lugaridade" se alteram de acordo com a posição de *insider* ou *outsider*; de acordo com o passar no tempo e as mudanças na vida, que fazem com que o mesmo espaço seja visto de modos distintos (ou seja, "é" e "não é" mais o mesmo lugar); de acordo com a posição de classe, com o gênero, e assim segue. Vale a pena ilustrar isso com alguns trechos retirados de obras de escritores que retrataram,

---

[32] Tomemos a ideia de *lar* para ilustrar o argumento acerca da elasticidade escalar do lugar. Tem razão Robert D. Sack ao observar que "[o] lar pode ser uma pequena estrutura física, um bairro ou o mundo" ("[t]he home can be a small physical structure, a neighborhood, or the world.") (SACK, 1997:13).

[33] No original: "[p]lace and region both refer to areal contexts, but may be distinguished in terms of spatial scale." Interessantemente, na frase imediatamente antecedente Entrikin dissera o seguinte, reconhecendo, ainda que de modo falho (posto não reconhecer a região como *um tipo de lugar*), a similaridade essencial entre as ideias de lugar e região: "muito do meu argumento concernente ao conceito de lugar também pode ser aplicado ao conceito de região"...

cada um à sua maneira, nas primeiras décadas do século passado, aspectos da vida no Nordeste brasileiro.

Em *Menino de engenho*, José Lins do Rego, no trecho abaixo, revela a idealização, pelo protagonista (menino ainda pequeno que, tragicamente, se tornara órfão de mãe), do engenho Santa Rosa, que passou a ser o seu local de residência:

> A minha mãe sempre me falava do engenho como de um recanto do céu. E uma negra que ela trouxera para criada contava tantas histórias de lá, das moagens, dos banhos de rio, das frutas e dos brinquedos, que me acostumei a imaginar o engenho como qualquer coisa de um conto de fadas, de um reino fabuloso (REGO, 1986a:57).

O que transparece nesse trecho é um lugar que parecia ao protagonista, nessa época, idílico, lindo, imaginado com base nos filtros que eram a memória de uma imagem transmitida pela mãe e complementada pelas narrativas da criada. Note-se agora, no trecho abaixo, que, mesmo diante da tragédia e da miséria — tragédia da enchente, típica da Zona da Mata —, a perspectiva quase atávica da casa-grande se impõe:

> O engenho e a casa de farinha repletos de flagelados. Era a população das margens do rio, arrasada, morta de fome, se não fossem o bacalhau e a farinha seca da *fazenda*. Conversaram sobre os incidentes da enchente, achando graça até nas peripécias de salvamento. João de Umbelino mentia à vontade, contando pabulagens que ninguém assistira. Gente esfarrapada, com meninos amarelos e chorões, com mulheres de peitos murchos e homens que ninguém dava nada por eles — mas uma gente com quem se podia contar na certa para o trabalho mais duro e a dedicação mais canina (REGO, 1986a:73-4).

"[U]ma gente com quem se podia contar na certa para o trabalho mais duro e a dedicação mais canina": uma maneira muito natural de se ver a gente humilde do lugar, em grande parte ex-escravos; muito natural, inclusive, para a elite leitora do Brasil da época em que o romance foi escrito. No trecho abaixo, a condescendência do sinhozinho no que se refere às condições sociais assimétricas, em sua afeição pelo lugar, é suplementada pela maneira com que a própria escravidão aparece edulcorada:

> Restava ainda a senzala dos tempos do cativeiro. Uns vinte quartos com o mesmo alpendre na frente. As negras do meu avô, mesmo depois da abolição, ficaram todas no engenho, não deixaram a *rua*, como elas chamavam a senzala. E ali foram morrendo de velhas. Conheci umas quatro: Maria Gorda, Generosa, Galdina e Romana. O meu avô continuava a dar-lhes de comer e vestir. E elas a trabalharem de graça, com a mesma alegria da escravidão. As duas filhas e netas iam-lhes sucedendo na servidão, com o mesmo amor à casa-grande e a mesma passividade de bons animais domésticos. Na rua a meninada do engenho encontrava os seus amigos: os moleques, que eram os companheiros, e as negras que lhes deram os peitos para mamar; as boas servas nos braços de quem se criaram (REGO, 1986a:90-1).

Muitos anos depois, já "homem feito", o protagonista, cuja história prossegue em outro romance do mesmo autor (*Banguê*), registra uma mudança em sua maneira de encarar o lugar. Apesar do sentimento que o ligava ainda ao lugar em que se criou, este se apequena; contudo, não por força de uma crítica social, mas sim de um certo cosmopolitismo (do qual os traços provincianos talvez nunca estivessem ausentes), de uma vida adulta que o levou para outras paragens e o fez descobrir outros lugares:

> Afastara-me uns dez anos do Santa Rosa. O engenho vinha sendo para mim um campo de recreio nas férias de colégio e de academia. Tornara-me homem feito entre gente estranha, nos exames, nos estudos, em casas de pensão. O mundo cresceu tanto para mim que o Santa Rosa se reduzira a um quase nada. Vinte e quatro anos, homem, senhor do meu destino, formado em Direito, sem saber fazer nada (REGO, 1986b:291).

Compare-se, agora, a visão que José Lins do Rego transmite do engenho Santa Rosa com a vida dos personagens Fabiano, Vitória e sua família, retirantes, narrada por Graciliano Ramos em *Vidas secas*. Não se trata "apenas" de um contraste entre a Zona da Mata e o Sertão, mas também entre situações de classe e a vida dos protagonistas — e, claro, entre os olhares dos dois escritores (que, diga-se de passagem, foram amigos). Acompanhemos as duas passagens a seguir:

> Na planície avermelhada os juazeiros alargavam duas manchas verdes. Os infelizes tinham caminhado o dia inteiro, estavam cansados e famintos. Ordinariamente andavam pouco, mas como haviam repousado bastante na areia do rio seco, a viagem progredira bem três léguas. Fazia horas que procuravam uma sombra. A folhagem dos juazeiros apareceu longe, através dos galhos pelados da caatinga rala (RAMOS, 1997:9).

> Saíram de madrugada. Sinhá Vitória meteu o braço pelo buraco da parede e fechou a porta da frente com a taramela. Atravessaram o pátio, deixaram na escuridão o chiqueiro e o curral, vazios, as porteiras abertas, o carro de bois que apodrecia, os juazeiros. Ao passar junto às pedras onde os meninos atiravam cobras mortas, sinhá Vitória lembrou-se da cachorra Baleia, chorou, mas estava invisível e ninguém percebeu o choro.

> Desceram a ladeira, atravessaram o rio seco, tomaram rumo para o sul. Com a fresca da madrugada, andaram bastante, em silêncio, quatro sombras no caminho estreito coberto de seixos miúdos — os meninos à frente, conduzindo trouxas de roupa, sinhá Vitória sob o baú de folha pintada e a cabaça de água, Fabiano atrás, de facão de rasto e faca de ponta, a cuia pendurada por uma correia amarrada ao cinturão, o aió a tiracolo, a espingarda de pederneira num ombro, o saco da matalotagem no outro. Caminharam bem três léguas antes que a barra do nascente aparecesse (RAMOS, 1997:116-17).

Se a narrativa do lugar, em José Lins do Rego, é a de um *insider* (na perspectiva da classe dominante), a de Graciliano Ramos é a de um "*insider-outsider*": quem narra não é o próprio protagonista, mas sim um narrador que "paira" sobre os lugares e os eventos; contudo, "paira" não como quem tenta assumir uma postura neutra: "paira" como alguém que assume um distanciamento para, com um olhar de solidariedade relativamente à miséria e aos miseráveis (que são aqui os protagonistas, e não coadjuvantes, como no romance de José Lins), denunciar, implicitamente, um quadro social que julga injusto.

Ainda um outro "nível de lugaridade" é ilustrado pela experiência de Euclides da Cunha, com sua obra-prima *Os sertões*. Aqui já não se trata mais de um romance, mas sim de um livro que se pretende uma narrativa de fatos passados, construída a partir de depoimentos colhidos pelo autor e amparada em uma descrição do lugar baseada em uma experiência pessoal, por ter ele acompanhado a expedição militar que, finalmente, após uma série de fracassos e fiascos sucessivos, conseguiu destruir Canudos, tendo sido cometida toda uma série de atrocidades testemunhadas por Euclides. A linguagem é, em parte, a de um distanciamento "cirúrgico", estribado no recurso ao jargão científico (da Geologia, da Geografia, da Antropologia...) e às especulações e análises "objetivas"; contudo, isso não impede o autor de cometer arroubos de indignação, de fazer elogios, de espantar-se... Na verdade, o estilo de Euclides, afeito a hipérboles e superlativos, nada tem de "frio". Sem ser o olhar de um simpatizante comunista (Graciliano Ramos chegou a ser preso na década de 1930 e, em 1945, ingressou nas fileiras do Partido Comunista Brasileiro), era, mesmo assim, o olhar de um *outsider* (fluminense de Cantagalo) dotado de capacidade de indignação. Mas, além disso, de um *outsider* influenciado pelo determinismo geográfico ou ambiental. Eis como ele assume a sua perplexidade diante da paisagem sertaneja:

> É uma paragem impressionadora.
> As condições estruturais da terra lá se vincularam à violência máxima dos agentes exteriores para o desenho de relevos estupendos. O regime torrencial dos climas excessivos, sobrevindo, de súbito, depois das insolações demoradas, e embatendo naqueles pendores, expôs há muito, arrebatando-lhes para longe todos os elementos degradados, as séries mais antigas daqueles últimos rebentos das montanhas: todas as variedades cristalinas, e os quartzitos ásperos, e os filades e os calcários revezando-se ou entrelaçando-se, repontando duramente a cada passo, mal cobertos por uma flora tolhiça — dispondo-se em cenários em que ressalta, predominante, o aspecto atormentado das paisagens (CUNHA, 1995:111).

Em uma linguagem eivada de subjetivismo, assim sintetiza Euclides a sua abordagem do tema "terra e homem":

> O martírio do homem, ali, é o reflexo de tortura maior, mais ampla, abrangendo a economia geral da Vida.
> Nasce do martírio secular da terra... (CUNHA, 1995:143).

Com todos esses trechos, extraídos de três diferentes autores, o que ressalta não é apenas uma diferença de cenário (Zona da Mata/Sertão) ou de circunstância (a "épica" expedição contra Canudos/o quotidiano dos retirantes), mas sim, cristalinamente, diferentes formas de se relacionar com os lugares e de (descre)vê-los, imaginá-los, senti-los e reinventá-los. E, por falar em reinvenção, e saindo agora do Nordeste e indo para Minas Gerais: o que dizer do Sertão "mítico", "mágico" de Guimarães Rosa?...

> Sertão. Sabe o senhor: sertão é onde o pensamento da gente se forma mais forte do que o poder do lugar (ROSA, 1988:17).

6

Região, bairro e setor geográfico

Um dos conceitos mais tradicionais da Geografia, e que durante muitas décadas foi, para um grande número de geógrafos, o seu verdadeiro "carro-chefe", é o de "região". Celebrado e entronizado até os anos 1950 ou 1960 do século XX, porém, esse conceito foi, nas décadas de 1970 e 1980, submetido a numerosas críticas, a começar pela objeção levantada por Yves Lacoste em 1976, a propósito da região como um "conceito-obstáculo" (LACOSTE, 1988). Até que ponto esse conceito é ou permanece importante, ou mesmo imprescindível? Ou seria ele, de fato, um estorvo, uma espécie de "entulho conceitual"? Muito papel e muita tinta foram gastos nas últimas décadas a propósito do conceito de região, seu alcance e sua validade. Sem querer ou poder reproduzir ou mesmo sintetizar esse imenso debate (ainda não encerrado!), posso e devo, no entanto, fornecer alguns elementos de orientação.

Antes de mais nada, deve-se recordar que a crítica de Lacoste mirava em uma determinada interpretação da região, a região *lablacheana* — isto é, o tipo de uso conceitual maximamente representado e influenciado (sobretudo na França, é claro) pela obra de Paul Vidal de la Blache. Ora, em que consistia a região lablacheana?

A "região" lablacheana seria uma entidade geográfica que corresponderia, por assim dizer, a harmoniosas relações entre o homem e seu meio natural. A base seriam as divisões "naturais", mas o fato é que cada região, em especial aquela unidade menor, capaz de ter os seus limites abrangidos até mesmo com a vista desarmada (o "*pays*", que, nessa acepção, não se deixa traduzir perfeitamente para o português[34]), seria dotada de densidade histórica e cultural, além de ter a sua unidade enraizada na própria percepção popular. Não por acaso, os nomes das "divisões naturais" seriam nomes empregados no quotidiano e reconhecíveis por qualquer camponês (LA BLACHE, 1982:247). À luz disso, um país como a França seria, tomado em seu conjunto, uma espécie de "mosaico de regiões", ele próprio sendo, em uma escala mais abrangente e politicamente estratégica, uma entidade geográfica dotada de uma "personalidade" inconfundível.

Entre a região (e a Geografia Regional) clássica e a crítica de Lacoste (sobre a qual nos debruçaremos a seguir), contudo, outros elementos foram trazidos para engrossar o caldo dos debates teórico-conceituais.

---

[34] Aliás, não se deixa traduzir perfeitamente para outras línguas também — incluindo o alemão, idioma tão rico e flexível. Os alemães traduzem *pays* ora como *Land* (= país), ora como *Heimat*, termo este um pouco escorregadio e que será apresentado no Capítulo 9 (e é com o sentido aproximado de "[pequena] região" que os alemães traduzem *pays* como *Heimat*). Para se ter uma ideia mais clara do significado de *pays*, nessa acepção de "[pequena] região", bem como das dificuldades derivadas da ambivalência da palavra, pode-se exemplificar com um exemplo retirado do segundo volume da *Nouvelle Géographie Universelle*, de Élisée Reclus, em que ele observa que a região de Nice e seus arredores, que em 1860 ainda pertencia à Itália, é "um *pays* de transição entre os dois Estados limítrofes" ("est, à bien des égards, un pays de transition entre les deux États limitrophes") (RECLUS, 1876-1894: vol. 2, p. 323). O mais correto teria sido, aqui, escrever não "Estados", mas sim "países"; ocorre, porém, que evidentemente ficaria horrível e soaria confuso.

Nos Estados Unidos, Richard Hartshorne, bebendo sobretudo em fontes alemãs, especialmente na obra de Alfred Hettner, buscou fundamentar a Geografia como o estudo da "diferenciação de áreas" (expressão que, como ele mesmo esclarece, foi introduzida por C. Sauer em 1925). Embora Hartshorne tenha estabelecido uma breve comparação com as proposições de Vidal de la Blache (HARTSHORNE, 1978:15, 16), reconhecendo, inclusive, uma similaridade (a despeito de diferenças "quanto à forma e ao tom") com a ideia de uma "ciência dos lugares", é preciso salientar que "área" (*area*) e "região" (seja enquanto *pays*, seja enquanto *région*, correspondendo a unidades espaciais maiores) não são a mesma coisa. O escopo das preocupações metodológicas de Hartshorne ia além de uma "análise regional" em sentido estrito. A despeito de possuir uma evidente conexão com um vasto acervo de investigações empíricas e de se achar embebido na ambiência intelectual da Geografia tradicional, o raciocínio hartshorniano, com efeito, era mais abstrato. Para Vidal de La Blache, a região seria uma entidade espacial concreta, existente independentemente da nossa consciência, ao passo que, para Hartshorne, as áreas que diferenciamos são, em última instância, construções mentais/intelectuais, justificadas por nossas necessidades analíticas em face da realidade.

O caldo dos debates teórico-conceituais não foi engrossado somente por geógrafos. O economista François Perroux, por exemplo, propôs, na virada da década de 1940 para a de 1950, um tratamento parcial e bastante abstrato do espaço social, sob a forma do *espaço econômico*. Ainda sob a terrível impressão da devastação causada pela Segunda Guerra Mundial na Europa, e consciente do papel que, nesse contexto, jogaram os usos e abusos de noções espaciais tais como "fronteiras naturais" e "espaço vital" (*Lebensraum*), Perroux, em um célebre artigo que, em 1950, foi publicado em francês e em inglês, defende a superação, pelos economistas, da ideia "banal" de espaço (que se depreende ser aquela dos geógrafos...), e uma extensão, para o campo do raciocínio econômico, das concepções abstratas de espaço da Matemática e da Física, coisa que ainda não havia sido tentada até então (PERROUX, 1950:91-2). Para Perroux, o espaço econômico (*espace économique*) não se confundia com o que chamou de "espaço geonômico" (*espace géonomique*), isto é, com o "espaço banal": enquanto o espaço econômico não conheceria fronteiras (por exemplo, o espaço econômico de atuação de um país pequeno, como a Suíça, poderia ser o mundo inteiro), o espaço geonômico teria uma ligação estreita com as características concretas da geografia de uma área. Cabe indagar: será que, com base em uma legítima preocupação e em um legítimo repúdio de noções tão profundamente ideológicas tais como "fronteiras naturais", *Einkreisung* (situação de um país sentir-se "cercado" e ter sua "expansão natural" tolhida por seus vizinhos) e "espaço vital", prodigamente empregadas pelos geopolíticos do Terceiro Reich e que Perroux menciona logo no começo de seu famoso artigo, o economista francês não teria produzido, sem dar-se talvez conta, uma outra ideologia, *soft*, porém poderosa, plenamente adaptada às necessidades do capitalismo — a que preconizava uma Europa e um mundo "sem fronteiras" (para o capital, não necessariamente para os trabalhadores...), de modo a substituir a cobiça dos Estados pela prosperidade trazida pela circulação mais livre e racional dos fluxos econômicos?...

De todo modo, prossigamos. Segundo Perroux, o espaço econômico poderia ser tratado sob três pontos de vista complementares: o do espaço como *área relativa à execução de um plano*; o do espaço como um *campo de forças* (referindo-se às forças de atração e repulsão no âmbito da interação espacial, do ângulo econômico: fluxos de bens, informação etc.); por fim, o do espaço como *uma estrutura com características próprias*, como uma subunidade em meio a outras estruturas espaciais (PERROUX, 1950:93

e segs.). Perroux exerceu, subsequentemente, grande influência não apenas sobre os economistas regionais, mas também sobre os geógrafos (inclusive anglo-saxônicos, alemães, brasileiros...), influência essa complementada por sua teoria dos "polos de crescimento e desenvolvimento". Das reflexões de Perroux derivaram as ideias referentes a três tipos de "região": a "região homogênea" (uma área com características que a diferenciam das áreas circunvizinhas ou circundantes), a "região funcional" (significando, principalmente, uma área polarizada por um determinado centro nos marcos de uma rede urbana) e a "região-programa" (a área de aplicação de um determinado plano de "desenvolvimento regional"). Estamos, então, já nas décadas de 1960 e 1970, época áurea de um certo tipo de pragmatismo que buscava vincular intimamente a Geografia (seguindo de perto o modelo da Economia) às necessidades e às prioridades estatais em matéria de planejamento e intervenção. No que tange à epistemologia e à teoria, o pano de fundo de tudo isso era o período de apogeu da *new geography*.

O contraste com a região de figurino lablacheano não poderia ser maior. Nada de "personalidade" da região, de preocupações com a história ou (com exceção parcial das "regiões homogêneas", ou um pouco também das "regiões-programa") com o quadro da "natureza primeira". A "região" não era uma pretendida realidade em si mesma, uma realidade objetiva de tipo "totalizante" e dotada de uma identidade própria que caberia ao analista reconhecer; a "região", isso sim, praticamente se confundia com a ideia de "tipo espacial". Um mapa com "regiões homogêneas" poderia ser um mapa em que aparecessem áreas distintas, definidas de acordo com um critério ou um conjunto selecionado de critérios estabelecido pelo analista (por exemplo, o tipo de lavoura ou criação predominante, o índice de mecanização da agricultura etc.).

Em comparação com a região lablacheana, a "região" tipicamente tratada segundo os cânones da Geografia neopositivista passou por uma diluição ou desconstrução. Sob vários aspectos, gerando ou consolidando abordagens que, a despeito ou independentemente dos pressupostos neopositivistas, podem ainda hoje ser (parcialmente) aproveitadas em diferentes circunstâncias, do estabelecimento de tipologias espaciais com a finalidade de representar fenômenos específicos até a determinação das áreas de influência de centros urbanos. A questão, no entanto, é: seria isso... *regiões?*

Na sua essência, a crítica de Lacoste à concepção lablacheana consiste em um repúdio à ideia, segundo ele muito forçada, de acordo com a qual as regiões seriam unidades onde se superporiam, formando unidades objetivas e harmônicas, aspectos tanto naturais quanto histórico-sociais. Além de denunciar o projeto ideológico que, segundo ele, se aninhava por trás dessa concepção — a saber, a construção do território francês como um mosaico harmônico formado por numerosas pequenas unidades, natural e historicamente incompreensíveis sem o todo, da mesma maneira que o todo seria uma abstração vazia sem qualquer de suas partes —, Lacoste também argumentou contra o artificialismo que residiria em pressupor algo como harmonias e perfeitas convergências entre os diversos fatores, do sítio à história da ocupação e às peculiaridades dos "gêneros de vida".[35] Ele tentou persuadir seus leitores de que, muito

[35] O conceito de "gênero de vida" (*genre de vie*), tal como empregado por Vidal de La Blache e seus discípulos "possibilistas", faria uma espécie de mediação entre as "possibilidades oferecidas pelo meio" e a modelagem do indivíduo e dos grupos sociais (ou a reprodução do indivíduo social no interior de um dado grupo). O "gênero de vida" era uma ideia que se ajustava perfeitamente a uma visão de mundo conforme a qual sempre existiria, apesar de certos condicionamentos exercidos pelo meio, uma margem de manobra para *escolhas*, no âmbito da própria sociedade, por parte

longe de apresentarem, sobretudo, convergências, as localizações e as distribuições espaciais dos diferentes fenômenos seriam, pelo contrário, grandemente divergentes:

> A representação mais operacional e científica do espaço não é a de uma divisão simples em "regiões", em compartimentos justapostos uns aos outros, mas a de uma superposição de vários quebra-cabeças bem diferencialmente recortados (LACOSTE, 1988:70).

O estudo verdadeiramente científico das articulações e descompassos entre os diferentes "conjuntos espaciais" não passaria, portanto, segundo Lacoste, pela obsessão em identificar e descrever regiões. Ademais, ele denunciou a falácia que consiste em agir como se o conteúdo de uma região mais ou menos se explicasse em si mesmo, quando, na verdade, processos atinentes a diferentes escalas contribuem para definir estruturas e dinâmicas na escala regional. Nenhuma região poderia ser explicada isoladamente. Indo ainda mais longe, e por tudo isso, o conceito de região foi por ele reputado, ao fim e ao cabo, ardiloso — ou, em suas próprias palavras, um "conceito-obstáculo".

---

dos indivíduos e grupos. Ao mesmo tempo, essa concepção passava ao largo de uma tematização das contradições sociais, das fraturas e dos conflitos (exploração de classe, opressão de gênero e demais expressões de resistência contra a heteronomia instituída) existentes por trás de hábitos, tradições e pretensas "harmonias" entre os homens (e mulheres) e seu "meio". Da mesma maneira como as técnicas e o nível técnico seriam ajustamentos criativos ao "meio", a própria divisão técnica (e social) do trabalho e a distribuição de atividades seria, entre os geógrafos lablacheanos, uma questão de talento, vocação e empenho, e não de restrições histórico-estruturais.

No mesmo ano de 1976, em que Lacoste publica *La géographie, ça sert, d'abord, à faire la guerre*, um outro geógrafo francês, também de esquerda, dedicava um livro ao tema da região, chegando a conclusões diferentes. O geógrafo em questão era Armand Frémont, e o livro, *La région, espace vécu* (FRÉMONT, 1980). Próxima do espírito da *humanistic geography* desenvolvida, na mesma época, pelo sino-americano Yi-Fu Tuan, pelo galês (radicado no Canadá) Edward Relph, pela irlandesa Anne Buttimer e pelo estadunidense J. Nicholas Entrikin, a concepção da "região, espaço vivido", sem consistir em uma volta pura e simples ao lablacheanismo, afirma a identidade regional como algo a ser considerado, derivado de uma *vivência*. Recordando a contribuição de Tuan, podemos dizer que, em Frémont, a região estaria vinculada a sentimentos "topofílicos" — o que equivale a dizer, desdobrando e especificando a ideia de "topofilia", que a uma região, na qualidade de espaço vivido, se associaria uma "regionofilia". Assim, enquanto Lacoste promoveu uma desconstrução da região, Frémont buscou reconstruir ou pelo menos renovar a ideia.

Entrando já na década de 1980, geógrafos de diferentes países, influenciados pela "virada crítica" que sua disciplina experimentara na década anterior, prosseguiram submetendo o conceito e o significado da região a um escrutínio crítico, embora, diferentemente de Lacoste, não necessariamente para descartar o conceito. Ann Markusen vinculou, em artigo muito citado (MARKUSEN, 1981), os temas da região e do regionalismo — se bem que, para resolver o problema do "fetichismo da região", ela tenha desvalorizado o espaço e a própria ideia de região, fixando-se apenas no adjetivo "regional"... —, e diversos outros geógrafos e sociólogos focalizaram tais vínculos, ora expressando simpatia para com as demandas culturais, políticas e econômicas das populações de determinadas regiões perante o Estado central, ora apresentando o problema do regionalismo e da própria identidade regional como construções ideológicas, manipuladas por uma elite regional interessada em utilizar o conjunto da população como massa de manobra.[36] Enquanto isso, no Brasil, seja sob inspiração do materialismo histórico marxista (DUARTE, 1983), seja sobre uma base teórica mais variada, ainda que crítica (COSTA, 1988), recuperava-se e atualizava-se de maneira interessante o debate acerca do *status* e da utilidade do conceito de região (e, a partir daí, da regionalização e da análise regional).

Já no final da década de 1980 ou início da seguinte, porém, a discussão em torno da "região" havia chegado, se não a um impasse, ao menos a uma certa "indefinição". Esta palavra, de toda sorte, não é entendida aqui em um sentido meramente pejorativo. Já não era mais tão fácil identificar umas poucas correntes e interpretações que se opunham e concorriam entre si, cada uma delas sugerindo um caminho claramente delineado. À medida que as críticas e as interpretações se foram tornando mais sofisticadas, um certo simplismo e mesmo um certo dogmatismo, paralelamente, iam enfraquecendo. Enquanto alguns continuaram apostando em aproximações, experimentações e sínteses cada vez mais complexas (caso, no Brasil, de HAESBAERT [2010]), outros preferiram recolocar certas questões básicas, com o objetivo de incentivar a reflexão sobre

---

[36] Em certos casos, como no de Francisco de Oliveira, a aplicação consistente, mas infensa a certas sutilezas, de um pensamento embalado no materialismo histórico marxista, levou a que se acreditasse, inclusive, que o essencial da região seriam as suas determinações econômicas e características materiais na esteira da expansão do capitalismo (em que pesassem as instrumentalizações político-ideológicas), o que colocava no horizonte a tendência de *desaparecimento da região*, na esteira de um processo capitalista homogeneizador (OLIVEIRA, 1978). Raciocínio aparentado foi esposado por todos aqueles que, despidos de sensibilidade espacial, apostaram, a reboque da globalização, em uma inarredável e gradual irrelevância do espaço (tese do "fim dos territórios", por exemplo).

o conceito e suas transformações, sem, contudo, propor uma nova conceituação (caso, também no Brasil, de GOMES [1995]). Atualmente, não é mais possível dizer que a região seja, para a maioria dos geógrafos, algo remotamente parecido com um "carro-chefe" conceitual. Apesar disso, o conceito continua sendo importante, tanto na academia quanto nos debates políticos. Isso significa que, de um jeito ou de outro, ele continua a nos desafiar.

É possível integrar as diferentes dimensões e os vários aspectos? É possível valorizar as identidades sem ser ingênuo ou "congelar" uma identidade? É possível valorizar a base econômica sem recair no economicismo? É possível valorizar o regionalismo sem reproduzir, menos ou mais inocentemente, discursos ideológicos? Acredito, sinceramente, que sim. E mais: que é possível fazer isso sem resvalar para um ecletismo teórico irresponsável.

Após o breve apanhado de acepções e o sumário histórico das transformações do conceito contidos nos parágrafos precedentes, podemos concluir a primeira parte deste capítulo com algumas questões. A primeira delas se refere à *escala* da região.

"Região" isso, "região" aquilo... Regiões, aparentemente, de todos os tamanhos, pelo menos no âmbito do senso comum. Fala-se em "Região Oceânica" do município de Niterói; temos as "regiões administrativas" do Rio de Janeiro (município que, peculiarmente, por motivos históricos, apresenta, em vez de distritos, as tais "regiões administrativas" como subunidades espaciais); e os exemplos poderiam prosseguir até formar uma extensa lista, pois não é nada incomum encontrarmos pelo Brasil afora casos de referência popular e mesmo oficial a "regiões" em escala intraurbana. Interessantemente, é muito comum, nos textos acadêmicos e também no discurso político, tratar-se a região, explícita ou implicitamente, como uma entidade espacial maior que uma cidade ou município e menor que um país, ou, em todo caso, como uma categoria que se refere a um espaço "intermediário" entre o local e o nacional ou o global.[37] Portanto: haveria uma escala propriamente *regional*, ou podemos falar de região independentemente de escala?

Sem querer fornecer respostas simples, que correm o risco de ser simplistas, é inegável que há uma tradição acadêmica que, ora

---

[37] Para ilustrar o ponto, tomemos como base algumas conclusões de geógrafos brasileiros, escritas em momentos diferentes e a partir de perspectivas teóricas que nem sempre eram exatamente as mesmas (embora, no caso dos trabalhos dos quais as passagens a seguir foram extraídas, certas diferenças não sejam tão evidentes quanto em outros textos, escritos em outros momentos, onde certas divergências teóricas se tornaram mais manifestas): "(...) podemos partir da concepção da *região* como um espaço (não institucionalizado como Estado-nação) de identidade ideológico-cultural e representatividade política, articulado em função de interesses específicos, geralmente econômicos, por uma fração ou 'bloco regional' de classe que nele reconhece a sua base territorial de reprodução" (COSTA, 1988:24). "A particularidade traduz-se, no plano espacial, na região. Esta resulta de processos universais que assumiram especificidades espaciais através da combinação dos processos de inércia, isto é, a ação das especificidades herdadas do passado e solidamente ancoradas no espaço, de coesão ou economias regionais de aglomeração que significa a concentração espacial de elementos comuns numa dada porção do espaço e de difusão que implica um espraiamento dos elementos de diferenciação e em seus limites espaciais impostos por barreiras naturais ou socialmente criadas" (CORRÊA, 1997e:192). "Somos da opinião de que a escala regional, como escala intermediária de análise, como mediação entre o singular e o universal, pode permitir revelar a espacialidade particular dos processos sociais globais" (LENCIONI, 1999:194). Também Milton Santos, ao fazer objeções à velha concepção da região como "sinônimo de territorialidade absoluta de um grupo, com as suas características de identidade, exclusividade e limites, devidas à presença única desse grupo, sem outra mediação", sugere que "[a]s regiões se tornaram lugares funcionais do todo, espaços de conveniência", mas sem por isso negar que, apesar de se observar "uma aceleração do movimento e mudanças mais repetidas, na forma e no conteúdo das regiões", elas sejam espaços de tipo intermediário (SANTOS, 2005:156).

explícita e conscientemente, ora tacitamente, identifica a região com um nível ou uma escala geográfica específica: aquela intermediária entre a escala "local" (especialmente a da cidade ou município) e a "nacional". As "regiões metropolitanas", que são agregados de municípios, oferecem uma primeira complicação: seriam elas, por seu porte demográfico e, principalmente, por sua extensão em área, entidades espaciais "locais" ou intermediárias? No Capítulo 8 lidaremos com esse assunto mais de perto, ocasião em que tentarei justificar que as "regiões metropolitanas" (ou, independentemente dos limites administrativos, as *metrópoles*) sejam tratadas como correspondendo a um dos níveis em que pode ser subdividida a escala local — mais especificamente ao seu nível mais abrangente, "macrolocal". Por ora, concentremo-nos em outras complicações.

A noção (antes mesmo do *conceito*) de região está sujeita, como tantas outras ideias caras à pesquisa sócio-espacial, a uma grande variabilidade histórico-geográfico-cultural. Tomem-se, para começar, regiões no Brasil e em Portugal, países próximos um do outro pela língua e por diversas tradições, mas de dimensões tão díspares: uma região em Portugal (como o Alentejo ou Trás-os-Montes) parecerá diminuta a um brasileiro, ao passo que o Nordeste brasileiro, no qual caberia toda a península Ibérica, assumirá proporções gigantescas para um português. Contudo, dentro do próprio Brasil encontramos regiões, situadas em um nível intermediário entre o local e o nacional, e assim percebidas pelos habitantes de cada área em questão ou mesmo do país inteiro, de tamanhos muito diferentes. Temos até mesmo "regiões dentro de regiões": das "macrorregiões" (terminologia adotada há décadas pelo IBGE) Sul e Nordeste do Brasil até regiões bem menores (lembrando, aliás, que "microrregiões" também é um termo empregado pelo IBGE) e situadas dentro delas, como a Campanha Gaúcha e a Zona Cacaueira da Bahia, tem-se uma amplitude de variação que vai de muitas centenas de milhares até algumas dezenas de milhares de quilômetros quadrados. E não se trata de meras construções de gabinete, mas sim de espaços aos quais se associam distintos graus de "identidades regionais", com todas as paixões e sentimentos de orgulho (inclusive, às vezes, como autodefesa, para nem falar das influências propriamente "de cima para baixo"...) e especificidade ou "unicidade" que a isso se costumam vincular.

Talvez seja muito mais ilegítimo questionar a validade de se enxergar tanto no "Sul" quanto na Campanha Gaúcha regiões do que aceitar como "regiões" recortes arbitrariamente definidos em gabinete, à maneira da Geografia neopositivista. Mesmo assim, faria sentido adotar, para o Sul ou o Nordeste do Brasil, a fórmula frémondiana do "espaço vivido"? É lógico que, em primeiro lugar, é preciso não esquecer que Frémont tinha diante de si, como "laboratório" básico, a realidade sócio-espacial de um país que, aos olhos de um brasileiro, é pequeno, com suas muito pequenas regiões: a França. Mais amplamente, é necessário conectarmos essa discussão com aquela do capítulo precedente, acerca das diferentes intensidades da "lugaridade". O fato de ser recomendável ver uma região "propriamente dita", seja ela grande ou pequena, como um *tipo de lugar* (na acepção mais específica desta palavra), não significa que toda região precise ser "vivenciável" de tal maneira que os deslocamentos sejam fáceis e ela seja percorrível sem grandes dificuldades. No Brasil, mesmo regiões "pequenas" podem corresponder a áreas muito maiores que um "*pays*" francês. Os processos de formação (e alteração e dissolução) de identidades sócio-espaciais em escala regional não dependem de vivência direta e quotidiana da região como um todo; a "experiência regional" pode se dar, muitas vezes, mediada por um compartilhamento (de um falar ou dialeto, de certos valores, de determinadas tradições, de alguns interesses etc.) que se sabe ou presume, com base em uma extrapolação plausível, nos contatos esporádicos (ou regulares) com outros moradores da mesma região e, no limite, nas informações que circulam pela própria imprensa ou que estão cristalizadas na literatura (e que ajudam, muitas vezes, a "congelar" uma identidade, ainda que esta seja mutável, ainda mais em nossos dias...).[38]

Há ainda outros nós a serem desatados. Mesmo presumindo fazer sentido reservar para o conceito de região uma escala intermediária, a fim de evitar que a palavra seja empregada (ao menos no discurso acadêmico ou científico, já que o senso comum continuará seguindo sua própria lógica e seus próprios caminhos) com sentidos os mais diferentes possíveis, comprometendo-se com isso a sua utilidade conceitual, não seria pelo menos o caso de desconfiar de certas "verdades evidentes" a propósito do que seriam os níveis "regional" e "nacional"?

Em um texto magnificamente escrito, como aliás todos os seus textos, Gilberto Freyre observa que

> [u]ma região pode ser politicamente menos do que uma nação. Mas vital e culturalmente é quase sempre mais do que uma nação; é mais fundamental que a nação como condição de vida e como meio de expressão ou de criação humana (FREYRE, 2011:124).

---

[38] Nesse sentido, acredito não restar dúvida de que pelo menos o Nordeste corresponde a um recorte espacial ao qual se associa uma forte identidade regional, reconhecida tanto por *outsiders* quanto *insiders*. Tanto quanto me é dado perceber, a situação do Sul é um pouco mais duvidosa. De sua parte, a "Região Norte" pode em si ter pouco apelo identitário, mas não nos esqueçamos de que ela corresponde, *grosso modo*, à Amazônia — ela sim uma região de nível "macro" à qual se vincula uma significativa camada de identidade compartilhada. Em comparação com o Nordeste, a macrorregião Sudeste é uma espécie de extremo oposto, mais ainda que o Centro-Oeste: ali, "topofilias" se referem a Minas Gerais, a São Paulo... mas nunca a esse agregado chamado "Sudeste".

Ora, é lógico que Freyre se refere aos *Estados*-nação. Um Estado-nação, tipicamente, se funda sobre o mito de que o território de um determinado país, sobre o qual um dado Estado exerce sua soberania, corresponde a *uma* nação. A questão, então, é que o próprio adjetivo "nacional" já é carregado de ideologia, pois faz implícita alusão ao Estado-nação e a uma pretensa homogeneidade ou, no mínimo, a uma "coesão" (ou mesmo a uma "unidade") no interior do país, do nível "nacional" — o qual, segundo os cânones do sistema representativo, seria subdividido, por razões históricas mas também prático-políticas, em subespaços que (lembremos de La Blache) seriam como as partes de um mosaico harmonioso e supostamente inquebrantável, o mosaico do "território pátrio" ou "território nacional". Todavia, o que seria a Catalunha, o que seria a Galícia? Ou ainda mais: o que seria o "País Basco"? Do ponto de vista do Estado espanhol, "regiões autônomas". Do ângulo de muitos cidadãos, especialmente daqueles (não muito numerosos) simpáticos a ideias separatistas, seriam, diversamente, "nações" ou equivalentes disso, com suas línguas próprias, com suas identidades forjadas e modeladas em contraposição às forças centrípetas acionadas a partir de Madri...[39]

E outras questões, quiçá menos candentes, mas em todo o caso interessantes, podem ser levantadas. Será a América Latina (apenas) um *continente* ou, como é costume ouvir da boca de diplomatas, mas também de empresários e ativistas de movimentos sociais, uma "*região*"? Uma... "*região-continente*", pois? O requisito de uma identidade sócio-espacial determinada pode até ser razoavelmente satisfeito, mesmo que não devamos esquecer

---

[39] Como o próprio Gilberto Freyre, diga-se de passagem, notou, décadas atrás: "(...) a Espanha é o exemplo clássico, e o mais dramático, de um país onde uma estúpida política de centralização e de extrema unificação resultou em revigorar o invencível poder de regiões e de culturas regionais" (FREYRE, 2011:139).

que a própria expressão *Amérique Latine* foi, senão cunhada, ao menos disseminada por círculos próximos do imperador francês Napoleão III, como parte de seu ambicioso projeto de desafiar britânicos e estadunidenses em matéria de pretensões imperiais nas Américas, o que o conduziu a, no México, levar ao trono e apoiar um imperador (Maximiliano) que terminaria fuzilado. Entretanto, estamos lidando aqui não com uma "escala intermediária" entre o "local" e o "nacional", mas sim com um agregado de dezenas de países!

Porém, antes mesmo de enfrentarmos a questão de saber se faria sentido considerar a América Latina como uma "região", deve-se registrar que há pelo menos duas grandes maneiras de se estabelecer o que seja um *continente*. De acordo com uma visão muito antiga, excessivamente atrelada a critérios físico-naturais, um continente seria uma vastíssima extensão de terra cercada por águas oceânicas. Isso não é isento de problemas e exige considerações adicionais, caso contrário nem a Europa nem a Ásia seriam "verdadeiros" continentes: o continente seria a Eurásia, sendo que, no fundo, a Europa é praticamente uma "macropenínsula" da Ásia... Por razões ideológicas, pareceu desde cedo aos europeus mais que conveniente se apresentarem como um "continente" à parte, o que fizeram usando os montes Urais como "barreira natural", a separar a Europa (incluída aí a "Rússia europeia") da Ásia. Seja lá como for, à luz de uma ideia físico-natural do que seja um continente, faria sentido, basicamente, falar da América, do Alasca à Patagônia, como um só continente. O fato, de toda maneira, é que a essa abordagem físico-natural se superpôs outra, que pretende salientar o aspecto das afinidades culturais e das identidades. Sem querer bancar o desmancha-prazeres, porém, não será com facilidade que nos livraremos da sombra de Napoleão III, e evitar o problema não significa superá-lo: até que ponto a América Latina é... "latina"? Serão "latinos" os aimarás e quíchuas na Bolívia e no Peru?

Ou, mais amplamente, os indígenas da maior parte dos países da América dita "latina", como se os descendentes de populações ibéricas fossem a esmagadora maioria da população do continente? A própria América "Latina", pois, é um espaço heterogêneo (América Andina, países platinos, Brasil...), e cada país é, em vários casos, ele próprio um espaço heterogêneo, composto por "nações", etnias e seus territórios (enfraquecidos e combatidos no passado, mas que, na esteira de um *nuevo movimiento indígena*, vêm apresentando notável vitalidade como referência de um discurso emancipatório). Em suma: já é difícil decidir o que é um "continente", já que praticamente não há critérios que sejam isentos de problemas ou imunes a críticas. Se o leitor ou a leitora quiser acrescentar uma porção adicional de complicação ao assunto, vendo a América Latina como uma "região", será por sua própria conta e risco...

* * *

Mudemos agora de escala, passando à escala intraurbana, ou seja, àquela da organização interna da cidade. Trata-se da escala dos *bairros* e, em um nível mais abrangente, dos *setores geográficos*.

Assim como a região, o bairro possui nítidos componentes, ao longo de sua evolução conceitual, que fazem convocar ideias como "espaço vivido" e "identidade sócio-espacial". Seja, então, indagado: seria o bairro um equivalente intraurbano da região? Seria ele algo como uma "pequeníssima região", ou uma "região em miniatura"? As coisas, como veremos, não são tão simples assim.

De um ponto de vista neopositivista, o assunto talvez não oferecesse maiores problemas. Afinal, "regiões" e "bairros" nada mais seriam que subespaços distinguidos segundo critérios convenientes. A uma "região homogênea" poderia corresponder, assim, algo como um "bairro homogêneo", definido em função de uma relativa homogeneidade morfológico-paisagística, de renda, de composição étnica etc. (ou uma combinação de tudo isso); a uma "região funcional", vertebrada pela rede urbana e pelas relações de polarização, corresponderia um "bairro funcional", identificado com base nas centralidades intraurbanas; e, finalmente, a uma "região-programa" corresponderia um "bairro-programa", um espaço de intervenção, recortado de acordo com necessidades do planejamento e da gestão estatais. Vale a pena, entretanto, repetir pergunta análoga àquela já feita a propósito da "região" neopositivista: seriam esses recortes... *bairros*? Parece-me que não, de modo algum.

Isso não quer dizer que os bairros não possam ou devam ser conceituados e concretamente identificados levando-se em conta características que vão da paisagem à identidade. Mais especificamente, porém, a ideia de bairro sugere, em realidade, e analogamente à de região, a conveniência de uma integração inteligente de diferentes aspectos — uma tarefa, portanto, de análise e reconstrução, mas não, como para os neopositivistas, de "desmembramento" conceitual.

Comecemos distinguindo três tipos de critérios, ou "conteúdos", com os quais podemos abordar o tema dos bairros: trata-se dos conteúdos "composicional", "interacional" e "simbólico", discutidos por mim em trabalhos de fins da década de 1980 (SOUZA, 1988 e 1989). Esses três "conteúdos" servem de referência para identificarmos as características distintivas do bairro, entre a objetividade e a (inter)subjetividade.

O "*conteúdo composicional*" se refere às características "objetivas" concernentes à composição de classe (e também em matéria de atividades econômicas) e à morfologia espacial.

O "*conteúdo interacional*", por seu turno, tem a ver com as relações estabelecidas entre os indivíduos e os grupos, e que ajudam decisivamente a definir se há algum tipo de "centralidade" e de "força centrípeta" que concorra para estabelecer um determinado espaço, durante um período maior ou menor de tempo, como possuindo uma certa "individualidade" (na medida em que a "vida de bairro" é fortemente determinada pela existência de subcentros de comércio e serviços que sirvam de polos de atração, garantindo algum nível de "introversão", por menor que seja).

Por fim, o "*conteúdo simbólico*" diz respeito à imagem de um dado subespaço intraurbano como um espaço percebido e vivido, como um bairro, e não meramente como algum recorte ao qual se chega (uma instância de planejamento estatal, por exemplo) com base em algum critério "objetivo" definido em gabinete.

Em uma cidade contemporânea desenrolam-se, há muitas décadas, os processos paralelos da *atomização* e da *massificação*. Na esteira deles, a cidade foi, paulatinamente, deixando de ser um mosaico de bairros coerentes, em que cada um era polarizado por sua própria centralidade (pequeno subcentro de comércio e serviços ou centro de bairro), com grupos de bairros sendo polarizados por subcentros maiores, até se chegar à cidade como um todo, nitidamente polarizada por seu *Central Business District* (CBD), para se tornar uma estrutura muito mais complexa e difícil de resumir ou de generalizar. Muitos bairros viram seus pequenos centros de comércio e serviços desaparecer ou ser reduzidos à irrelevância (sendo gradualmente substituídos por *shopping centers*, que fizeram empalidecer mesmo os subcentros); e, não raro, o próprio CBD perdeu prestígio e decaiu — inicialmente, às vezes, em favor de subcentros tradicionais, localizados em bairros de classe média, e, mais tarde, em favor de enormes *shopping centers*, ao ponto de as centralidades intraurbanas se tornarem ainda mais múltiplas e relativas. O surgimento de "condomínios exclusivos" e "complexos autossegregados" fortemente autossuficientes (mas articulados, de diferentes maneiras, com outras partes da cidade ou metrópole), situados nas bordas dos núcleos urbanos e metropolitanos (complexos esses que, nos Estados Unidos, ficaram conhecidos como *edge cities*), também veio acrescentar mais complexidade ao quadro. O velho bairro tradicional, em meio a essa cidade massificada, em que a vida de relações se acha tão atomizada — vizinhos que cada vez menos se conhecem, espaços públicos anêmicos, comércio de bairro residual e amesquinhado —, pode manter-se com um "conteúdo composicional" distintivo, e também com um "conteúdo simbólico" reconhecível (questão de tradição, em grande medida), mas o "conteúdo interacional" sofreu abalos e modificações consideráveis.

Antigas conceituações, principalmente da lavra de sociólogos, que se ocuparam mais com o que chamo de "conteúdo interacional" (ao passo que os geógrafos, sem negligenciar de todo o "conteúdo simbólico",[40] ressaltaram mais o "conteúdo composicional"[41]), lidavam, em um momento em que a grande cidade e a metrópole já haviam há muito deixado o século XIX para trás, com uma ideia de bairro que parecia ignorar a massificação e a atomização. (Seriam elas... idealizações?...) Assim, por exemplo, Chombart de Lauwe, para quem o bairro (*quartier*) seria uma "unidade elementar da vida social" ("*unité élémentaire de vie sociale*") (CHOMBART DE LAUWE, 1952), ou Bertrand e Metton, que, já na década de 1970, ainda viam nos bairros "espaços em que podemos nos encontrar com o fato urbano e com os valores humanos" ("*espaces de rencontre du fait urbain et des valeurs humaines*") (*apud* DI MÉO, 1994:256).

---

[40] Tome-se o exemplo de Maria Therezinha de Segadas SOARES (1987b).

[41] Como lembra Guy di Méo, referindo-se a Chabot, o bairro do geógrafo, tradicionalmente, era, acima de tudo, uma "fraction d'espace urbain présentant des caractères communs" (DI MÉO, 1994:257). Aliás, o supracitado trabalho de SOARES (1987b) igualmente exemplifica essa primazia do "conteúdo composicional".

Assim como regiões, identidades regionais e regionalismos podem ser manipulados ou pelo menos influenciados por interesses e projetos de poder de elites regionais e por planos de um governo central (fortalecimento de regiões em um caso, enfraquecimento de regiões e fortalecimento do poder estatal central em outro...), do mesmo modo os bairros, suas imagens e seus limites podem ser condicionados por intervenções do Estado e, na verdade, pelo próprio capital imobiliário, que pode ter interesse em "ampliar" os limites de certos bairros valorizados, criar ou recriar imagens e identidades, e assim segue. Os próprios moradores, diante de processos de declínio do *status* de um bairro, podem atuar como agentes de alteração ou "flexibilização" dos seus limites espaciais. É o que nos mostra o exemplo dado por Gilberto Velho em seu *A utopia urbana*, na década de 1970, a propósito daqueles moradores de Copacabana que moravam perto de Ipanema e tentavam "puxar" os limites deste último bairro para englobá-los também a eles (VELHO, 1973:26).

É possível, de certo modo, falar em "objetividade", no tocante ao "conteúdo composicional", na medida em que a percepção de classes e grupos em geral, para não falar na morfologia, possa ser objetiva: em certo sentido, as classes e as formas espaciais existem fora da consciência individual. Porém, o que seria uma mera "classe em si", definida ela própria em função de critérios teóricos e políticos, sem o "fazimento" (isto é, sem o *making*, na expressão de E. Thompson) de uma classe enquanto "classe para si", ao longo de um processo de construção de identidade e de luta? E o que seriam as formas espaciais se não fossem percebidas enquanto paisagem, o que sempre nos remete ao papel da subjetividade?... Contudo há, para além disso, aspectos *muito diretamente* subjetivos. E não somente subjetivos no plano estritamente individual, isto é, atinente à percepção e à consciência de um indivíduo, mas sim, em se tratando de bairros (ou de regiões), *inter*subjetivos, ou seja, subjetividades compartilhadas. São esses aspectos que o "conteúdo simbólico" e, mais indireta e parcialmente, o "conteúdo interacional" contemplam.

Como ressaltei há mais de vinte anos (SOUZA, 1988 e 1989), durante décadas a pesquisa sócio-espacial esteve prejudicada por uma dicotomia em que a um "*bairro sem conflitos*" (isto é, às abordagens de geógrafos tradicionais e sociólogos culturalistas, os primeiros reificando, "coisificando" o bairro, e ambos os grupos profissionais, de todo modo, tendendo a esvaziar a realidade do bairro de sua dimensão de conflito, de luta de classes, de protesto e contestação) passou a opor-se um "*conflito sem bairros*" (ou seja, aqueles sociólogos críticos que, nas décadas de 1970 e 1980, tematizaram os movimentos sociais urbanos a partir de uma perspectiva marxista, mas sem levar adequadamente em conta a espacialidade, bairro incluído). Dois parcialismos analíticos que, para além dos atritos entre pressupostos político-filosóficos e teóricos, precisam ser ultrapassados.

Os bairros massificados de uma grande cidade contemporânea não são, seguramente, na maior parte das vezes, referenciais básicos de grupos primários (isto é, de grupos, geralmente muito pequenos, em que os membros estabelecem relações íntimas entre si: famílias, por exemplo). Contudo, é justamente a partir desse nível escalar que certos processos e fenômenos sociais, que dizem respeito a interações entre grupos secundários (e intermediários) — e cujos conflitos são conflitos propriamente sociais, e não apenas entre indivíduos, ainda que estes estejam sempre contextualizados na sociedade total —, podem ser adequadamente captados: a segregação residencial, por exemplo.

Maior que o bairro é o *setor geográfico*, e menor que ele é a *vizinhança*. Antes de passarmos ao setor geográfico, sejam ditas algumas palavras sobre a vizinhança. Esta, que pode corresponder a um quarteirão ou a uma simples rua, mas também até mesmo a um prédio ou a um "condomínio fechado", pode ser vista como uma escala de transição entre um nível diminuto (que, como veremos melhor no Capítulo 8, venho propondo chamarmos de "*nano*", para distingui-lo do *micro*) e o bairro.

Não quero fazer referência aqui ao velho conceito de "unidade de vizinhança". Esse conceito, que deita raízes em debates travados já no começo do século XX entre urbanistas, foi proposto com boas intenções: a "unidade de vizinhança" deveria proporcionar as condições de manutenção de algo como uma "escala humana" no interior da grande cidade, com a preservação ou criação de espaços residenciais parcialmente autossuficientes, tendo equipamentos como escolas na qualidade de pequenos centros de atração, facilmente acessíveis a pé, e nos marcos de um planejamento inteligente das vias, das áreas de lazer e dos espaços comerciais. Ele encontrou ressonância tanto entre sociólogos quanto entre críticos do Urbanismo modernista, como Jane Jacobs. Sem embargo, nas grandes cidades da atualidade, e especialmente sob o império do medo da violência e do sentimento de insegurança, ou mesmo em uma situação-limite como a das metrópoles do Rio de Janeiro e de São Paulo, nos marcos de uma nítida *fragmentação do tecido sociopolítico-espacial da cidade*,[42]

---

[42] O que venho chamando, desde a década de 1990, de "fragmentação do tecido sociopolítico-espacial" da cidade ou metrópole não se confunde (ou não deveria ser confundido) com a segregação residencial em sentido clássico ou estrito. Estamos diante de um processo de segregação residencial de um grupo social por outro quando uma parcela da população é forçada (até com o respaldo da legislação, como nas cidades da África do Sul durante o *apartheid*) ou induzida, a princípio contra a sua vontade (mas por força das circunstâncias, como o reduzido leque de opções devido aos baixos rendimentos, como ocorre nas cidades brasileiras), a viver em um local no qual, se pudesse escolher, não viveria — ou pelo menos não viveria *naquele tipo* de local, em geral sem infraestrutura técnica e social adequada e, não raro, insalubre e ambientalmente vulnerável. Muitas vezes, grupos segregados são minoritários, como exemplificam as experiências históricas europeia e norte-americana; outras vezes, a segregação atinge a maioria da população, como ocorreu

a atomização dos indivíduos, o declínio ou abandono dos espaços públicos e o refúgio nos "nanoterritórios" da vida privada ou do *shopping center* fazem com que a pressuposição de uma *unidade* de vizinhança, com forte conteúdo interacional, seja irreal — ou ainda pior: elas, ou seus equivalentes explícitos ou implícitos, quando implementadas, podem terminar contribuindo para reforçar ainda mais a insularização de certos espaços residenciais. É o que ocorre, precisamente, com os "condomínios fechados". As vizinhanças existem, sim; mas, crescentemente (ainda que nem sempre!), de uma maneira bastante rarefeita, diluída. É comum só se "conhecer" os vizinhos de vista — inclusive os vizinhos do mesmo "condomínio fechado" e até do mesmo prédio de apartamentos, para não dizer do mesmo andar... —, sendo os contatos muito superficiais e irregulares ou esporádicos.

Aquele "nível diminuto" corresponde a "nanoterritórios" que remetem, por excelência, à vida privada (residências unifamiliares), mas também podem dizer respeito a algo mais complexo, como ocupações de sem-teto e acampamentos de sem-terra em que os espaços privados e os de uso comum se acham articulados entre si de maneira distinta daquela

---

ou ainda ocorre em países que foram colônias de exploração de países europeus. Já a "fragmentação do tecido sociopolítico-espacial" se refere a processos de territorialização de favelas por traficantes de varejo (na esteira dos quais estas se convertem em enclaves territoriais em meio a uma dialética abertura/fechamento) e, na outra ponta do espectro socioeconômico-espacial, à formação de *habitats* elitistas autossegregados ("condomínios exclusivos"), bem como toda uma gama de fenômenos de autoenclausuramento e dispositivos espaciais de proteção (como a "privatização branca" de logradouros públicos por meio de guaritas e cancelas). Esses processos, que contribuem para que vários tipos de interação espacial diminuam (ou até possam desaparecer, em alguns casos) ou, pelo menos, se tornem muito mais seletivos, se superpõem a um quadro de segregação preexistente, agravando-o.

que é típica das casas e mesmo dos edifícios residenciais da classe média. Bem amplamente, e indo finalmente além dos espaços residenciais — e, com isso, indo além da própria noção de "vizinhança" —, podemos dizer que esse nível corresponde às interações de grupos pequenos ou mesmo grandes (podendo chegar a milhares ou até mesmo a dezenas de milhares de pessoas, como em um estádio de futebol) em espaços de dimensões reduzidas. Com efeito, a consideração desse nível escalar, menor que o bairro, mas que nem sempre se confunde com aquilo que se poderia chamar de vizinhança, é uma exigência do estudo sério e aprofundado de diversos processos e dinâmicas sócio-espaciais, tais como aqueles envolvendo protestos e movimentos sociais, bem como os que dizem respeito à implementação e às rotinas de institucionalidades participativas instituídas pelo aparelho de Estado. É, por excelência, a escala de observação dos detalhes da vida quotidiana. Mesmo em uma grande cidade, onde o exame da dinâmica dos protestos e também da dinâmica participativa demanda que se levem em conta, por diversas razões (contextualização, articulações em rede etc.) espaços bem maiores que a simples vizinhança — notadamente bairros e, mesmo, setores geográficos —, o estudo completo dos processos de mobilização e organização das pessoas exige atenção para com as relações de poder e as territorializações informais exercidas tanto no quotidiano dos locais de moradia quanto nos espaços de reuniões formais e informais, em meio a processos de conflito e negociação.

Por fim, chegamos ao "setor geográfico". Ele pode ser entendido como *um conjunto de bairros com características próprias e "personalidade" definida*. O tratamento clássico da ideia de "setor geográfico" (*secteur géographique*) pode ser encontrado em CHOMBART DE LAUWE (1952). No entanto, se os *quartiers* de Chombart já eram muito pequenos, cada um deles possuindo uma população de poucos milhares de habitantes, o próprio "setor geográfico" apresentava dimensões reduzidas, com cada *secteur* correspondendo a um tamanho demográfico que não passaria muito de dez mil habitantes (CHOMBART DE LAUWE, 1952). Ora, claro está que Chombart está propondo parâmetros analítico-conceituais a partir de uma realidade de cidade europeia, e ainda por cima do início da década de 1950, em que a verticalização (e com ela o adensamento construtivo e populacional) não era nem de longe tão significativa como a de hoje, e em que o bairro não se achava ainda tão massificado.

Considerando a realidade de uma grande cidade ou metrópole atual, o bairro pode, muitas vezes, ainda ser considerado como um espaço que pode ser percorrido a pé, a despeito de apresentar um tamanho demográfico que pode chegar a centenas de milhares de habitantes; já o setor geográfico, geralmente, terá a ver com uma magnitude em que os deslocamentos a pé são muito difíceis, e mesmo os deslocamentos de bicicleta exigem ou exigiriam bom preparo físico. Se tomarmos o Rio de Janeiro como exemplo, certos recortes que, algumas vezes, são tidos como bairros, são ilustrativos, na verdade, de setores geográficos: Jacarepaguá, por exemplo, é um setor geográfico que contém os bairros da Freguesia, da Taquara, do Tanque, de Vargem Grande e vários outros; a Ilha do Governador, de sua parte, abrange, entre outros, os seguintes bairros: Moneró, Cocotá e Jardim Guanabara. A Grande Tijuca também pode ser vista como um setor geográfico a englobar bairros como o núcleo da Tijuca, o Andaraí e bairros não oficialmente reconhecidos, mas presentes como referências quotidianas, como Usina e Muda; e o mesmo pode ser dito do Grande Méier, com bairros como o núcleo do Méier, o Cachambi, a Água Santa e assim sucessivamente. Caso tomemos São Paulo como exemplo, encontraremos fenômeno semelhante: o setor geográfico de Pinheiros abrange diversos bairros (Pinheiros, Alto de Pinheiros etc.), e o mesmo vale para o Centro (Bela Vista, Liberdade,

Consolação etc.). Devido ao tamanho e à complexidade de São Paulo, o *sub-bairro*, que também é conhecido no Rio de Janeiro (por exemplo, o "Bairro Peixoto" e o Posto 6 são sub-bairros de Copacabana), é particularmente difundido: desse modo, a Liberdade, um dos mais conhecidos bairros da área central da cidade e com uma identidade tradicionalmente associada aos imigrantes japoneses e seus descendentes, apresenta alguns sub-bairros em seu interior (algumas vezes apresentados como bairros), com características próprias e até peculiares, tais como o Glicério (em que predomina a população de baixa renda). Se, no Rio de Janeiro, nem sempre bairros tradicionais, como a Lapa, são oficialmente reconhecidos, em São Paulo os distritos nem sempre fazem justiça à percepção popular dos limites dos bairros: o distrito da Liberdade, ao mesmo tempo que abriga diversos bairros, além do próprio bairro da Liberdade (por exemplo, a Aclimação, caracterizado por abrigar numerosa população coreana), não engloba por inteiro o próprio bairro que lhe empresta o nome, o qual, em parte, se acha incluído no distrito da Sé...

Seja lá como for, a complexidade desses recortes intraurbanos não para por aí. Em cidades muito grandes e espacialmente diversificadas, como é o caso tanto de São Paulo quanto do Rio de Janeiro, o setor geográfico pode fazer parte de um conjunto ainda maior, mas menor que a cidade, que pode ou não ser aproveitado e reconhecido para finalidades administrativas, mas que, de todo modo, existe na qualidade de uma referência espacial menos ou mais relevante para a população. É o que acontece, no Rio de Janeiro, com a Zona Oeste, da qual todo o setor geográfico de Jacarepaguá não passa de um subconjunto entre vários (o mesmo podendo ser dito, por exemplo, da Grande Tijuca ou do Grande Méier em relação à Zona Norte, que compreende ambos e muito mais). Em São Paulo, algo similar ocorre com as zonas Oeste, Norte, Leste e Sul da cidade. De um ponto de vista formalista, obcecado com classificações, seria talvez tentador ver aí dois níveis de setores geográficos: um menor, outro maior. Porém, não parece que isso seja razoável. Um setor geográfico, se chega, às vezes, a ser confundido com um bairro ou tratado como se fosse um "bairro muito grande", é porque ele é claramente um *lugar*, partilhando com o bairro pelo menos as características de apresentar um conteúdo composicional relativamente próprio e um conteúdo simbólico expressivo, apesar de o conteúdo interacional ser, ainda mais que no caso do bairro, limitado. Já recortes como "Zona Oeste" e "Zona Norte", seja no Rio ou em São Paulo, acabam sendo, geralmente, complexos demais para comportar uma força de referenciação simbólica que seja muito significativa. Entretanto, está aí a Zona Sul do Rio de Janeiro, de certa forma a demonstrar que não vale a pena ter a pretensão de "esgotar" a realidade por meio de classificações. Diferentemente de recortes equivalentes, no caso da Zona Sul do Rio temos uma realidade que, sem dúvida, apresenta uma força muito grande como "unidade" no imaginário local, a começar pelo discurso da segregação e da reação à segregação — decerto por corresponder a um espaço não muito grande, em que um conjunto de bairros relativamente heterogêneo, mesmo assim, acabou se afirmando como uma referência em matéria de espaço residencial da elite e da classe média. O túnel que une o bairro de Laranjeiras, na Zona Sul, ao entorno do CBD, é simbolicamente "famoso": "do lado de cá" *versus* "do lado de lá" do túnel, com isso fazendo-se referência também ao espaço das praias e dos "bacanas", em contraposição ao espaço de onde acorrem os "farofeiros" da Zona Norte em busca das praias...

7

Redes

Coqueluche acadêmica nos anos 1990 no Brasil — e na França e no mundo acadêmico anglo-saxônico já desde a década de 1980 —, o conceito de *rede* acabou se associando a uma verdadeira *perspectiva de abordagem* da realidade. Atualmente, a "febre" parece ter passado, mas, mesmo não sendo mais uma "novidade", muito ainda resta por fazer em matéria de refinamento conceitual e de exploração das potencialidades do conceito.

De certo modo, a tal "novidade" era relativa, como outros autores já lembraram: quem sabe, em parte, uma "velha novidade", pois o que se fez, nos anos 1980 e 1990, foi *renovar* uma discussão conceitual *já antiga*. Na Geografia, por exemplo, os estudos sobre redes urbanas (ou sistemas urbanos ou, ainda, sistemas de cidades) foram extremamente importantes nas décadas de 1960 e 1970, e alguns trabalhos pioneiros (como os do geógrafo alemão Johan Georg Kohl, ou também as esparsas, mas interessantes reflexões de Élisée Reclus a respeito[43]) nos remetem

[43] Consulte-se, por exemplo, sua obra-prima, *L'Homme et La Terre* (RECLUS, 1905-1908: Tomo V, p. 341), e também o artigo "The evolution of cities" (RECLUS, 1895).

ao século XIX e ao começo do século XX. Fora da Geografia (na Economia e em outras áreas), as reflexões sobre fenômenos organizados em rede tampouco são recentes, como fez notar DIAS (1995b:144 e 2007). Pelo contrário: foi ninguém menos que o "socialista utópico" Saint-Simon quem inaugurou toda uma primeira grande onda de desenvolvimento conceitual em torno do assunto, e especificamente a propósito do que viria a ficar conhecido, nas últimas décadas, como "redes técnicas" (designando-se por isso, basicamente, as redes de infraestrutura técnica: de redes de abastecimento de energia até redes viárias, passando por redes de esgotamento sanitário, de abastecimento d'água, de telecomunicações etc.).

Conforme já observado por outros autores, o que ocorre é que, a cada salto de qualidade em matéria de inovação técnica — "inicialmente com a estrada de ferro, a seguir o telégrafo e o telefone (...)" (DIAS, 2007:12) —, parece corresponder um revigoramento do interesse pelas redes e, a partir daí, um rejuvenescimento teórico-conceitual.

Ao mesmo tempo, diversos autores insistiram sobre determinadas diferenças entre as reflexões mais antigas, e mesmo aquelas dos anos 1960 e 1970 — teórico-metodologicamente inspiradas na Teoria Geral dos Sistemas, originalmente idealizada pelo biólogo austríaco Ludwig von Bertalanffy na década de 1930 —, e aquelas mais recentes, mais uma vez amiúde tributárias das ciências naturais, mas desta feita dos estudos e pesquisas vinculados ao "paradigma da complexidade" e às investigações

---

Um fragmento de *L'Homme et La Terre*, extraído do capítulo "Repartition des hommes", no qual Reclus discorre sobre as cidades e a urbanização, se acha disponível em português em RECLUS (1985 e 2010; o texto publicado em 1985, além de oferecer uma tradução mais bem-cuidada, traz um dos muitos mapas e ilustrações utilizados por Reclus, enquanto o texto de 2010 não traz ilustrações ou mapas).

sobre "sistemas dissipativos". Até que ponto a diferença realmente é significativa, sobre isso prefiro não me pronunciar aqui. Acerca dos perigos de se tomarem resultados oriundos das ciências naturais para usá-los como fontes de inspiração e construir analogias nas pesquisas sociais (sócio-espaciais), discorri em ocasião anterior (SOUZA, 1997b), não sendo necessário voltar ao assunto agora. De toda sorte, muita coisa de extremamente interessante surgiu e tem surgido a partir dos estudos sobre redes nas últimas décadas.

Algo, em todo caso, parece inegável, e tudo indica que a hipótese levantada por DIAS (1995b:147) é totalmente procedente: "as qualidades de instantaneidade e simultaneidade das redes de informação emergiram mediante a produção de novas complexidades no processo histórico", da "integração produtiva" às modernas tecnologias de comunicação e informação. Mesmo com a rede já tendo surgido ou sido vislumbrada há muito tempo como ideia, a maior valorização do conceito precisou esperar por um momento histórico em que o tipo de realidade que o conceito recobre se disseminasse até se tornar onipresente. Momento histórico esse que fez com que Manuel Castells chegasse ao ponto de lançar a ideia de uma "sociedade em rede" (*network society*), que dá título a um dos volumes que compõem a sua influente trilogia da década de 1990 (ver CASTELLS, 1999). Corroborando o que foi dito por mim na Apresentação deste livro e também relembrado posteriormente, nossos conceitos são carregados de historicidade, e o conceito de rede ilustra isso particularmente bem.

Contudo, no fim das contas, o que são as redes? Foram fornecidos, parágrafos atrás, exemplos concretos de redes, ligados ao que se convencionou chamar de redes técnicas. Porém, o que seriam as redes, abstratamente falando?

Comecemos com um exemplo concreto e quotidiano, sem relação direta com o objeto deste livro, mas que pode ser útil como analogia. Uma rede de pesca é um conjunto integrado e estruturado de fios, que formam uma trama ou malha; no encontro entre dois fios, eles se entrelaçam, formando um nó, o que dá estabilidade à rede (sem os nós, nem sequer haveria rede). Àqueles que acharem que essa exemplificação é por demais comezinha e distante das finalidades de uma conceituação científica, lembro, com o auxílio de DIAS (2007:14), que uma "(...) associação entre a rede e o organismo atravessa toda a história das representações de rede, para designar tanto o corpo na sua totalidade — como organizador de fluxos ou de tecidos — quanto uma parte sua, notadamente o cérebro". P. Musso fez notar, a esse respeito, que um dos personagens de uma dada obra de Diderot compara o corpo a "uma rede que se forma, cresce, se estende, atira múltiplos fios imperceptíveis" (Musso *apud* DIAS, 2007:15).

Dias, apoiando-se parcialmente ainda em Musso, entende a "saída" do corpo, historicamente, como sendo a grande ruptura que se estabelece, na segunda metade do século XIX, a propósito do conceito em questão:

> Representações geométricas do território se multiplicam graças à triangulação do espaço em rede. Engenheiros cartógrafos, frequentemente militares, empregam o termo rede no sentido moderno de rede de comunicação, e representam o território como um plano de linhas imaginárias ordenadas em rede, para matematizá-lo e construir o mapa. Essas formalizações da ordem reticular com base numa visão geométrica e matemática do espaço foram o prelúdio necessário à formação do conceito de rede que se torna logo operacional, como artefato fabricado pelos engenheiros para cobrir o território (DIAS, 2007:15).

Voltando rapidamente ao exemplo da rede de pesca, vale a pena notar que, em um plano mais abstrato, em parte até mesmo as mesmas palavras são usadas. Abstratamente, um conjunto estruturado de ligações ou de fluxos, em que os "fios" entre os nós são chamados de *arcos* e os "nós" são, muito simplesmente, chamados também de *nós*, com tudo isso compondo uma trama integrada, é uma rede. A expressão gráfica mais abstrata de uma rede é designada, na Matemática, um *grafo*, daí vindo o nome Teoria dos Grafos, que se refere a todo um campo de estudos com aplicações que vão da computação à Engenharia de Transportes.

Redes técnicas, rede urbana, redes de movimentos sociais... Redes disso, redes daquilo... Quando uma rede é *espacial* (ou *geográfica*)? Roberto Lobato Corrêa, provavelmente o maior conhecedor do tema das redes urbanas na Geografia brasileira durante décadas,[44] preocupou-se também com o problema de discernir quando uma rede seria "geográfica". Aproveitando algumas formulações de K. J. Kansky, assim define ele uma rede geográfica logo no início de um breve texto dedicado às "dimensões de análise das redes geográficas": "[p]or rede geográfica entendemos 'um conjunto de localizações geográficas interconectadas' entre si 'por um certo número de ligações'" (CORRÊA, 1997d:107). As "ligações", no caso, podem se referir a fluxos de vários tipos — de bens materiais, de passageiros, de informação, de energia... —, que articulam e ligam entre si diferentes pontos no espaço geográfico, utilizando-se de "vias" e "canais" tangíveis (no sentido mais abstrato: redes elétricas,

---

[44] Parcela muito expressiva de suas mais relevantes contribuições sobre o assunto foi republicada na Primeira Parte da coletânea *Trajetórias geográficas* (ver CORRÊA, 1997a, 1997b e 1997c) e, mais tarde, na coletânea *Estudos sobre a rede urbana* (CORRÊA, 2004).

de abastecimento de água ou de esgotamento sanitário, e também estradas, hidrovias e ferrovias), ou mesmo de fluxos dependentes de "fixos", mas não de "vias" tangíveis (como os fluxos de informação que se servem da telefonia móvel).

O fato é que, se, além da própria rede urbana, também as redes viárias, e particularmente as ferroviárias, estiveram na pauta dos geógrafos desde cedo,[45] atualmente os geógrafos e outros profissionais vinculados à pesquisa sócio-espacial já iniciaram a exploração do conceito a partir de numerosas e muito variegadas perspectivas. Uma trincheira particularmente interessante de aplicação do conceito de rede, pelas ciências da sociedade, é aquela que busca capturar aspectos fundamentais da dinâmica e do modo de estruturação de protestos e ativismos sociais com o auxílio desse conceito.[46] Porém é uma pena que, enquanto alguns desses trabalhos, via de regra assinados por sociólogos de formação, lidam, sem dar o devido crédito ou explicitar qualquer diálogo, nitidamente com temas esquadrinhados pelos geógrafos (como o da "política de escalas", assunto que está nas entrelinhas do conhecido livro de

---

[45] Lembremos, a propósito, a contribuição de Pierre Monbeig sobre o papel da rede de ferrovias na formação e na unidade da frente pioneira do café em São Paulo (ele chega a dizer que "[a]té hoje é mais exato falar de regiões ferroviárias que de regiões geográficas ou econômicas da franja pioneira" [MONBEIG, 1984:385]), contribuição essa também mencionada por DIAS (1995:142).

[46] No Brasil, destacam-se os estudos conduzidos e publicados por Ilse Scherer-Warren (uma síntese parcial de algumas contribuições suas, dispersas em diversos trabalhos, pode ser encontrada em SCHERER-WARREN [2007]); no exterior, um autor como Sidney Tarrow tem sido particularmente influente (vide TARROW [2008 e também 2005]). Tarrow, aliás, mostra bastante bem o quanto, já nos séculos XVIII e XIX, redes informais eram elementos constitutivos essenciais de numerosos movimentos sociais (cf. TARROW, 2008:47 e segs.).

S. Tarrow sobre ativismo transnacional [TARROW, 2005]), outros, ainda por cima, chegam ao cúmulo de, na esteira de uma interpretação um tanto ligeira e estereotipada da globalização e seus efeitos, "desespacializar" as redes sociais.[47]

Felizmente, nem todos os estudiosos das redes de ativismos sociais as "desespacializam". Alguns, na verdade, têm até mesmo revelado uma notável sensibilidade para com a dimensão espacial da sociedade e, nesse contexto, dos ativismos. É o caso do ensaísta e jornalista uruguaio Raúl Zibechi (ver, por exemplo, ZIBECHI, 2007 e 2008). Zibechi, ainda por cima, chamou a atenção para um outro aspecto de suma importância: o papel do que ele chamou de "redes ocultas" ou "redes submersas" (*redes submergidas*) (ZIBECHI, 1997:52). As "redes submersas" não apenas não são diretamente visíveis — como o é uma rede rodo ou ferroviária —, mas, diferentemente de redes que gozam de ampla visibilidade ou mesmo de reconhecimento oficial (a exemplo de redes formalizadas as mais diversas, como as redes de ONGs), elas nem sequer são, em geral, percebidas pelo "grande público" ou pela mídia. Ou melhor: pelo menos até o momento de eclodir um protesto, uma revolta ou um movimento

[47] Já em um texto de 1987, assim se expressara Scherer-Warren: "o desenvolvimento dos meios de comunicação de massa e dos meios de locomoção tem contribuído para a desterritorialização dos novos modelos culturais", o que explicaria o "caráter de desterritorialização dos 'novos movimentos sociais'" (SHERER-WARREN, 1987:39). O que já era bastante inexato e hipersimplificado em fins da década de 1980, a partir da de 1990, com as evidências trazidas por sem-terra, zapatistas, *piqueteros*, *asambleas barriales*, sem-teto e tantos outros tornou-se ainda mais insustentável. Não obstante, é curioso constatar como diversos autores teimam em sustentar o insustentável com base em generalizações apressadas e uma espécie de "miopia epistemológica".

que tem, na base, em parte justamente a fermentação sociopolítica estruturada por meio de tais redes.

Não que as "redes submersas" sejam própria ou necessariamente clandestinas, muito menos ilegais, como as redes do tráfico de drogas ilícitas. O que ocorre é que "habitualmente existem centenas de redes dispersas pela cidade, sem relações entre elas e invisíveis para a sociedade oficial"; tais redes "[o]peram como 'laboratórios culturais', em que se constroem significados e códigos diferentes dos dominantes", sendo que, quando os grupos dominados "emergem e confrontam a autoridade [estatal], as redes ocultas se fazem visíveis" (ZIBECHI, 1997:52). A ignorância em relação a tais redes ou o desinteresse para com elas recorrentemente faz com que muitos estudiosos acadêmicos sejam volta e meia surpreendidos pela eclosão e pela rápida difusão de protestos, ondas de protestos e movimentos, que enganadoramente parecem "surgir do nada" e suscitam, às vezes, interpretações intelectualmente indigentes a propósito de uma mítica e mal definida "espontaneidade". Sem dúvida, como brilhantemente tantas vezes argumentou o filósofo Cornelius Castoriadis, a história é um processo radical de criação, sendo, por conseguinte, radicalmente aberto à contingência, ao inesperado (ver, por exemplo, CASTORIADIS, 1975 e 1986b). Nem por isso, contudo, é desculpável o tipo de perplexidade derivado da contumaz negligência para com as "redes submersas".

Gabriel Dupuy já observara, a propósito do campo do Urbanismo, o papel limitante de um Urbanismo que se tornou "o operador de um certo tipo de territorialidade aureolar [*territorialité aréolaire*], aquela da propriedade individual ou coletiva, pública ou privada, mas também aquela de todos os limites, de todas as fronteiras naturais ou institucionais onde se abrigam múltiplos poderes, pequenos e grandes, os quais as redes poderiam subverter" (DUPUY, 1991:12). Em outro lugar, o mesmo Dupuy salienta que a hegemonia de um "planejamento urbano principalmente fundiário", assim como de um "planejamento dos equipamentos coletivos essencialmente setorial", teria acarretado um "quadro pouco propício" a pensar as redes, isto é, as articulações transversais (*apud* DIAS, 1995b:146). Felizmente, isso mudou em certa medida nas últimas décadas, e eu mesmo, a partir de uma perspectiva crítica, tive a oportunidade de abordar o assunto ao salientar que, hoje em dia, não somente planejadores e gestores profissionais, a serviço do Estado, mas também cidadãos bem-informados e que devem se integrar ou participar de processos decisórios, e muito especialmente os ativistas de movimentos sociais, devem perceber que a competência para se pensar as intervenções no espaço passa, crescentemente, por muito mais que uma habilidade para conceber reestruturações do substrato espacial material tomando por base um recorte espacial único e bem-delimitado, pautado na ideia de contiguidade espacial. É preciso ir além do substrato, sem jamais negligenciá-lo; é preciso saber pensar multiescalarmente; é preciso saber integrar a "lógica da continuidade" e a "lógica da descontinuidade" no espaço (ver SOUZA [2002:111-12; ver também as páginas 427-28]).[48] Se os que sempre pensaram o espaço (re)começaram

[48] Uma das aplicações de uma tal integração transparece nas preocupações de SPOSITO (2011:133-35), dialogando com as contribuições francesas e italianas para, ao debruçar-se sobre o assunto da rede urbana, relembrar e discutir os temas da(s) centralidade(s) e da "cidade dispersa" — talvez, porém, com uma ênfase ligeiramente excessiva sobre o tema das "descontinuidades". O polo quase que oposto é representado pela irritação de Milton Santos com a emergência, um tanto embalada por euforia e deslumbramento, do tema das redes, nos anos 1990: "(...) além das redes, antes das redes, apesar das redes, depois das redes, com as redes,

a pensar as redes, seria, agora, também de todo desejável que aqueles que se sentem à vontade para pensar em termos de redes conseguissem, igualmente, visualizar a presença complexa e multifacetada da dimensão espacial da sociedade.

A espacialidade não se reduz à materialidade, e as redes também exemplificam isso muito bem. Muito bem, sim... Porém, com sutileza e nuanças. Se uma rede técnica como a de abastecimento de água apresenta-se como material, tangível, tanto por seus nós — os domicílios ou, mais amplamente, todas as unidades espaciais consumidoras do bem em questão — quanto pelos meios que propiciam os fluxos e definem os arcos da rede — as tubulações de água, no caso mencionado —, e se mesmo a rede urbana é apreensível através de fixos espaciais que indicam tanto os seus nós (os centros urbanos) quanto aquilo que dá um sentido de materialidade aos seus arcos (as estradas, ferrovias etc.), por outro lado é preciso admitir que a rede urbana, por seu caráter sintético, não tem os fluxos que lhe dão coerência e sentido redutíveis apenas àqueles

---

há o espaço banal, o espaço de todos, todo o espaço, porque as redes constituem apenas uma parte do espaço e o espaço de alguns" (SANTOS, 2005a:139). Da minha parte, creio que valorizar a "lógica da descontinuidade" não pode, em hipótese alguma, se fazer em detrimento do reconhecimento da permanência da importância capital da "lógica da continuidade"; e, inversamente, insistir sobre essa permanência não nos deve impedir de constatar ou levar a minimizar as mudanças em curso, que apontam para um papel muito relevante da "lógica da descontinuidade" e das redes. Enquanto que Castells, ao pôr a organização em rede no centro do palco e enfatizar as transformações que indivíduos, grupos e Estados (e movimentos sociais) sofrem ao se adaptar ou se ver confrontados com essa forma de organização, resvala para uma (super)ênfase na velocidade e na agilidade, a mim me parece que, inclusive a partir de uma perspectiva crítica, é necessário articular "velocidade" e "lentidão", redes e contiguidades em uma síntese densa.

que se servem de fixos espaciais na qualidade de meios de transmissão: as ligações por transporte aéreo de passageiros e carga se utilizam de fixos espaciais (os aeroportos, aeródromos, pistas de pouso, heliportos e helipontos) para articular os diferentes pontos do espaço, mas não de vias materiais para acomodar os próprios fluxos, em contraste com as rodovias e ferrovias.

E o que dizer, então, de redes extremamente mutáveis, como as do tráfico de drogas ilícitas? Esse tipo de exemplo foi abordado, em escalas distintas, por Lia Osorio MACHADO (1999, 2003), estudando as conexões entre rede urbana e rede(s) do tráfico de drogas na Amazônia, e por mim mesmo (ver, p. ex., SOUZA, 1996), ao considerar as redes do tráfico de drogas de varejo em uma metrópole como o Rio de Janeiro. É óbvio que em ambos os casos as redes do tráfico de drogas são impensáveis sem os fixos espaciais materiais (as cidades, os espaços intraurbanos que servem de base de apoio logístico etc.), e mesmo os fluxos tampouco prescindem de meios materiais. Por outro lado, tais redes são, diferentemente dos fixos materiais que definem (ou ajudam a definir) os nós e os arcos da rede urbana (os objetos geográficos materiais do substrato citadino, as infraestruturas de transportes e comunicações), altamente instáveis e, acima de tudo, móveis em si mesmas: nós e arcos se redefinem, configurações se rearranjam com facilidade. E, apesar disso, possuem uma espacialidade à espera para ser desvendada — um exercício de decifração imprescindível à própria tarefa de elucidação dos processos, seus pressupostos e suas implicações. A complexidade do quadro pode ser já entrevista com a ajuda destes trechos, extraídos de um dos trabalhos de Lia O. Machado sobre a Amazônia:

> A rede urbana (...) é um caso particular da *forma de organização em rede*. Desde firmas, entidades religiosas, movimentos dos "sem-terra", organizações não governamentais, imigrantes, até contrabandistas e traficantes de droga, cada vez mais grupos adotam a forma de organização em rede na região amazônica, por mais distintas que sejam as motivações.
> Um dos principais efeitos da forma de organização em rede é restringir a expansão de processos espaciais centrípetos, ou seja, os processos que favorecem a centralidade de determinados núcleos e a disposição hierárquica do conjunto de núcleos. Estruturas *heterárquicas* emergem quando interações entre aglomerações independentes, cada uma com finalidade distinta, geram uma forma de organização em que uma cidade não está subordinada a outra acima dela. A rede de telecomunicação tem sido um dos principais agentes de desenvolvimento de estruturas urbanas híbridas, hierárquicas e heterárquicas, ao permitir que vilas e cidades pertencentes aos níveis inferiores da hierarquia urbana possam conectar-se com qualquer outro lugar, desde que este participe da rede (MACHADO, 1999:131-32).

Seja dita uma coisa que não foi mencionada anteriormente no Capítulo 4, e que tem a ver com uma ponte entre os conceitos de território e rede. Para além da articulação de escalas, mas em estreita conexão com ela, a própria condição de muitos fenômenos complexos atualmente observados, constituindo-se nitidamente como fenômenos *multiescalares*, exige uma análise integrada, por assim dizer, de diferentes "lógicas" e tipos espaciais. Há, como eu já grifara em um livro anterior (SOUZA, 2002:111-12), por um lado, os *espaços euclidianos*, ou seja, os espaço *contínuos* (que podem ser territórios contínuos, áreas de atuação de determinados agentes, áreas de abrangência de programas, planos e políticas públicas, e assim segue); é na base dessa espacialidade da continuidade/ contiguidade que os urbanistas e, mais amplamente, os planejadores e gestores estatais de modo geral, se acostumaram a raciocinar. Ou seja, com base na lógica da continuidade (ou contiguidade) espacial. Contudo, há também as *redes*, e com elas a lógica da descontinuidade. Como salientei naquele livro, "[d]o tráfico de drogas às articulações empresariais de ponta, os fenômenos que podemos observar são, cada vez mais frequentemente, fenômenos que tendem a se estruturar e viabilizar enquanto redes complexas, menos ou mais descentralizadas em matéria de relações de poder e, às vezes, combinando uma enorme desconcentração de atividades com uma grande centralização de comando" (SOUZA, 2002:112). Eis aqui a lógica da descontinuidade (ou da não contiguidade) em ação. Daí impor-se a seguinte constatação:

> O quadro, tão familiar, de um urbanista concebendo, em sua prancheta ou no computador, uma remodelação de um espaço contínuo, a partir de uma visão quase que puramente monoescalar, não pode ser outra coisa que não anacrônico. As redes demandam, de imediato, um pensamento *multiescalar*. E mais: não há dicotomia entre redes e espaços contínuos, euclidianos, pois não só os segundos não desaparecem, como, ainda por cima, tendem a estar associados às primeiras. É uma questão de escala: cada "nó" de uma rede pode ser um espaço contínuo (um território de uma quadrilha de traficantes de drogas, por exemplo), ao passo que a rede, por seu turno, possuindo uma área de abrangência, "territorializa", ainda que descontinuamente e em disputa com outras redes, uma dada extensão (caso de cada um dos "comandos" do tráfico de drogas no Rio de Janeiro (...) [SOUZA, 2002:112]).

Surge, por assim dizer, um... "território-rede" (ou "território em rede")!

Diferentemente do que sugerem ou parecem sugerir alguns geógrafos e outros pesquisadores, que de certo modo se contentam em contrapor a rede ao território e o território à rede (como RAFFESTIN, 1993:2004), é possível e desejável verificar que, em algumas circunstâncias, os dois conceitos podem e devem ser combinados, formando um híbrido bastante interessante. Rogério Haesbaert e eu propusemos, em meados da década de 1990, independentemente um do outro e inspirados por situações distintas (no caso dele, a "rede gaúcha" que se foi espraiando pelo Brasil adentro e até no exterior; no meu caso, as redes espaciais do tráfico de drogas), o termo "território-rede" (ou "território em rede"; ou, no caso de Haesbaert, ainda as expressões "território-suporte" e "território subordinado à rede"). Os conteúdos conceituais, porém, são distintos: no meu caso, uma área de influência, informal e de limites um tanto ou mesmo assaz nebulosos, de um poder organizado em rede; no caso dele, o "território-[subordinado-à-]rede" seria um patamar administrativo ou funcional submetido a interesses externos organizados em rede.[49] Sem chegar a propor um tal conceito híbrido, Lia O. Machado, com base em suas pesquisas sobre a espacialidade das redes ilegais na Amazônia, também ofereceu sólidos argumentos para desafiar qualquer contraposição simplista entre a lógica da continuidade e a lógica da descontinuidade, constando que "[a] organização do espaço-de-fluxos através do qual a dispersa comunidade ilegal controla o 'seu' sistema territorial não faz mais do que explorar e reforçar a estrutura do espaço-dos-lugares" (MACHADO, 2003:704). À luz disso, teria razão Gabriel DUPUY (1991)

[49] SOUZA, 1995:93 e segs.; HAESBAERT, 1997:264. Ver, ainda, sobre o assunto dos territórios-rede ou territórios em rede, HAESBAERT, 1995:200; HAESBAERT, 2004:295 e segs., e SOUZA, 2006a:553.

ao considerar o "*urbanisme de zonage*" (= "Urbanismo de zoneamento") e o "*urbanisme de réseaux*" (= "Urbanismo de redes", ou ainda "*urbanisme réticulaire*" = "Urbanismo reticular") como concepções opostas e inconciliáveis? Ou será que, ao mesmo tempo que sublinha a importância de um enfoque fundamental — aquele que busca reconhecer e valorizar a forma de organização em rede —, ele não comete o equívoco de, para atualizar o arsenal técnico a serviço do urbanista (mas, lamentavelmente, sem submeter o saber urbanístico, nos marcos do papel usualmente conservador que desempenha sob o capitalismo, a qualquer crítica de base...), tornar absoluta uma contraposição entre duas "lógicas" que, no fundo, deveriam dar margem à percepção de uma complementaridade?...

Relações sociais influenciadas e modeladas no âmbito da experiência da contiguidade espacial e dos contatos face a face vêm perdendo peso nesta época do capitalismo histórico que se convencionou chamar de globalização. Isso é inquestionável. Mas nunca perderão por completo. Podem, aqui e ali, encolher, em alguns casos até permanentemente; mas se recriarão, ou novas relações serão criadas, de vários modos. Somente diante de uma *absoluta atomização* da sociedade (que faria par com uma *total massificação*), isso ocorreria; seria, decerto, um pesadelo, mas trata-se de um cenário implausível. No entanto, o enraizamento local (e regional) e as relações sociais embebidas em contiguidade espacial (deslocamentos a pé ou motorizado em curtas e médias distâncias, vivência regular de certos espaços etc.) se relativizam e reposicionam com a força das redes.

Mesmo no mundo empresarial, teleconferências não substituem por completo os contatos face a face, especialmente importantes em certas culturas de negócios como a japonesa e a chinesa. Ainda de um ponto de vista econômico, há uma divisão espacial do trabalho cada vez mais complexa no capitalismo, que demanda e engendra as redes e é, de sua parte, condicionada e impulsionada pelas novas tecnologias de comunicação, informação e transportes. Mas a contiguidade, em várias escalas, continua a ser e sempre será real: o *commuting* dos trabalhadores não desaparecerá (afinal, nem todo mundo trabalhará em casa, mesmo na era do "trabalho imaterial" e da multiplicação de formas de trabalho doméstico!), os condicionamentos econômico-fiscais impostos pelas fronteiras e pelos limites territoriais estatais tampouco desaparecerão de todo, as continuidades e descontinuidades na qualidade da infraestrutura permanecerão tendo peso nas decisões locacionais... E, de um ângulo político, basta tomar o exemplo da "Primavera Árabe" — ou seja, da onda de protestos que abalou o Maghreb e o Oriente Médio e expulsou do governo vários ditadores em 2011 — para ver como certos exageros a propósito da Internet e do ciberespaço não se sustentam: as redes sociais, o *twitter* e todas as conexões virtuais e em rede colaboraram significativamente para o processo de mobilização e articulação de ativistas, mas não *substituíram*, antes *complementaram* a interação presencial em espaços públicos — maximamente simbolizados pela praça Tahrir, no Cairo —, a qual continua a ser importante política e sociopoliticamente (pressão, propaganda, estímulo recíproco entre ativistas). Na realidade, até mesmo em uma hipotética sociedade não heterônoma do futuro, na qual as disparidades sócio-espaciais e os limites territoriais teriam um significado muito diverso daquele que hoje apresentam, a "lógica da continuidade" continuaria a se fazer presente — e, em alguns sentidos, até muito mais, devido à descentralização territorial e à desconcentração econômico-espacial que certamente teriam lugar, por força da valorização da política radicalmente democrática e da cena pública (e dos espaços públicos!), e assim sucessivamente.

8

Escala geográfica, "construção social da escala" e "política de escalas"

Entre a década de 1980 e o presente momento, no início da segunda década do século XXI, o conceito de escala e temas correlatos ("construção social da escala" e "política de escalas") avançaram de uma situação de quase *terra incognita* ou obscuridade para aquela de constituírem, em conjunto, uma das temáticas mais debatidas pelos geógrafos e também por outros profissionais vinculados à pesquisa sócio-espacial. Isso sem mencionar o fato de que, fora do mundo acadêmico, ativistas têm dado uma crescente atenção à formulação de estratégias que envolvem uma "política de escalas". Na verdade, em grande medida, são a importância e a efetividade dessas estratégias que têm, cada vez mais, capturado e direcionado o interesse dos pesquisadores para o assunto.

Comecemos bem pelo começo: o que entender por *escala*? A primeira coisa a fazer é distinguir entre escala *cartográfica* e escala *geográfica*.

A escala cartográfica consiste, simplesmente, na relação matemática que existe entre as dimensões de um objeto qualquer no mundo real e as dimensões do desenho que representa esse mesmo objeto, como se visto do alto, em um mapa (ou carta, ou planta). A escala cartográfica pode ser apresentada sob a forma de uma escala *numérica*, em que a proporção é expressa como uma fração, sendo que o denominador representa a distância no terreno, e o numerador, o seu equivalente no mapa (ou carta, ou planta). Por exemplo, 1:1.000.000 significa que um centímetro no mapa equivale a um milhão de centímetros no terreno (isto é, 10 quilômetros). Porém ela pode também ser apresentada sob a forma de uma escala gráfica, em que a proporcionalidade é expressa com a ajuda de uma barra numerada. Muitas vezes é conveniente utilizar apenas a escala gráfica, pois ela não perde a validade quando a figura é reduzida ou ampliada, uma vez que a barra da escala é reduzida ou ampliada na mesma proporção.

Na Cartografia, quanto maior o denominador, menor é a escala; e, inversamente, quanto menor for o denominador, maior será a escala. Uma escala é dita *grande* quando é de 1:50.000 ou "maior" (portanto, uma escala de carta topográfica ou de planta), e dita *pequena* quando for de, no mínimo, 1:2.000.000 (ou seja, quando se tratar de representar países e continentes, ou mesmo um planisfério). Quanto menor a escala, mais "elevado" o ponto a partir do qual se observa e representa o terreno, e menor a quantidade de detalhes; inversamente, quanto maior a escala, menos "elevado" o ponto a partir do qual se observa e representa o terreno, e maior a quantidade de detalhes.

Na pesquisa sócio-espacial, é óbvio que precisamos, a todo momento, utilizar a escala cartográfica, que é um dos elementos informativos essenciais de qualquer mapa (ou carta, ou planta). Isso, bem como tudo o que foi exposto nos dois parágrafos anteriores, evidentemente constitui uma trivialidade para qualquer estudante de graduação em Geografia. Contudo, a escala *geográfica*, que é o conceito básico a ser trabalhado neste capítulo, não se confunde com a cartográfica. Esta tem a ver não com a fração da divisão de uma superfície representada em um documento cartográfico, mas sim com a própria extensão ou magnitude do espaço que se está levando em conta. Na pesquisa sócio-espacial — e, na verdade, também em outras áreas de pesquisa e até no âmbito do senso comum —, quando falamos que um determinado fenômeno ocorre em "larga escala" ou em "grande escala" não estamos querendo dizer que ele tem um alcance tão pequeno ou uma extensão tão restrita a ponto de poder ser adequadamente representado por uma carta topográfica ou mesmo por uma planta; muito pelo contrário: significa que o seu alcance ou a sua extensão é tão grande que, se quiséssemos ou pudéssemos representá-lo cartograficamente, teríamos de apelar para um mapa cuja escala cartográfica seria pequena (ou, na pior das hipóteses, intermediária: por exemplo, 1:500.000 ou 1:1.000.000).

A escala geográfica, por sua vez, deve ser subdividida em escala *do fenômeno*, escala *de análise* e escala *de ação*.

A *escala do fenômeno* se refere a uma das características de um suposto objeto real: a sua abrangência física no mundo. Pode se referir à extensão de um rio ou de uma cadeia montanhosa, ao tamanho de um país, cidade ou província, e assim sucessivamente. Em se tratando de fenômenos sociais, faz-se necessário acrescentar algumas sutilezas: podemos estar nos referindo à abrangência de processos referentes a dinâmicas essencialmente "impessoais" (como a globalização) e a resultantes de desdobramentos não premeditados, ainda que muitas vezes previsíveis (a exemplo de uma catástrofe nuclear), ou ainda à abrangência de dinâmicas de ação coletiva programática ou consciente, como resistências, lutas e movimentos sociais; e podemos estar lidando com fenômenos que, ao menos à primeira vista, se deixam apreender como áreas e territórios contínuos (por exemplo, a escala de um país, em situações usuais) ou, diversamente, com fenômenos que demandam uma compreensão de sua estruturação em rede (como as redes do crime organizado).

Quanto à relação entre a escala do fenômeno e a *escala de análise*, ela é de ordem semelhante àquela existente entre o objeto real e o objeto de conhecimento: assim como este último não é um mero espelho do primeiro, mas sim algo *construído* com base no primeiro (dialética sujeito/objeto), analogamente a escala de análise é intelectualmente construída como um nível analítico (ou, a rigor, um dos níveis analíticos) capaz de nos facultar a apreensão de características relevantes de alguma coisa que estejamos investigando ou tentando elucidar, a partir de uma *questão* ou de um *problema* que tenhamos formulado. De sua parte, a *escala de ação* diz respeito a um aspecto específico e muito diretamente político: aquele referente, em um raciocínio eminentemente estratégico, à reflexão acerca do alcance espacial das práticas dos agentes. É, portanto, um tipo de escala que se refere a determinados fenômenos sociais, concernentes a ações (em geral coletivas) e ao papel de agentes/sujeitos.

A discussão em torno das escalas envolveu e ainda envolve debates em torno do *status* ontológico das mesmas: existiriam de fato as escalas, no mundo real, ou seriam elas meramente artifícios intelectuais de que lançamos mão para compreender a realidade? Tais posições, apelidadas de, respectivamente, "materialista" e "idealista" (vide HEROD, 2011:5 e segs.), nos parecem remeter a um antagonismo em grande parte desnecessário e, mesmo, pernicioso: admitir que os fenômenos possuem um certo alcance espacial independentemente da consciência de quem os percebe ou estuda não nos impede de aceitar que o pesquisador possa estabelecer, segundo critérios variados, recortes espaciais que lhe permitam ou facilitem visualizar ou destacar determinados aspectos da realidade — e vice-versa. Se uma postura "idealista" corre o risco de enxergar nas escalas meros expedientes mentais e fortemente subjetivos, de maneira análoga ao que os geógrafos neopositivistas haviam feito com o conceito de "região" — e com isso comprometendo-se a possibilidade de levar realmente a sério as questões implicadas na/suscitadas pela área de influência ou alcance objetivo de um determinado processo ou agente —, uma postura "materialista", por outro lado, pode resvalar para uma reificação/"coisificação" da escala, como se as escalas não fossem socialmente construídas e como se elas não fossem altamente dinâmicas e mutáveis — características particularmente evidentes quando pensamos nas escalas de ação. Não seria, por isso, mais adequado adotarmos uma interpretação mais maleável e menos extremada, que mereceria, talvez, o qualificativo de *construtivista*?...

A tentativa de se emancipar o raciocínio escalar para além dos estreitos limites da Cartografia tem, na pesquisa sócio-espacial, uma história que já não é mais, de jeito nenhum, propriamente recente. Conquanto as contribuições em língua inglesa tenham se afirmado, nas últimas décadas, como as mais importantes e influentes, seria injusto desconsiderar aquelas feitas em outros idiomas — erro, aliás, que os anglo-saxônicos costumam cometer... —, como o trabalho pioneiro de LACOSTE (1988) ou também o valioso trabalho de RACINE *et al.* (1980), entre outras. Também no Brasil, contribuições diversas vêm sendo dadas, começando com a importante dissertação de mestrado de Luis Cavalcanti da Cunha BAHIANA (1986), infelizmente pouco conhecida e citada, e passando por CASTRO (1995), SOUZA (2002, 2006a) e outros, até estudos e reflexões mais recentes.

Vou principiar com a contribuição de Lacoste, retomando aquilo que escrevi em livro anterior (SOUZA, 2006a). Essa contribuição do geógrafo francês representou um dos não muito frequentes esforços de clarificação do problema conceitual, teórico e metodológico das escalas. E, além do mais, foi um esforço pioneiro (a primeira edição francesa é de 1976), conquanto isso raramente seja admitido por uma ensimesmada Geografia anglo-saxônica (HEROD [2011], para ficar em um exemplo eloquente, por se tratar de um livro inteiramente dedicado ao assunto, nem sequer o menciona).

A contribuição lacostiana está inextricavelmente vinculada à sua objeção à região lablacheana. Após buscar persuadir o leitor sobre a artificialidade e a carga ideológica da conceituação lablacheana, Lacoste passa a refletir sobre o problema do que ele chamou de as *ordens de grandeza dos conjuntos espaciais* e os *níveis de análise* da realidade; porém, não sem antes estabelecer as particularidades do olhar geográfico sobre as escalas:

> A técnica cartográfica chamada de "generalização", que permite levantar uma carta em escala menor de uma "região" a partir de cartas em grande escala que a representam de modo mais preciso (mas cada uma para espaços menos amplos), deixa acreditar que a operação consiste somente em abandonar um grande número de detalhes para representar extensões mais amplas. Mas como certos fenômenos não podem ser apreendidos se não considerarmos extensões grandes, enquanto outros, de natureza bem diversa, só podem ser captados por observações muito precisas sobre superfícies bem reduzidas, resulta daí que a operação intelectual, que é a mudança de escala, transforma, e às vezes de forma radical, a problemática que se pode estabelecer e os raciocínios que se possa formar. A mudança da escala corresponde a uma mudança do nível da conceituação (LACOSTE, 1988:77).

É lícito dizer que Lacoste ofereceu uma contribuição para a renovação metodológica do campo disciplinar da Geografia ao sublinhar a especificidade do entendimento geográfico de escala e também ao ressaltar a importância dos raciocínios multiescalares. Ele asseverou que, no plano do conhecimento, "não há nível de análise privilegiado", no sentido de que "nenhum deles é suficiente, pois o fato de se considerar tal espaço como campo de observação irá permitir apreender certos fenômenos e certas estruturas, mas vai acarretar a deformação ou a ocultação de outros fenômenos e de outras estruturas, das quais não se pode, *a priori*, prejulgar o papel e, portanto, não se pode negligenciar" (LACOSTE, 1988:81).

Sem embargo, a solução que ele propôs tem as características de um formalismo intelectual nada maleável e, por isso, pouco fecundo. Inspirado em uma terminologia análoga desenvolvida pelo geomorfólogo Jean Tricart, Lacoste sugeriu um quadro terminológico contendo sete *ordens de grandeza* de recortes ou, como ele prefere, conjuntos espaciais. Essas ordens de grandeza vão de conjuntos espaciais muito grandes, cujas dimensões máximas se medem em *dezenas de milhares de quilômetros* — como zonas climáticas, o chamado "Terceiro Mundo" e o grupo dos países pertencentes à OTAN (*sétima ordem de grandeza*) — até conjuntos muito pequenos, realidades cujas dimensões são medidas em metros (*primeira ordem de grandeza*). Como se pode verificar por meio de BAHIANA (1986), Lacoste não foi o primeiro e muito menos o único pesquisador sócio-espacial a propor um quadro de referência classificatório, identificando-se diversos níveis escalares de análise. Sua contribuição, porém, pode ser considerada emblemática por suas qualidades — assim como por seus defeitos.

A terminologia lacostiana, como sabemos, não se impôs. Isso, podemos facilmente supor, tem pelo menos parcialmente a ver com o fato de a maioria dos pesquisadores ter, compreensivelmente, pouca inclinação a trocar termos familiares e imediatamente inteligíveis, como "local", "regional", "nacional" e "internacional" — por mais vagos que vários deles sejam, especialmente dependendo do contexto —, por expressões abstratas, como "terceira ordem de grandeza", "quinta ordem de grandeza" ou "sétima ordem de grandeza". Além do mais, como eu disse no parágrafo anterior, a classificação sugerida por Lacoste é indubitavelmente formalista e rígida. Conforme eu já tinha registrado em livro anterior (SOUZA, 2002:104), ao preocupar-se com classes de quantidades para expressar magnitudes métricas em vez de, em primeiro lugar, lidar com os próprios *processos*, com os *agentes* e com os *discursos* destes últimos (ainda que para problematizá-los), Lacoste deixou na sombra não apenas a vivência individual e coletiva das realidades sócio-espaciais, mas também o fato de que, dependendo das circunstâncias, relações ou processos análogos dirão respeito a grandezas métricas muito ou muitíssimo diferentes (por exemplo, as pequeninas "regiões" de Portugal comparadas a uma "macrorregião" brasileira como o Nordeste). Não esqueçamos por um só minuto que, para os agentes de carne e osso, palavras como "local" e "região" são termos-chave, insubstituíveis no quotidiano por expressões de uma metalinguagem científica hipotética, como "terceira ordem de grandeza", "quinta ordem de grandeza" ou "sétima ordem de grandeza". Curiosamente, Lacoste, sensível como poucos para com o aspecto político da "geograficidade", caiu prisioneiro, em nome da cientificidade, de um formalismo que o fez subestimar a circunstância de que, ao investigar os processos e as práticas concretos, necessitamos levar em conta como se constroem, historicamente, as ações e os discursos em torno do "local", do "regional", do "nacional" e do "global".

Cabe, agora, usar como gancho a referência feita acima à *construção* das ações e dos discursos em torno das escalas para introduzir um dos temas centrais deste capítulo, cuja discussão ajuda a demonstrar o quanto a proposta de Lacoste, mesmo tendo representado, no momento em que foi formulada, um avanço, nos aparece há bastante tempo como inadequada.

Era costume e, infelizmente, ainda é comum os pesquisadores (e planejadores) tomarem os níveis de análise da realidade como "dados", quase da mesma maneira como observamos uma porção da superfície terrestre expressa em uma fotografia aérea ou imagem de satélite. Ou seja, é como se o "local", o "regional" etc. existissem por si sós, independentemente da construção do objeto por parte do analista. Em outras palavras, é como se esses níveis "estivessem sempre aí", apenas à espera de alguém para "descobri-los" ou "usá-los" para elucidar a realidade. E mais: era e ainda é muito frequente os pesquisadores entenderem as escalas geográficas como se elas fossem uma espécie de realidade anistórica ou quase material, à maneira de "camadas de contextualização" nas quais os homens e mulheres concretos "se inscreveriam", para serem por elas condicionados, mas, de resto, sem exercerem, eles próprios, maior influência sobre tais "camadas". Interessantemente, até mesmo o número dessas "camadas" foi, não raro, tomado como mais ou menos fixo: muitos pesquisadores (e planejadores) se contentaram e se contentam em manusear ou se servir de quatro referenciais espaço-escalares para designarem e investigarem realidades (e proporem intervenções): *local*, *regional*, *nacional* e *internacional*. Um verdadeiro coroamento da *reificação*, da "coisificação" da ideia de escala, portanto. Se a identificação de um número fixo e constante de níveis, nas ciências da natureza e no estudo do espaço natural (isto é, da "natureza primeira"), como as "escalas do clima" de F. Durand-Dastes,[50] faz sentido e é útil naquele domínio, isso

---

[50] "Climas zonais", "climas gerais", "climas regionais", "climas locais" e "microclimas" (vide BAHIANA, 1986:85-6).

é uma coisa; agora, pensar assim no âmbito da pesquisa sócio-espacial seguramente é um equívoco.

Ocorre, de toda sorte, que as escalas de análise não são "dadas": elas são antes "arrancadas" da realidade no processo de construção do objeto de conhecimento por parte do pesquisador. A escala de um fenômeno (seu alcance espacial) interessa tanto quanto qualquer objeto real: interessa na medida em que for tomado como ponto de partida para a construção de objeto de conhecimento, com as escalas sendo tratadas como escalas de análise. E essas escalas não são invariantes. Elas variam, em número e natureza, da mesma maneira como variam os objetos de conhecimento, os modos de construí-los e as questões (os problemas) que orientam essa construção. Quando Lacoste afirma que "não há nível de análise privilegiado", no exato sentido de que "nenhum deles é suficiente", podemos compreender a sua intenção e aceitar a sua assertiva como válida *em um plano muito geral*. Contudo, em cada caso concreto, nos marcos de cada pesquisa específica, a construção do objeto definirá, sim, que, para focalizar e investigar adequadamente uma determinada questão, tais e quais escalas (e não outras) serão especialmente importantes, por serem as escalas prioritariamente necessárias para que se possa dar conta dos processos e das práticas referentes ao que se deseja pesquisar. Combinar/articular diferentes escalas é um apanágio da pesquisa sócio-espacial, mas isso não significa que, em todos os casos, as mesmas escalas e todas as escalas serão "mobilizadas" com a mesmíssima importância.

Conquanto os termos "*local*", "*regional*", "*nacional*" e "*internacional*" assumam, para os pesquisadores (e planejadores profissionais), o *status* de termos técnicos — os quais, por conseguinte, supostamente revestiriam *conceitos* —, são eles tomados sem que, muitas vezes, o usuário se pergunte acerca da consistência de seu *conteúdo*. No próprio ambiente da pesquisa dita "básica" isso é comum de acontecer, e muito mais comum ainda no ambiente intelectual da pesquisa aplicada e da prática de planejamento (especialmente no sentido corriqueiro do planejamento urbano ou regional a serviço do Estado). Efetivamente, é como se o uso dessas palavras, tão frequentemente despido de rigor ou preocupações conceituais, nos remetesse mais a uma espécie de "senso comum acadêmico" (vocábulos empregados de maneira irrefletida ou pouco refletida) que a uma matriz propriamente conceitual (SOUZA, 2002:105). Lamentavelmente, parecem ser ainda numerosos aqueles analistas que não se apercebem ou preferem dar de ombros diante das insuficiências na forma como são utilizadas as palavras — insuficiências que, às vezes, chegam às raias da contradição. Não somente termos como "local" e, principalmente, "regional" são empregados de modo diferente por diferentes usuários, mas, na realidade, até mesmo no texto de um mesmo analista as acepções podem variar incongruentemente. É óbvio que isso, via de regra, não chega ao ponto de impedir a comunicação; além do mais, há situações em que, às vezes no mesmo trabalho, é impossível atribuir um sentido unívoco e preciso a um termo como, digamos, "regional". De toda maneira, é incontestável que experimentamos uma "babel conceitual", e que isso dificulta um bocado a construção de um discurso teoricamente consistente — o que tem a ver, ao menos em parte, com fatores tais como o pouco empenho em refletir com mais apuro sobre o próprio trabalho e evitar a proliferação de contribuições supérfluas, não raro ditadas pela vaidade e estimuladas pelo produtivismo acadêmico em ambientes universitários crescentemente burocratizados.

Deveria ser evidente que o quarteto local/regional/nacional/internacional, cuja força vem de sua fácil comunicabilidade, não está imune, ele próprio, a formalismos — embora seja muito mais flexível que as "ordens de grandeza" lacostianas, talvez justamente pela vaguidão ou indefinição costumeira de um termo como "regional" —, além de constituir uma simplificação exagerada. Ilustremos com o nível chamado de "local". Ele é identificado, muitas vezes, simplesmente com um recorte político-administrativo — digamos, o município —, embora seja tomado, outras tantas vezes, como correspondendo a um objeto geográfico que existe independentemente de qualquer reconhecimento formal-institucional, como uma cidade — muito embora, de acordo com o critério político-formal brasileiro, uma cidade seja sempre a sede de um município. Porém, ele também é associado, volta e meia, a algum recorte intraurbano, como um bairro. É de se perguntar se o que define esse nível seria, portanto, uma grandeza quantitativa (tamanho do recorte espacial considerado) simplesmente, ou uma determinada qualidade de certas relações sociais, por mais que essa qualidade tenha muito a ver com um determinado alcance espacial e uma determinada "ambiência".

Outro problema vinculado ao quarteto local/regional/nacional/internacional é a facilidade com que ele se presta a usos ideológicos. Vejamos, para ilustrar, o que acontece ao se assumir, sem maiores cuidados, o nível "nacional" como sendo sinônimo de escala dos recortes formais dos países, isto é, de supostos Estados-nação independentes: seria o caso, por exemplo, de não atentar para as reivindicações de povos e etnias territorializados e muitas vezes autoidentificados como "nações", mas não constituídos como Estados? Uma tal realidade pode ser encontrada em todos ou quase todos os continentes; em não poucos países, grupos étnicos lutam por maior autonomia ou mesmo por independência. Para quem a escala do país *Espanha* ou do país *Reino Unido* (ou Bolívia, Equador, Peru...) é uma escala "nacional"?... (O que seria, para um escocês, a escala "nacional" — a da Escócia ou a do Reino Unido? E, para um basco, a do País Basco ou a da Espanha? Para os aimarás da Bolívia, que possuíam seus reinos independentes antes de serem absorvidos pelo

Império Inca e, mais tarde, conquistados pelos espanhóis, foi um avanço jurídico-político importante o reconhecimento, em nível constitucional, do país como um *Estado plurinacional*...)

Por fim, seja lembrado como um problema adicional a incorrigível vaguidão de um termo como "internacional". De fato, "internacional" tanto pode dizer respeito a relações envolvendo somente dois países quanto se referir a processos verdadeiramente globais, isto é, abrangendo o mundo inteiro ou quase isso. Além do mais, em última análise, a mesma nota de caução que se aplica a um termo como "nacional" se aplica, por conseguinte, igualmente a "internacional".

É necessário reconhecer, como bem salientou, entre outros, HARVEY (2000:75), que as escalas de análise não são imutáveis nem muito menos "naturais"; elas são, muito pelo contrário, produtos de mudanças tecnológicas, modos de organização humana e da luta política. Ou, nas palavras de MARSTON (2004:173): "a escala não é uma categoria pré-existente, apenas à espera para ser aplicada, mas sim um modo de contextualizar concepções da realidade. Isso significa que diferentes escalas constituem e são constituídas através de uma estrutura histórico-geográfica de interações sociais."[51] O que esse tipo de observação quer dizer, conforme eu já havia salientado em livro anterior (SOUZA, 2002:104-5), é que não apenas a natureza da interação entre as escalas, mas também o peso de cada uma delas e até mesmo a abrangência física de algo como "escala local", "escala regional" ou "escala nacional" não está fixado de uma vez por todas, sendo, pelo contrário, parte do processo de criação histórica. Esse é o

[51] Literalmente: "scale is not a pre-existing category waiting to be applied, but a way of framing conceptions of reality. This means that different scales constitute and are themselves constituted through an historical-geographical structure of social interactions."

sentido da expressão "construção social da(s) escala(s)". Exemplificando, um movimento social constitui, por meio e ao longo de sua luta, uma escala ou várias escalas de ação, que podem ou devem ser tomadas igualmente como escalas de análise relevantes pelos pesquisadores. Sem dúvida, não há problema em utilizarmos termos como "regional" ou "nacional" para caracterizarmos algumas dessas escalas; o fundamental é entendermos que as escalas de ação não existem, a rigor, anteriormente à própria ação, como se fossem um "dado da natureza" (e mesmo quando, em última instância, o alcance da ação é menos ou mais severamente restringido por instituições e processos preexistentes, que operam em escalas muitas vezes bem delimitadas), da mesma forma como as escalas de análise são (re)construídas, elas próprias, no decorrer do processo de construção do objeto, inclusive devido ao problema de que termos como "nacional" e "regional" precisam, sempre, ser encarados com cautela e ser histórica, política e culturalmente contextualizados.

Harvey está, de todo modo, longe de ser o único a chamar a atenção para o caráter histórica e socialmente construído e mutável das escalas — o que nos remete, primordialmente, para o tema das *escalas de ação*. Masuda e Crooks, por exemplo, chamaram de "escala de experiência" ("*scale of experience*") a maneira "como as realidades efetivas das forças sociais, econômicas e políticas de macroescala são impostas nas microescalas do corpo, interpessoal ou da comunidade",[52] o que tem a ver com "os caminhos por meio dos quais as pessoas podem invocar discursos e experiências escalares para se engajar no mundo e resistir

---

[52] Literalmente: "(...) how the lived realities of macro-scale social, economic and political forces are played out at the micro-scales of the body, inter-personal, or community."

às ameaças impostas às identidades pessoais ou comunitárias"[53] (MASUDA e CROOKS, 2007:258). Em meados da década de 1990, Kevin Cox fez uma pergunta fundamental: "just what is 'scale'?" ("o que é, afinal, 'escala'?"). Os comentários que fez em seguida são ricos e instigantes:

> Fora da Geografia, essa é uma questão pacífica. É como se o urbano, o regional, o nacional ou seja lá o que for, simplesmente existissem como parte do cenário, e não como expressões das extensões geográficas de estruturas particulares de relações sociais que são continuamente refeitas e transformadas. Além do mais, em que medida aqueles rótulos em particular são justificados, e não coisas que atuam como camas de Procusto para formas espaciais que, olhando-se mais de perto, com certeza resistem a uma tal categorização? Afinal de contas, Singapura é uma nação ou uma cidade-Estado? Nós não submeteríamos um artigo sobre o Estado francês ao *Journal of Urban Affairs*, mas nós podemos submeter um sobre o Estado de Singapura. Por que os estudiosos da política se referem ao "Estado local", enquanto nos EUA isso é muito menos comum? Isso poderia ter algo a ver com contextos conceituais, particularmente com o destaque de trabalhos críticos sobre o Estado, mas também pode refletir diferenças na escala geográfica das formas estatais e, no caso estadunidense, a fragmentação dos espaços que, na Grã-Bretanha, constituem a base territorial do Estado local. E por fim: o Sul da Califórnia é um caso de escala urbana ou regional? E por que deveria ser qualquer uma das duas? (COX, 1996:668).[54]

---

[53] Literalmente: "(...) ways in which people can invoke scalar discourses and experiences to engage in the world and resist threats imposed on personal or community identities."

[54] Literalmente: "Outside of geography this is a question which is taken for granted. It is as if the urban, the regional, the national or whatever, just exist as part of the scenery rather than as expressions of the geographical extents of particular structures of social relations that are continually being reworked and transformed.

Um outro exemplo de "construção social da escala" é aquele trazido por Köhler e Wissen, que, na esteira de uma objeção à expressão "movimento antiglobalização" — sendo uma das razões, justamente, o fato de que várias organizações e vários agentes desse movimento operam em escala global... —, deixam entrever o quanto os ativistas envolvidos, ainda que enraizados em seus contextos locais e regionais, têm obtido sucesso em agir e se articular em uma escala global. Com isso, por mais que uma atuação global e transnacional não seja algo trivial (muito especialmente para agentes e organizações de países [semi]periféricos, coisa que, como salientei em SOUZA [2009:472-73], nem sempre é percebida pelos arautos da "sociedade civil global" e pelos estudiosos do ativismo transnacional), constrói-se, aos poucos e com limitações, uma escala de ação global também no caso das forças de oposição ao capitalismo.

> No que concerne ao termo "movimentos sociais globais", nós temos de admitir que ele é bem desajeitado. Apesar disso, nós o consideramos mais adequado que o termo "movimento antiglobalização", que tem ganho alguma publicidade discursiva nos últimos anos — e isso

---

Moreover, to what extent are those particular labels justified, rather than acting as procrustean beds for spatial forms which, on closer examination, surely resist such categorization? After all is Singapore a nation or a city-state? We would not submit a paper on the French state to the *Journal of Urban Affairs* but we might submit one on the Singapore state. Why do students of British politics refer to the 'local state' while in the USA it is much less common? It could have something to do with conceptual frameworks, particularly with the salience of radical work on the state, but it could also reflect differences in the geographical scale of state forms and, in the US case, the fragmentation of spaces that in Britain could constitute the territorial basis of a local state. And finally: is Southern California an instance of the urban or the regional scale? And why should it be either?"

pelas três seguintes razões. Primeiro, os movimentos caracterizados pela expressão "movimento antiglobalização" como sendo "contra" a globalização certamente constituem um dos atores mais globalizados da nossa época. Ainda que enraizados em vários contextos locais e nacionais, eles são capazes de agir e se articular em uma escala global. A logística e a coordenação implicadas em tais "redes globais difusas" (Colectivo Situaciones, 2003) possuem muito da complexidade necessária para a administração de grandes corporações transnacionais[55] (KÖHLER e WISSEN, 2003:943).

Um dos processos mais ricos, por meio dos quais escalas são articuladas e, às vezes, socialmente (re)construídas, é aquilo que os anglo-saxônicos vêm denominando *"politics of scale"*, ou "política de escala(s)". Muito se tem avançado nos últimos anos entre geógrafos de formação, principalmente no Reino Unido e nos EUA, em matéria de reflexões sobre as conexões entre escala e eficácia política. Já é muito respeitável, hoje em dia, a quantidade de títulos disponíveis sobre assuntos como a construção social da escala (incluindo-se nesse bojo a produção e transformação de identidades sócio-espaciais), bem como sobre escalas de

---

[55] Literalmente: "As far as the term 'global social movements' is concerned, we have to admit that it is rather unwieldy. Nevertheless, we consider it more appropriate than the term 'anti-globalization movement', which has gained some discursive publicity in the last couple of years — this for the following three reasons. First, the movements characterized as being 'against' globalization by the term 'anti-globalization movement' certainly constitute one of the most globalized actors of our time. Although rooted in various local and national contexts, they are able to act and to articulate themselves on a global scale. The logistics and coordination implied in such 'diffuse global networks' (Colectivo Situaciones, 2003) has much of the complexity needed for the administration of great transnational corporations."

ação e articulações políticas interescalares e multiescalares: as publicações incluem SMITH, 1990, 1992, 1993 e 2004; COX, 1996; HARVEY, 1996:352 e segs. e 2000:47-52, 239-46 e outras páginas; DELANEY e LEITNER, 1997; BRENNER, 2000; HOWITT, 2000; MARSTON, 2000 e 2004; PENDRAS, 2002; KÖHLER e WISSEN, 2003; SWYNGEDOUW, 2000 e 2004; McMASTER e SHEPPARD, 2004; MARSTON *et al.*, 2005; GOUGH, 2004; GONZÁLEZ, 2006; MASUDA e CROOKS, 2007; BEAUMONT e LOOPMANS, 2008; ZEILIG e ANSELL, 2008; HEROD, 2011. Tudo isso, insisto, sem esquecer o trabalho pioneiro de LACOSTE (1988), lamentavelmente desconhecido da maioria dos pesquisadores anglo-saxônicos.

A "política de escalas" (expressão cunhada, ao que parece, por Neil Smith) pode ser definida, em uma primeira aproximação, como "*a articulação de ações e agentes operando em níveis escalares diferentes (isto é, que possuem magnitudes e alcances distintos) com a finalidade de potencializar efeitos, neutralizar ou diminuir o impacto de ações adversas ou tirar maiores vantagens de situações favoráveis; por exemplo, ampliando esferas de influência (ao expandir audiências, sensibilizar atores que sejam possíveis aliados etc.) e propiciando sinergias políticas (ao recrutar novos apoios, costurar alianças etc.)*" (SOUZA, 2010:42; grifado no original).

Ativistas e pesquisadores percebem, cada vez com mais acuidade, que a eficácia política de uma ação ou ativismo repousa, largamente, em sua capacidade de obter apoio de diferentes tipos — incluindo-se aí a tarefa, amiúde difícil e necessária, de granjear simpatia por parte da "opinião pública", via de regra modelada pela grande imprensa — a partir de uma bem-sucedida articulação de escalas; vale dizer, mediante a articulação de atividades e frentes de combate situadas em escalas distintas. Muitos são os exemplos que poderiam ser citados para sustentar essa afirmação, e numerosos estudos têm sido já realizados sobre isso por geógrafos e também por não geógrafos. Os geógrafos chegaram com atraso à temática dos ativismos sociais (voltarei a esse problema no Capítulo 10), conquanto alguns trabalhos criativos venham evidenciando a marca distintiva de sua contribuição, e a consideração da "política de escalas" tem sido, nesse contexto, um traço essencial. De sua parte, os sociólogos e cientistas políticos interessados na temática dos ativismos (ou, como alguns vêm chamando, mais amplamente: *contentious politics*), tradicionalmente pouco sensíveis à dimensão espacial da sociedade, começaram a descobrir, eles próprios, a "política de escalas", mesmo quando não usam essa expressão. O "deslocamento escalar" (*scale shift*), por exemplo, tem sido um dos processos estudados por eles (TARROW e McADAM, 2003; TARROW, 2005 e 2008; TILLY e TARROW, 2007), que designam por essa expressão "uma mudança no número e no nível das ações coordenadas de protesto, levando a um protesto mais abrangente, que envolve uma gama mais ampla de atores que apresentam suas exigências e identidades"[56] (TARROW e McADAM, 2003:9). *Scale shift* pode ocorrer tanto no interior de um país quanto em uma escala internacional. O movimento pelos direitos civis, nos Estados Unidos, pode ser tomado como um exemplo de ativismo que cresceu, inicialmente, por difusão, e depois sofreu um salto de qualidade na base do deslocamento escalar, quando a luta realmente alcançou um patamar nacional (ver, p. ex., TARROW e McADAM, 2003); já os neozapatistas exemplificam a situação em que um movimento regionalmente enraizado (em Chiapas) conseguiu conectar-se (largamente via Internet) com uma audiência

[56] No original: "a change in the number and level of coordinated contentious actions leading to broader contention involving a wider range of actors and bridging their claims and identities."

(e potencial rede de solidariedade) internacional, o que lhes serviu, inclusive, de fonte de proteção. De certa maneira, algo muito parecido ocorreu com o movimento dos seringueiros no Brasil da década de 1980, em uma era pré-Internet (ver, sobre esse movimento e sua "política de escalas", GONÇALVES, 1998 e 2001).

* * *

Claro está, a esta altura, que uma abordagem não formalista deve ser do tipo *relacional*, e não um enfoque disposto a tentar fixar, de modo absoluto, classes de magnitude métrica, como propôs Lacoste — ou mesmo qualquer quadro de referências escalares "petrificadas". Ou seja: um enfoque que não seja formalista deve colocar em primeiro plano a natureza das relações sociais, práticas espaciais incluídas, cuja percepção poderá variar bastante de acordo com o contexto (pense-se no exemplo dado anteriormente, no Capítulo 6 e de novo algumas páginas atrás: "regiões" em Portugal e certas "macrorregiões" no Brasil dirão respeito a recortes de tamanhos muitíssimos diferentes). E decerto fronteiras e quaisquer limites territoriais formais, impostos e mantidos pelo Estado, não passam de um entre vários elementos a serem levados em conta — e, por mais de uma razão, encarados criticamente. Com isso não quero dizer, de modo algum, que limites formais, sob o ângulo político-administrativo e formal-legal, sejam desprovidos de relevância analítica ou consequências políticas! Ao condicionarem processos tão diversos quanto o pagamento diferenciado de tributos e a necessidade de adaptação a legislações diferentes, limites formais deixam de ser "meramente" formais ou convencionais, no sentido de vazios ou inócuos, para se fazerem fortemente reais.

O que eu pretendo oferecer agora é uma tipologia, mas que não é de modo algum — e coerentemente com tudo o que foi dito nas páginas anteriores deste capítulo — um quadro rígido de referências terminológicas. O que desejo é fornecer um pretexto adicional para refletirmos sistematicamente sobre possíveis conteúdos em um plano mais operacional, indicando como certos níveis escalares (que podem ter enorme importância ou pouca ou nenhuma importância imediata, dependendo de como for construído cada objeto de pesquisa) se associam, não por mera comodidade formalística, mas sim por razões substantivas (dinâmicas dos processos sociais e das práticas espaciais), a certos conteúdos específicos — que são, todavia, histórica e culturalmente mutáveis. Que o receio de parecermos estar incorrendo em algum formalismo, pelo simples fato de organizarmos nosso pensamento com a ajuda de um quadro tipológico, não nos iniba de lançar mão de um instrumento heurística e didaticamente útil!

A tipologia, certamente que sujeita a vários aperfeiçoamentos, e que já é, em si mesma, uma retomada expandida e aprimorada de um primeiro exercício feito alhures (SOUZA, 2002:106 e segs.), é a seguinte:

1) **Escala (ou nível) do corpo.** Talvez ainda pareça estranho incluir o corpo entre os níveis escalares relevantes. Contudo, para quem acompanha a literatura especializada, não é nada que possa ser tido como bizarro, nem mesmo como extravagante. McMASTER e SHEPPARD (2004:4) afirmam, com naturalidade, que "[a]s escalas usadas pelos geógrafos humanos vão do corpo humano até o globo",[57] e, como eles mesmos relatam, um estudo sobre

[57] No original: "[t]he scales used by human geographers range from the human body to the globe."

a interação entre ambiente e política de saúde coletiva publicado anos antes incluíra, entre o espectro de escalas importantes para aquela finalidade específica, a "*personal exposure*", ao lado do "*city block/factory*", da "*city*", do "*state*", do "*country/continent*" e da "*earth*" (McMASTER e SHEPPARD, 2004:5). De sua parte, Andrew Herod dedicou um capítulo inteiro de seu livro a essa escala, o que é muito significativo (ver HEROD, 2011). Bem antes de tudo isso, porém, Neil Smith já havia valorizado esse nível escalar ao ousadamente afirmar que "o primeiro sítio físico da identidade pessoal, a escala do corpo, é socialmente construído"[58] (SMITH, 1993:102).[59]

2) **Escala (ou nível) dos "nanoterritórios".** A escala dos "nanoterritórios" foi diretamente tematizada por mim em alguns trabalhos anteriores, nos quais esse neologismo foi proposto (SOUZA, 2006, pp. 317-18; 2007). Não basta chegar ao nível "microlocal", isto é, ao nível do quarteirão ou bairro (trataremos desse nível mais à frente); pois, nessa escala, o "intraurbano" permanece apreendido excessivamente "do alto", "de

---

[58] No original: "[t]he primary physical site of personal identity, the scale of the body is socially constructed."

[59] Pena que ele, páginas adiante, indiretamente enfraqueça a sua própria afirmação ao considerar que "a escala do corpo define o *locus* da identidade pessoal" ("the scale of the body defines the site of personal identity") (SMITH, 1993:104-5). A identidade pessoal, na realidade, é fruto de *múltiplas escalas*, condensadas no indivíduo. Ademais, a própria centralidade do indivíduo é algo que faz muito sentido para a cultura ocidental (ou culturas fortemente ocidentalizadas), mas não para todas as culturas e épocas históricas.

cima" — como se, mesmo denunciando-se o Estado, fosse emulado o olhar que é próprio do aparelho Estado, que é um "olhar de sobrevoo". Como eu disse em outro lugar, um pouco metaforicamente: "bate-se à porta, mas não se adentra a casa" (SOUZA, 2007:111). Assim como não faria sentido algum encarar a escala do corpo como um subconjunto da escala local, tampouco é recomendável tratar a escala dos "nanoterritórios" dessa maneira. Infelizmente, mesmo aqueles que, recentemente, têm buscado valorizar a escala do corpo, não costumam dar o devido valor à escala dos "nanoterritórios": Andrew Herod, apesar de mencionar a escala do "domicílio" [*household*] (que é, na verdade, somente um tipo de "nanoterritório"), não lhe dá qualquer atenção especial em seu livro, no qual são destacadas as escalas do corpo ("the body"), local/urbana ("the urban"), regional ("the regional"), nacional ("the national") e global ("the global") (cf. HEROD, 2011).

3) **Escala (ou nível) local.** Parece ser razoável admitir que, em princípio, a escala local propriamente dita se refere a recortes espaciais que, em graus variáveis, de acordo com o seu tamanho, expressam a possibilidade de uma vivência pessoal intensa do espaço, para além do nível "nano" — e, adicionalmente, a possibilidade de formação de identidades sócio-espaciais bastante particulares sobre a base dessa vivência. Isso não é um formalismo, apesar das muitas possibilidades de variação: afinal, seja em uma cidade (ou mesmo em uma metrópole), em uma vila ou aldeia, ou em uma pequena área rural, a chance de se encontrar frequentemente com certas pessoas (sejam amigos e parentes,

sejam os "quase desconhecidos" que moram ou trabalham em nossas cercanias) é especialmente grande, assim como especialmente grande é o acesso a informações — por meio dos meios de comunicação, dos comentários de amigos e vizinhos etc. — sobre esse espaço menos ou mais restrito, que vai da nossa rua à nossa cidade (ou vila, aldeia) ou à metrópole. E não é só isso: é igualmente a essa escala que se vinculam os níveis mais básicos da administração estatal (municípios e, eventualmente, suas subdivisões político-administrativas — e, em um nível maior de complexidade, a isso podem ser agregados, às vezes, os órgãos metropolitanos), representando uma situação de maior proximidade *física* entre os cidadãos e a sede do poder estatal (no que concerne ao "Estado local"). É bem verdade que essa maior proximidade costuma ser politicamente muito enganosa e objeto de manipulação ideológica, uma vez que a distância *político-social substantiva* pode ser imensa, e geralmente o é em uma sociedade estruturalmente dividida entre dirigentes e dirigidos; no entanto, por outro lado, a menor distância física oferece mais facilmente a chance de os cidadãos exercerem práticas espaciais de protesto direcionadas a tais sedes do poder estatal... Aliás, e adicionalmente, é por isso também que, precisamente na escala local, a participação política direta se mostra mais viável, notadamente no que concerne à possibilidade de interações entre as pessoas em situação de copresença (ou seja, contatos face a face).

Três subconjuntos distintos, referentes a subescalas específicas, devem ser distinguidos a propósito da escala local:

3A) **Escala (ou nível) microlocal.** Devido à massificação e à atomização típicas das grandes metrópoles contemporâneas — e tudo isso agravado, em muitas cidades, pela criminalidade violenta e por sentimentos de falta de segurança pública —, o que tende a levar a um certo insulamento do indivíduo em sua própria casa, muitas vezes os espaços que correspondem a certos recortes de nível intraurbano, como o quarteirão e o bairro, não chegam a ser intensamente vivenciados, muito embora correspondam às vizinhanças da moradia, do "lar" em sua acepção mais usual. Contudo, a escala ou nível microlocal equivale a recortes espaciais que, a despeito de apresentarem tamanhos diversos, teriam, todos eles, em comum o fato de que se referem a espaços *passíveis* de serem experienciados intensa e diretamente no quotidiano. Esses recortes (ou *subníveis específicos da escala microlocal*) são, sistematicamente, e em ordem crescente de tamanho, sobretudo o *quarteirão*, o *sub-bairro* (quando um bairro for grande e complexo a ponto de comportar diferenciações internas perceptíveis), o *bairro* e o *setor geográfico*.[60] Os diversos subníveis da escala microlocal são, além

[60] A *unidade habitacional* (isto é, a moradia), conquanto diga respeito, essencialmente, à esfera privada, deve ser, em diversas circunstâncias, considerada como uma escala relevante também para a análise de processos e ações de natureza e alcance coletivos, que dizem respeito fortemente à escala local (e também à nacional, e até à internacional): por exemplo, por ser objeto de políticas habitacionais e também no momento de se compatibilizar preferências individuais/privadas com a regulação coletiva/pública/estatal do espaço. O mesmo se aplica a espaços como fábricas, hospitais etc. — que integram, todos, o universo dos "nanoterritórios", o que mostra, mais uma vez, a profunda imbricação entre as diferentes escalas analíticas.

do mais, relevantes do ponto de vista tanto da auto-organização comunitária/associativa dos cidadãos (associações e comitês de moradores) quanto do planejamento e da gestão promovidos pelo Estado, especialmente nos marcos de rotinas e esquemas participativos. Indo mais além do planejamento e da gestão implementados pelo Estado (consistentemente participativos ou, como sói acontecer, meramente pseudoparticipativos), essa escala microlocal é ou seria decisiva em qualquer tentativa de descentralização decisória fomentada por movimentos sociais e na esteira de lutas populares e processos de transformação social rumo a uma superação da heteronomia: afinal de contas, é precisamente na escala do quarteirão, do sub-bairro ou do bairro que os indivíduos poderão constituir instâncias primárias de tomada de decisão (plenárias, assembleias etc.), e é também nessa escala que eles poderão monitorar mais eficientemente a implementação de decisões que influenciam sua qualidade de vida no quotidiano.[61]

3B) Escala (ou nível) mesolocal. Equivale ao que se poderia chamar de "nível local *stricto sensu*": para a população urbana, a *cidade*, entendida como centro urbano individualizado ou mesmo, mais abrangentemente, como uma aglomeração de cidades de porte médio (uma metrópole ou aglomeração de porte metropolitano pode, similarmente, ser vista como uma

[61] O neoanarquista Murray Bookchin, entre outros, valorizou grandemente essa escala no que tange a processos de descentralização nas grandes cidades contemporâneas, como parte essencial de sua proposta estratégica de um "municipalismo libertário" (BOOKCHIN, 1995a e 2003).

"cidade", mas ela corresponde à escala macrolocal, como já veremos); e, para a população rural, uma localidade que compreenda, por exemplo, uma aldeia ou povoado e seu entorno.[62] Isso no que se refere ao espaço sem considerar limites políticos formais. Do ponto de vista do Estado, ou naquilo que se refere a processos que levem em conta os condicionamentos impostos pelos limites estatais, a escala mesolocal corresponde ao recorte tipicamente associado ao Estado local: no Brasil, ao *município*.[63] Pelo menos em cidades grandes e mesmo de porte médio, não é possível ter uma vivência quotidiana da cidade como um todo, no sentido de uma experiência pessoal, intensa e direta, como aquela que se tem ou que ao menos em princípio se pode ter com o quarteirão e o bairro.

A seletividade dos compromissos, das rotinas e dos deslocamentos diários, além do custo de deslocamento (tempo e dinheiro) e a complexidade e magnitude de um recorte espacial de nível mesolocal, impede que se possa formar a propósito da urbe uma visão de conjunto tão densa e forte quanto aquela que se forma a respeito do quarteirão e até mesmo do bairro (e, mais dificilmente, do setor geográfico) em que se mora. Não obstante, em um sentido importante a vivência do nível mesolocal é relativamente forte e bastante concreta: as notícias, os comentários e as impressões, as críticas e os sentimentos de satisfação ou insatisfação

---

[62] A rigor, para a realidade do campo, a diferenciação entre "micro", "meso" e "macrolocal" pode, muitas vezes, fazer pouco ou nenhum sentido.

[63] Sem embargo, um município pode, em certos casos, ser tão grande — como ocorre com certos municípios da Amazônia —, que falar, em uma tal situação, em escala "mesolocal", seria provavelmente um equívoco.

com o espaço maior onde se vive definem uma "ambiência" envolvente e tendencialmente criadora/mantenedora de sentimentos de lugar. E sem dúvida que não se trata apenas dos comentários, notícias, impressões etc. veiculados pela imprensa escrita, falada e televisionada (para a qual o nível local é um ambiente privilegiado, especialmente no caso dos jornais e das rádios), mas também daqueles que nos alcançam a todo momento na rua, nos transportes públicos coletivos, no táxi e nos lugares públicos em geral.

Além disso, não devemos esquecer que a escala mesolocal, uma vez correspondendo a um nível de governo, definirá igualmente um espaço de referência para a organização política e as pressões sobre o aparelho de Estado, o que pode assumir as mais diferentes formas: de esquemas participativos menos ou mais consistentes, menos ou mais pactuados com a população, até movimentos sociais emancipatórios aguerridos — que se servem da ação direta e da luta institucional não partidária (participação em audiências públicas, pressões para influenciar a legislação etc.) para instituir novas relações de poder, forçar processos (re)distributivos e fomentar transformações sócio-espaciais em geral —, passando por mobilizações efêmeras, grupos de pressão e, ainda, simples ativismos sem maiores ambições ou ferrão crítico, que se restringem a endereçar reivindicações pontuais ao Estado local.

3C) Escala (ou nível) macrolocal. Esta escala equivale, por assim dizer, a uma espécie de "nível local ampliado", e tem a ver com aquela situação que é típica das grandes metrópoles (e, de um ponto de vista formal, das "regiões metropolitanas" ou áreas metropolitanas), em que diversas unidades espaciais mesolocais (cidades ou, político-administrativamente, municípios) se integram de modo denso, formando algo que poderia ser caracterizado como um "minissistema urbano". Esse "minissistema urbano" é "costurado" por fluxos como, principalmente, os deslocamentos residência⇆local de trabalho (*commuting*). Eventualmente (e desejavelmente), há também outro tipo de "costuramento": a integração de certos serviços públicos de interesse comum, e que é, aliás, o argumento tradicionalmente utilizado para justificar a instituição de áreas metropolitanas formais, com seus órgãos gestores correspondentes. Embora a possibilidade de se formar uma visão de conjunto seja, para os moradores, ainda mais difícil aqui do que no caso do nível mesolocal, uma certa imagem de *relativa* unidade está sempre presente. Essa imagem deriva da proximidade e de problemas comuns, assim como dos próprios fluxos de integração (que incluem, além do *commuting* entre municípios distintos, também fluxos integradores ligados a coisas tão diversas como redes criminosas e deslocamentos em busca de lazer). Por outro lado, o *commuting* e outros fatores de integração ou coesão vêm sendo mais e mais relativizados à medida que, na esteira da territorialização de espaços residenciais segregados por criminosos ou "milícias" paramilitares (territorialização essa que, entre outras coisas, tende a agravar a estigmatização sócio-espacial), a autossegregação das elites e classes médias em "condomínios exclusivos" e outros fenômenos de territorialização menos ou mais excludente (inclusive o "fechamento", a "apropriação" ou a "privatização branca" de logradouros públicos por meio de cancelas, guaritas e outros dispositivos de proteção), uma *fragmentação do tecido sociopolítico-espacial* da cidade avança implacavelmente em muitas cidades do mundo, ainda que com velocidade e intensidade variáveis.[64]

4) **Escala (ou nível) regional.** Conforme foi visto no Capítulo 6, poucos conceitos foram tão debatidos, especialmente pelos geógrafos de formação (mas também por pesquisadores com outras formações, como economistas e sociólogos) quanto o conceito de região. Refletindo uma longa tradição de debate e os resultados de numerosas contribuições, uma região não é encarada, no presente livro, como um recorte espacial "qualquer", definido apenas em função de características "objetivas" estabelecidas pelo pesquisador, como o tipo de paisagem, de economia predominante etc. A região é, antes de tudo, um *lugar*.

   A região constitui a moldura imediata do nível local, em que se dão processos tão importantes quanto, por exemplo, um certo estágio da drenagem da renda fundiária extraída no campo, a ser posteriormente acumulada na cidade. Esse nível, além disso, muitas vezes coincide com um território político-administrativo formal e com uma unidade de governo estatal (estado, província etc.), ou pelo menos com um espaço de implementação de políticas públicas.

   Assim como no caso da escala local, variantes podem ser distinguidas. No entanto, diversamente da situação anterior, tudo indica ser contraproducente pretender estabelecer, mesmo que apenas aproximativamente, o número delas, dada a grande diversidade de situações. Compreendendo, por convenção,

[64] Sobre essa fragmentação, consulte-se SOUZA, 2006a e 2008.

como uma região um espaço vivido (embora não tão direta e intensamente como um recorte de nível local) e sentido/percebido, prenhe de densidade cultural-simbólica, imagética e histórica, situado entre o nível local e a escala do país, é possível coexistirem dois e até mais níveis regionais, como se fossem subconjuntos de um conjunto maior.[65] Assim, um nível regional de forte densidade cultural-simbólica (como a Campanha Gaúcha, o Triângulo Mineiro ou a Região Cacaueira[66]) pode desdobrar-se em regiões ainda menores (que atuariam como "microrregiões") e, ao mesmo tempo, estar inserido em um conjunto regional maior (vale dizer em uma "macrorregião"). Um exemplo dessa complexidade é dado pelo estado do Rio Grande do Sul, que, além de abrigar até mais de uma "camada regional" (como a Campanha e seus subespaços) e de estar inserido em uma "macrorregião" (o Sul do Brasil), apresenta, por conta de sua história, ele mesmo, uma forte identidade "regional" — coisa que não ocorre com todos os estados brasileiros, como bem se pode ver pelo estado do Rio de Janeiro, em que a identidade de "fluminense" é notoriamente fraca, apagada, em flagrante contraste com a identidade local dos "cariocas". Uma vez que os níveis regionais podem ser, de acordo com a situação, apenas um ou mais de

---

[65] A utilidade dessa analogia baseada na Teoria dos Conjuntos é, porém, limitada. Os elementos de cada "conjunto" são recontextualizados no âmbito de cada identidade (cada escala) "mais ampla", de tal maneira que, em certo sentido, têm sua percepção e sua importância alteradas — coisa que não acontece na Matemática.

[66] É certo que, sob o efeito de vetores "homogeneizantes", como o grande capital, essa densidade precisa ser, às vezes, relativizada hoje em dia, como sugeriu COSTA (1988) a propósito da Campanha Gaúcha.

um, quem sabe até mais de três, é preferível, por isso, reservar os qualificativos como "microrregional", "(meso)regional" e "macrorregional" apenas para os casos em que o seu uso não esbarre em incongruências, o que ocorreria quando se estivesse diante de mais de três níveis.[67] E, por último, é válido ressaltar, mais uma vez, o caráter de *construção social* das escalas, historicamente relativa, dependente de aspectos culturais, políticos e econômicos; "regiões" em, digamos, Luxemburgo ou no Butão tendem a equivaler, metricamente, à mesma magnitude que o nível "mesolocal" no Brasil.

5) **Escala (ou nível) nacional.** O que estou aqui a chamar de escala "nacional" é, em princípio, e por uma questão de conveniência de comunicação, a *escala do país*, ou seja, aquela do território ocupado por um Estado formalmente soberano. Como já ficou claro no Capítulo 6, porém, é necessário relativizar, e muito, essa associação, a fim de evitar um viés ideológico — questão delicada, ao menos para aqueles que não cultivam particular apreço pelo aparelho de Estado e por sua usual reivindicação de corresponder a um Estado-*nação*. Para tanto, tenha-se em mente, em primeiro lugar, que não estou fazendo referência exatamente a qualquer recorte passível de identificação exclusiva com algum tipo de "nação". Se, de

[67] No Brasil, ainda por cima, a aplicação formal, pelo IBGE, dos termos "microrregião" e "mesorregião" não necessariamente coincide com os *lugares*, definidos em função da identidade sócio-espacial. A "mesorregião" do Triângulo Mineiro e Alto Paranaíba, em Minas Gerais, compreende, como o próprio nome indica, mais do que o Triângulo Mineiro em sentido estrito; e os limites da Campanha Gaúcha, em todo caso um tanto controvertidos, não correspondem exatamente aos da "mesorregião" do Sudoeste Rio-Grandense.

um lado, tanto espaços identitários como a Suábia e a Baviera, na Alemanha, e a Catalunha e o País basco, na Espanha, podem ser todos encarados, preliminarmente, como regiões, é certo que, politicamente, alguns deles são, no mínimo, ambivalentes: apesar da subsistência de dialetos próprios (e de piadas e estereótipos associados a um grupo específico), entre bávaros e suábios a identidade regional não propicia qualquer regionalismo agressivo, e ainda menos sentimentos "nacionalistas", ao passo que na Catalunha e no País Basco, que dispõem inclusive de línguas próprias (e não somente de dialetos), "região" (do ponto de vista do Estado espanhol) e "nação" (do ponto de vista de muitos catalães e, principalmente, de muitos bascos) são, ambos, referenciais utilizáveis, com regionalismo e nacionalismo mesclando-se de modo complexo. Em casos como esses, pode-se dizer que se está diante de "*regiões-nações*". Casos ainda mais interessantes, por fugirem ao figurino das espacialidades tipicamente ocidentais, advêm daquelas situações em que povos e culturas tradicionais — dos ianomâmis, no Brasil, aos aimarás, na Bolívia — se veem ou são passíveis de serem vistos como nações, etnicamente ciosas de sua identidade própria e de uma certa autonomia — inclusive, em alguma medida, territorial. E, não obstante, seus territórios podem se espraiar por mais de um país,[68] e esses territórios nem ao menos precisam ser sempre contíguos.

---

[68] Os aimarás, por exemplo, se encontram concentrados na Bolívia e no Peru, mas também se acham presentes no noroeste da Argentina e no norte do Chile. Quanto aos ianomâmis, eles se distribuem ao longo da faixa de fronteira entre o Brasil e a Venezuela. Note-se, em todo caso, que a condição em que o território ou os territórios de um povo etnicamente dotado de identidade própria se encontra(m) em dois ou mais países, ocorre não somente com povos não ocidentais, mas também com o povo basco na Espanha.

6) **Escala (ou nível) internacional.** Por facilidade de comunicação, mantenho o termo "internacional", por ser o de uso mais frequente; mas ele padece do mesmo tipo de enviesamento ideológico que afeta o "nacional": nesse caso, a presunção de que somente um agrupamento de *países* corresponderia a um nível que concerne a várias "nações", como se não existissem países que abrigam diversos povos que reivindicam, para si, uma identidade (e, em alguns casos, um território) "nacional". Seja lá como for, outros termos, aparentados, mas comportando, às vezes, sutis diferenças — plurinacional, multinacional e transnacional —, não se saem melhor. Na verdade, o seu uso poderia até mesmo confundir ainda mais.

Aquilo que costuma ser denominado nível internacional merece ser desdobrado em duas variantes de alcances bastante diferentes:

6A) **Escala (ou nível) de grupos de países.** Consiste em um agregado de dois ou mais países, agrupados segundo critérios os mais diversos (que podem ter a ver com variáveis selecionadas pelo próprio analista, ou, então, com o reconhecimento, por este, de um bloco político, econômico ou cultural existente na própria realidade). Em certos casos, ficará, em primeiro plano, um aspecto *político-estratégico-militar*, como ocorre com a Organização do Tratado do Atlântico Norte (OTAN) ou ocorria com o seu equivalente "socialista"-burocrático, o antigo Pacto de Varsóvia, que à OTAN se contrapunha durante o período da Guerra Fria; em outros casos, o critério é dado por uma *combinação de aspectos econômicos e políticos*, como no exemplo da União

Europeia (ou, de modo bem mais fraco e limitado, como no caso do MERCOSUL); às vezes, o que sobressai são *características de ordem histórico-cultural*, como as que utilizamos para identificar a América Latina e o Magreb.

6B) Escala (ou nível) global. Como o nome sugere, esta escala é aquela que abrange o mundo inteiro. Ela diz respeito, principalmente, a fenômenos de ordem econômica no âmbito do sistema mundial capitalista (globalização econômico-financeira), embora possa vincular-se, igualmente, à área de abrangência de uma entidade virtualmente mundial, como a Organização das Nações Unidas (ONU) ou a *Fédération Internationale de Football Association* (FIFA). A relevância da escala global é dupla: por um lado, por ser o nível no qual a dinâmica do sistema mundial capitalista, a qual interfere nas dinâmicas nacionais e subnacionais, se realiza em sua plenitude (sem esquecer por um só momento sequer que a dinâmica econômica global, em que pese a existência de fenômenos de "emergência"[69] e a ocorrência de sinergias, envolve uma interação dialética entre todas as escalas); por outro lado, devido ao fato de que entidades e organismos mundiais, como a ONU, o Fundo Monetário

[69] "Emergência" no sentido de "emergir", que vem do latim *emergere*, "(deixar) surgir". Em alemão, *Emergenz* designa o aparecimento de novas formas, estruturas ou propriedades a partir da combinação de elementos preexistentes, sem que as novas formas, estruturas ou propriedades sejam redutíveis a uma mera soma desses elementos. Ainda que nem sempre isso seja reconhecido, a ideia de "emergência" é nitidamente tributária do princípio dialético "o todo é maior que a soma das partes", conhecido desde Aristóteles.

Internacional (FMI) e o Banco Mundial exercem um efeito de orientação e coordenação, em matéria de política econômica e de outros tipos de políticas, setoriais ou espaciais.

* * *

Atualmente, a relevância das escalas é reconhecida quase unanimemente pelos pesquisadores. *Quase*. Depois de oferecer ela própria contribuições para a discussão em torno das escalas e de sua construção social (por exemplo, MARSTON, 2000 e 2004), Sally Marston, juntamente com alguns colaboradores (MARSTON *et al*., 2005), decidiu avançar a tese de uma "ontologia plana" (*flat ontology*), uma "Geografia Humana sem escala" ("*human geography without scale*"). De acordo com essa postulação, o raciocínio escalar seria intrinsecamente hierárquico-autoritário e "vertical", em um sentido político. Ora, essa tese é, além de extravagante, flagrantemente falaciosa.

Deixemos de lado o fato elementar de que, para compreender as hierarquias escalares realmente existentes, é preciso valer-se de um raciocínio escalar, o que *não* significa ser simpático a elas ou endossá-las (a começar pela articulação de níveis de governo no âmbito do aparelho de Estado, em que o nível político-administrativo local é, via de regra, menos ou mais tutelado pelo nível "nacional", que é o mais forte, devido aos recursos econômicos e à margem de manobra legal e institucional de que dispõe); e, de passagem, concedamos que, sem dúvida, em nossas sociedades heterônomas, as articulações escalares (como, de resto, as relações de poder em geral) são, predominantemente, igualmente heterônomas — e não somente aquelas remissíveis diretamente à política estatal... Dito isso, é preciso admitir que, só porque muitas ou a maioria das articulações escalares são hierárquicas e verticais, em um sentido político heterônomo, isso não quer dizer que *todas* as articulações e *todos* os raciocínios escalares estão fadados a compartilhar essa característica. Basta prestarmos atenção às práticas espaciais dos anarquistas durante a revolução impulsionada por eles na Espanha durante a Guerra Civil (1936-1939) para conhecermos a experiência de um denso contraexemplo: as articulações entre escalas, do nível local das comunas até o nível suprarregional simbolizado institucionalmente pela *Confederación Nacional del Trabajo* (CNT) e pela *Federación Anarquista Ibérica* (FAI), passando por comarcas, províncias e regiões, com as suas organizações sob a forma de federações, não foram edificadas com base, evidentemente, em relações de poder heterônomas e verticais. E, como se pode perceber não somente pela práxis, mas já mesmo pelas formulações dos pensadores anarquistas de todos os tempos, entre os libertários costuma ser preconizada, sim, uma certa preponderância de algumas escalas sobre outras — só que, inversamente ao que se passa nos marcos do Estado, para eles a escala fundamental, politicamente privilegiada, é a *local* (por ser aquela que permite o *encontro* e o *diálogo* presenciais e, sobre esses fundamentos, uma maior densidade do processo decisório livre), com as escalas supralocais desempenhando um papel basicamente subsidiário, por meio de federações. Talvez seja razoável, especialmente nos dias de hoje, ser ainda um pouco mais enfático e advertir que, no fundo, até mesmo essa preponderância política da escala local merece ser relativizada: no fim das contas, a partir do momento em que se percebem os males do paroquialismo econômico e cultural, e também tão logo se compreenda que determinadas discussões e decisões exigirão interações e entendimentos supralocais, fica evidente que o privilégio político da escala local jamais poderia ser absoluto. O que importa é que, de qualquer modo, o pensamento e a práxis libertários, ao mesmo tempo que se valem das distinções entre escalas, o fazem de maneira "horizontal", anti-heterônoma.

A moral da história parece-nos ser a seguinte: seguramente, ainda há que se avançar muito, no interior de nossas sociedades autoritárias e heterônomas, em matéria de reflexão e, sobretudo, de práxis não heterônoma em torno da construção social das escalas e da "política de escalas"; mas não será descartando a ferramenta conceitual das escalas, logicamente, que isso será alcançado.

9

"Termos nativos"

O que entender por "termos nativos"? No vocabulário antropológico, um "termo nativo" é, potencialmente, qualquer palavra da língua natural ou ordinária da população autóctone de um determinado lugar. Os "termos nativos" não costumam ser muito valorizados na pesquisa sócio-espacial, a não ser, geralmente, naquela mais afeita a um certo procedimento metodológico (a saber, à etnografia) e ao estilo da Antropologia — disciplina que, em que pesem suas limitações em matéria de escopo e métodos, tem mergulhado, mais que qualquer outra do universo das ciências sociais, na trama de significados do quotidiano e nos discursos dos grupos e agentes. Para um antropólogo, interessar-se pelas palavras empregadas pelos "nativos" (ing.: *native terms*, al.: *Eingeborenenwörter*, e assim segue) — sejam eles ilhéus no Pacífico Ocidental ou membros de uma "gangue" de jovens de uma grande cidade — é algo inteiramente óbvio e esperado, praticamente constitutivo do próprio *métier*.

Por que se ocupar com os "termos nativos"? E por que tratá-los como "conceitos básicos" ao lado de outros? É bem verdade que, extraídos do *Lebenswelt* ("mundo da vida"), do quotidiano, eles revestem, antes de tudo, *noções*. Mas essas noções podem e devem ser objeto de uma reflexão sistemática. Não para aprisioná-las em uma pretensamente inexpugnável armadura de cientificidade, e muito menos para servir de objeto de "apropriação" e "colonização" por parte de um saber acadêmico, mas sim para que o analista melhor se acautele com relação a certos preconceitos — e, quem sabe, também perante *os seus próprios* preconceitos e prejulgamentos. Afinal, antes de qualquer juízo de valor ou análise da eficácia ou implicações de uma palavra ou de um discurso, é necessário conhecer os significados dos termos empregados pelos agentes sociais em seus ambientes culturais de vida e atuação... Caso contrário, o pesquisador nem sequer conseguiria se comunicar direito, o que dirá investigar ou tentar colaborar para elucidar e transformar a realidade!

Por exemplo: o que é, afinal, uma "favela"? A favela tem resistido a uma apreensão conceitual simples, e simplistas têm sido, muitas vezes, os esforços para capturá-la conceitualmente.[70] Ao mesmo tempo, é um termo com forte carga emocional, que, assim como "favelado",

---

[70] Há muito tempo que, "objetivamente", não é mais possível conceituar favela baseando-se, exclusivamente, em critérios de carência infraestrutural (afinal, algumas favelas da Zona Sul do Rio de Janeiro — para ficar em um exemplo eloquente — apresentam infraestrutura menos ruim do que tantos e tantos loteamentos irregulares das nossas periferias...), morfológicos ("malha viária labiríntica", "barracos feitos de materiais improvisados" etc.: em várias periferias, como, por exemplo, em São Paulo, favelas mal se distinguem, no aspecto, de loteamentos irregulares, e em muitas favelas brasileiras as casas de alvenaria são nitidamente predominantes) ou mesmo de renda (afinal, a diferença de renda média entre a população de favelas e loteamentos irregulares tende a não ser expressiva). Até mesmo aquilo que mais se aproxima de um "denominador comum", o *status* jurídico como uma área de posse, pode ser, na esteira de um programa de regularização fundiária, esvaziado. É essencial levar tudo isso em conta, *conjuntamente* — mas é necessário ir ainda mais longe: é preciso considerar os sentimentos das pessoas (relativos à discriminação negativa) e as identidades que se formam em meio a uma situação percebida como de estigmatização sócio-espacial e segregação.

pode soar pejorativo na boca de muitos. "Isso aqui está virando uma favela!" é o equivalente atual da analogia depreciativa de outrora: "isto aqui está parecendo um cortiço!"... Em inglês, o termo *slum*, ao menos hoje, é visto por muitos como pejorativo, apesar do seu uso até por intelectuais de esquerda, como Mike Davis.[71]

Valorizar (não acriticamente, decerto!) os "termos nativos" é valorizar o próprio senso comum, o próprio quotidiano. Não para celebrá-lo ingenuamente, mas tampouco e muito menos para reprová-lo arrogantemente, sem nem ao menos se esforçar para entender as razões pelas quais e a maneira como certas palavras são utilizadas, e em quais circunstâncias e por quais agentes.[72] Ou seja: podem e devem transitar, para o pesquisador,

---

[71] *Planet of Slums* (DAVIS, 2006): livro que, no Brasil, publicado sob o título *Planeta favela* pela Boitempo (São Paulo) ainda em 2006, foi criticado, justamente, pelo uso do termo *slum*, em uma excelente resenha escrita por Richard PITHOUSE (2008), filósofo e ativista urbano sul-africano.

[72] Um caso deveras interessante e importante é o do termo "*comunidade*", especialmente quando utilizado por moradores de favelas. Há, faz bastante tempo, uma reflexão conceitual no âmbito da literatura da Sociologia e da Antropologia; à luz dessa literatura, dificilmente se poderia falar, rigorosamente, de comunidades naquelas situações — como favelas territorializadas por traficantes de drogas de varejo, nas quais, amiúde, impera um clima de medo, tendo por base uma assimetria interna de poder e o uso recorrente de práticas autoritárias, de intimidação e de violência. Por outro lado, sugeri alhures (SOUZA, 2011) que nos perguntássemos, *sem necessariamente voltar simplesmente as costas à própria construção conceitual* (à luz da qual aparece como "pouco rigoroso" o uso do termo para aplicá-lo a espaços fraturados ou tensionados por sérios conflitos internos): *por que a palavra se difundiu e continua a se difundir tão amplamente entre moradores de espaços favelados, a ponto de se tornar tão popular, em várias cidades, que já quase se tornou sinônimo de favela?* "Quais são (...) os parâmetros de rigor em uma tal situação? Serão eles redutíveis ao que pode ser definido com base em um 'olhar de sobrevoo' — ou deve-se ao menos *dialogar* com os sujeitos em

da condição de "categorias nativas" para aquela de categorias de análise da realidade. E mais: em algumas circunstâncias, inclusive, tais palavras podem e devem ser objeto de tratamento conceitual, como, aliás, já foi e tem sido várias vezes o caso: basta tomarmos o conceito de *bairro* como exemplo. (De certo modo, muitos dos termos técnicos utilizados por nós são ou foram, se não "termos nativos", no sentido de ainda não terem sido apropriados pelo discurso científico, pelo menos palavras e expressões que são também usadas no quotidiano: região, território, lugar... O "termo nativo" em sentido forte, contudo, é aquele que ainda não foi incorporado pelo vocabulário propriamente técnico.) De toda maneira, o interesse pelos "termos nativos" é válido por si mesmo, como uma das vias de acesso ao "mundo da vida" e ao quotidiano dos agentes. Sem isso, ficaríamos confinados a uma abordagem do mundo restrita às "visões

---

seus 'mundos da vida', buscando-se *compreender* o significado dos usos não acadêmicos? Essa exigência de diálogo, particularmente coerente no caso de uma postura crítica e humanística, parece mesmo transcender esse universo ético-político. Afinal, seria verdadeiramente 'rigorosa' uma leitura da realidade social que se contentasse em admoestar os agentes concretos pelos usos 'incorretos' que fazem das palavras, segundo os (eles mesmos controvertidos!) cânones científicos?... No caso da palavra 'comunidade', salta aos olhos a estratégia tácita, por parte dos pobres, de construir, com a ajuda do discurso sobre si mesmos, uma imagem que favoreça a autoestima coletiva, em vez de reforçar a estigmatização sócio-espacial ou a mera vitimização" (SOUZA, 2011:155). E mais: seja como parte de uma estratégia discursiva "politicamente correta", seja por outra razão qualquer, mesmo *outsiders* já vêm, cada vez mais, se referindo às favelas como "comunidades"... (O que, obviamente, para além de eventuais hipocrisias, acaba por gerar um estreitamento e um aplainamento vocabulares: gradualmente, ao ser despida mais e mais de seu significado geral, a palavra "comunidade" — riquíssima em acepções —, ao ser proferida no âmbito do senso comum, às vezes já é mesmo tratada quase como se fosse, de fato, apenas uma espécie de sinônimo de favela!)

de sobrevoo", e da qual os próprios discursos das pessoas "comuns" seriam alijados de nosso campo visual, o que seria, para dizer o mínimo, intelectualmente empobrecedor e politicamente limitante. Especialmente a partir de uma perspectiva de análise de processos e estratégias de transformação das relações sociais e do espaço que desconfie, por índole, da heteronomia e das soluções impostas de cima para baixo (e de fora para dentro) — vale dizer, mais diretamente, a partir de uma perspectiva interessada em refletir sobre as possibilidades de mudança sócio-espacial rumo a maior justiça social e melhor qualidade de vida na base de uma auto-organização da sociedade (autogestão, "autoplanejamento" e, mais amplamente, *autonomia*) —, não valorizar os "termos nativos", como parte que são da produção de significados e discursos no âmbito do "saber local", seria um contrassenso.

Conhecer e discutir os "termos nativos" direta ou fortemente espaciais é, em suma, uma parte relevante ou mesmo uma condição *sine qua non* para a condução de muitas pesquisas, dependendo da maneira como se constrói o objeto. (É óbvio que não é *sempre* que isso será importante ou imprescindível: é perfeitamente legítimo imaginar uma pesquisa sobre, digamos, a espacialidade de determinadas redes técnicas, em que a necessidade de examinar e interpelar "termos nativos" não se coloque, ao menos em um primeiro momento.) Conhecer e discutir os "termos nativos" é algo, de toda sorte, que pode ser feito de várias maneiras e com várias intenções: um pesquisador pode, mesmo rompendo epistemológica e metodologicamente com o "olhar de sobrevoo", interessar-se pelo "saber local", pelos "termos nativos" e os modos de vida das "populações tradicionais" por conta, exclusiva ou basicamente, de uma curiosidade científica, ao passo que outro assumirá ou desenvolverá uma afinidade e uma genuína simpatia para com os sujeitos que animam e constituem o seu objeto de conhecimento; finalmente, um pesquisador engajado, para além da simpatia e da afinidade, não se contentará em entender: terá, sempre, a preocupação de colaborar, cooperar com os sujeitos com os quais interage, a fim de auxiliar na resolução de problemas.

Questões relativas a um certo distanciamento crítico não devem ser estranhas nem mesmo ao pesquisador mais engajado, comprometido com uma transformação de uma realidade que ele e os sujeitos reconheçam como injusta ou opressora; afinal de contas, o melhor amigo não é aquele que apenas elogia, mas sim aquele que tem a coragem de dizer "verdades" desagradáveis. Por outro lado, respeitar os sujeitos e sua dignidade, se não se confunde com um ingênuo (ou, às vezes pelo contrário, hipócrita) *vox populi, vox Dei* ("a voz do povo é a voz de Deus"), como se o senso comum e o "saber local" fossem infalíveis, exige que o pesquisador não se coloque sobre um pedestal. O pesquisador, no fundo, possui um certo tipo de saber (uma determinada perspectiva de abordagem, uma determinada forma de explicação), fruto de uma formação geralmente universitária, mas que poderia ser até, pelo menos em grande parte, adquirida na base do autodidatismo; seu saber está longe de ser infalível e muito menos "completo", e a diferença entre conceitos e noções, útil para os presentes propósitos, não nos deve iludir quanto a isso. Aliás, a própria sugestão de que o conceito corresponderia sempre a algo sistematicamente mais refletido que a noção seria equivocada, por pressupor que não há noções que, no âmbito do "saber local", sejam profundamente refletidas! Se não se quiser transformar a diferença entre conceito e noção em um instrumento a serviço de uma arrogância hierárquica e cientificista, há que se atentar para o fato de que, em princípio, os conceitos são (ou deveriam ser) examinados e refletidos de uma perspectiva específica, que é a científica (baseada em um treinamento para perscrutar o que se passa em várias escalas espaciais simultaneamente, realizar comparações e levantamentos históricos sistemáticos, integrar dados e informações de múltiplas origens e naturezas diversas, combinar diversos níveis de abstração e concretude e buscar evidências para comprovar ou refutar relações de causa e efeito), sem que seja lícito presumir que o "saber local", que é um outro tipo de olhar, desconheça o que seja a profundidade. O treinamento profissional do pesquisador lhe dá certas vantagens — conquanto certas desvantagens, como o embotamento da intuição e da sensibilidade, possam eventualmente advir de uma primazia excessiva conferida à racionalidade de tipo instrumental. Erudição teórico-conceitual e domínio de métodos e técnicas não tornam ninguém, necessariamente, mais inteligente, se bem que possam contribuir enormemente para expandir os horizontes mentais. Acima de tudo, o pesquisador que, de fato, se dispuser a respeitar a dignidade dos sujeitos com os quais interage, deverá pautar essa interação por um autêntico *diálogo*, em cujo âmbito não há, *a priori*, "inferior" e "superior".

* * *

Logicamente, os "termos nativos" importantes de serem considerados em cada trabalho variarão de acordo com o objeto — tanto o *objeto real*, onde as palavras e os discursos quotidianos são gerados e circulam, quanto o *objeto construído* da pesquisa. Para efeitos do presente livro, não é, evidentemente, tal ou qual "termo nativo" específico que deve ser encarado como um conceito básico (já o próprio uso de cada um deles é, por definição, espacial e culturalmente circunscrito), mas sim a ideia de "termo nativo" *em si mesma*. Isso não nos impede de observar, em não poucos casos, as semelhanças de modo de vida (ou de necessidades, de esforços de resistência etc.) que mostram que certos "termos nativos" encontram, frequentemente, um equivalente em outras línguas e outros espaços-tempos (outras culturas). Vale a pena quanto a isso recordar a recomendação de Tolstoi: "se queres ser universal, canta tua própria aldeia."

Um primeiro "termo nativo" que desejo trazer é *quilombo*. Derivado de uma palavra africana (*kilombo*, que em quimbundo designava uma espécie de lugar de pouso e descanso utilizado por grupos nômades), o termo "quilombo" passou a designar, no Brasil colonial, os espaços de refúgio criados por escravos que haviam conseguido evadir-se do cativeiro. Palmares, no atual estado de Alagoas (então parte da capitania de Pernambuco), que existiu entre fins do século XVI e início do século XVIII e que compreendia várias povoações (chamadas de *mocambos*, palavra depois empregada, em alguns estados do Brasil, para designar cabana ou barraco), foi o maior e o mais famoso de todos os quilombos brasileiros. Com o processo de gradual reconhecimento dos direitos dos descendentes dos antigos quilombolas (habitantes de quilombos) sobre as suas terras, a partir da promulgação da Constituição de 1988, o termo *quilombo* passou a ser difundido, inclusive na mídia, como designando esses espaços de populações ditas tradicionais, cujos residentes também são conhecidos, similarmente a seus antepassados, como quilombolas.

No entanto, a coisa é ainda bem mais complexa e interessante. Um ex-orientando meu propôs, em sua dissertação de mestrado, posteriormente publicada (CAMPOS, 2005), uma analogia entre os antigos quilombos e as favelas atuais, inclusive avançando a tese de que certas favelas poderiam ter tido origem em quilombos periurbanos. Da minha parte, penso que vale a pena sugerir igualmente uma outra analogia com os quilombos do Brasil escravista — a saber, com as *ocupações de sem-teto* da atualidade. Como mostram vários estudos, os quilombos, territórios de resistência por excelência daqueles privados da liberdade e submetidos à opressão da escravidão, eram étnico-racialmente heterogêneos, sendo constituídos, claro, basicamente por escravos fugidos (africanos "de nação", negros "aculturados"/"crioulizados" e pardos), mas vários também chegaram a abrigar indígenas e, em alguns casos, até mesmo brancos pobres (desertores e outros), como em Palmares (cf. FREITAS, 1990:37-8, 41, 72-3; SCISÍNIO, 1997:284). Além disso, os quilombos não estavam "à margem da sociedade", como ainda hoje muitos pensam, mas sobreviviam graças à constituição de redes de troca e apoio da qual participavam escravos assenzalados, taverneiros, vendeiros e outros pequenos comerciantes.[73] As ocupações de sem-teto são, como os quilombos, espaços de resistência; conquanto se componham, muitas vezes (a depender da cidade e da região do país), basicamente de afrodescendentes fenotípicos[74] (uma vez que esses, na maior parte

---

[73] E Gomes, a esse conjunto variado de atores, estudando os quilombos do Rio de Janeiro, propôs chamar de "campo negro" (GOMES, 2006:45). Ver ainda sobre o caso específico de Palmares, FREITAS (1990).

[74] Ora, especialmente em um país como o Brasil, fortemente caracterizado pela miscigenação, os "afrodescendentes" são, no rigoroso sentido de possuírem, em algum grau, uma herança genética de origem africana, seguramente uma parcela enorme da população. Esse tipo de argumento vem sendo utilizado para desqualificar e mesmo ridicularizar o termo "afrodescendente", que adquiriu um *status* de importante categoria política. Diante disso, a título de esclarecimento e de "resposta" aos que, com a rejeição do referido vocábulo, pretendem também abafar o *debate* em torno do racismo, tenho proposto, complementarmente, o qualificativo *fenotípico*, apenas para esclarecer melhor o que está em jogo. Proponho também um exercício: o de tentar pôr-se no lugar de indivíduos fenotipicamente afrodescendentes. Não deveria ser tão difícil entender que muitos deles, mesmo quando mestiços, pensem, como reação político-cultural: "sou mestiço, descendente de negros e brancos; mas o 'lado' muitas vezes ressaltado, quando dizem que tenho o 'cabelo ruim', quando dizem que tenho 'nariz de bola', quando me olham esquisito no *shopping center*, não é o meu lado branco, mas sim o meu lado negro. Se é assim, se me definem, tantas vezes, justamente por esse lado, mais que pelo outro,

do Brasil, constituem a parcela majoritária da população pobre), são, evidentemente, racialmente heterogêneos; assim como os quilombos, as ocupações de sem-teto, ao mesmo tempo que desafiam e afrontam a ordem estabelecida, precisam tecer e manter redes de suporte logístico e solidariedade que integram diversos atores sociais. A título obviamente metafórico, mas valorizando o grande poder evocativo do simbolismo, parece lícito entender as ocupações de sem-teto do Brasil contemporâneo como "*neoquilombos urbanos*", como venho propondo (SOUZA, 2011:158).

A analogia com os quilombos não é, de todo modo, em si mesma, simplesmente uma invenção minha. O uso da palavra "quilombo" para designar ocupações de sem-teto vem sendo feito, pelo menos no Rio de Janeiro, há alguns anos. Flávio dos Santos Gomes sugeriu, após enfatizar que "(...) os quilombos no Brasil representaram uma longa e permanente história de liberdade", que, "[s]em anacronismo, podemos procurar hoje nas lutas sociais no meio rural uma das faces do seu legado" (GOMES, 2006:313). Pode-se perguntar: por que apenas no meio rural? O legado simbólico dos quilombos para lutas urbanas como a dos sem-teto não é menos importante. Não é por acaso que ocupações de sem-teto têm sido batizadas com nomes como, por exemplo, *Zumbi dos Palmares* e *Quilombo das Guerreiras* (ambas no Rio de Janeiro, iniciadas, respectivamente, em 2005

---

e quase nunca de maneira 'neutra', então é exatamente esse lado que vou querer defender e afirmar, cuja dignidade humana vou querer resgatar e exigir que seja reconhecida: meu lado *afro*descendente." Ou seja: um "afrodescendente fenotípico" pode ser, obviamente, *muitas* coisas ao mesmo tempo, *genotipicamente* (herança genética portuguesa, ameríndia, italiana etc., etc.); além do mais, um "mulato" é, evidentemente, também "luso[ou ítalo-, ou...]descendente". A questão é que, por motivos político-culturais — em um sentido que deve ser respeitado e compreendido –, um grupo, que sempre teve um lado de sua herança genética (e cultural) depreciado, ao ser ocultado e incontáveis vezes objeto de desprezo ou de piadas, resolve se insurgir contra isso.

e 2006; a primeira desapareceu, sob pressão do Estado, em 2010). Além do emprego da palavra "quilombo" em um topônimo, há também a sua utilização como uma "noção" evocada pelos ativistas do movimento dos sem-teto para designar determinadas qualidades ou características das ocupações. A Ocupação Machado de Assis, na Gamboa (Zona Portuária do Rio de Janeiro), iniciada em novembro de 2008, ostentou, na fase inicial de resistência contra a reintegração de posse e o despejo, uma faixa onde figurava o seu nome e, logo abaixo dele, também os dizeres "Quilombo de moradia e cultura"![75]

É papel do analista resistir àquilo que, comum e compreensível na produção de significados por movimentos sociais, pode ser entendido como uma excessiva idealização ou romantização de certos "ícones". No caso dos quilombos criados, durante o período da escravidão, por escravos fugidos, há questões incômodas, como, em particular, a polêmica envolvendo a existência de escravos no interior dos próprios quilombos (lembrando que a escravidão era, efetivamente, uma instituição conhecida e praticada em muitas sociedades africanas). Independentemente de esse assunto ainda estar cercado por controvérsias de ordem empírico-factual, o mais importante, entretanto, não é (como talvez gostassem

[75] Há ainda que se recordar que o uso da palavra "quilombo", no Brasil, para designar espaços residenciais de negros e pobres *urbanos*, possui raízes remotas, não necessariamente conhecidas pelos sem-teto de hoje: como informa REIS (2008:101), havia, por exemplo, em Salvador do século XIX, o costume de se chamar de "quilombos" as habitações coletivas de negros alforriados e libertos: "[o] uso do termo quilombo para definir esses cortiços (*sic*) urbanos sugere um entendimento contemporâneo [ele refere-se a meados do século XIX] de seu papel como lugar de resistência africana, à semelhança dos quilombos rurais. Esse raciocínio não se tratava de invenção recente. Nos processos contra os negros malês, em 1835, suas casas foram algumas vezes chamadas de quilombos."

de acrescentar os conservadores) a existência de qualquer "mácula"; afinal, dificilmente se poderia apresentar algum argumento persuasivo de que os quilombos não foram, em primeiríssimo lugar, espaços de liberdade, mas sim de não liberdade... O mais importante é o fato de que as ocupações de sem-teto, ao "recuperarem" a ideia de quilombo, a "recuperam", evidentemente, dentro de um outro contexto histórico-geográfico; a "recuperam" criativamente, pelo que ela, na sua *essência simbólica*, transmite, sugere e representa. E isso não pode ser facilmente eclipsado, muito menos confundido com simples mistificação. Trata-se, realmente, de uma *disputa/luta simbólica*, que em grande parte gira em torno de palavras e seu contexto discursivo.[76]

Outro interessante "termo nativo" é *faxinal*. "Faxinal", segundo o *Dicionário Houaiss da Língua Portuguesa*, designa um "campo que avança pelo interior de uma floresta ou cercado por altas árvores", ou ainda "campo de pastagem com presença de arvoredo esguio". "Faxinal" vem de "faxina", que, por sua vez, também significa, ainda segundo o mesmo dicionário, "campo que avança" e "campo de pastagem"; mas pode-se, igualmente, estabelecer a articulação com o nome popular de uma árvore nativa de regiões tropicais e subtropicais, a faxina-vermelha (*Dodonaea viscosa*), da família das sapindáceas, também conhecida como faxino-vermelho,

[76] Como asseverou BOURDIEU (1998:116), "[o] ato da magia social que consiste em tentar trazer à existência a coisa nomeada pode resultar, se aquele que o realiza for capaz de fazer reconhecer à sua palavra o poder que ela se arroga por uma usurpação provisória ou definitiva, o de impor uma nova visão do mundo social (...)". Ao contrário, contudo, do que parece sugerir Bourdieu nessa passagem, uma ressignificação não precisa ter nada a ver com "usurpação", como se fosse o caso de separar os usos "puros" e os "impuros" de certos termos, ou de constituir uma espécie de tribunal do intelecto para decidir sobre quais são os usos "legítimos" e quais são os "ilegítimos".

erva-de-veado, vassoura-do-campo e vassoura-vermelha, entre outros nomes locais. O curioso é que o dicionário não faz qualquer menção ao uso comunal da terra, ao passo que, sociogeograficamente, é exatamente isso que os faxinais são: terras de uso comum, habitadas e cultivadas por populações camponesas da região Sul, notadamente do Paraná.

Nos faxinais, os agricultores possuem, cada um, as suas casas e ferramentas de trabalho, mas a terra é de todos — ou pelo menos a terra de criação de animais. As terras de uso comum existiram e existem pelo mundo afora, e, no Brasil, tampouco se circunscrevem aos faxinais do Sul. Importa destacar, de toda sorte, que, referindo-se ao Brasil, o uso dessas terras, conforme apropriadamente ressalta TAVARES (2008:319), "envolve elementos de identidade, indissociáveis do território ocupado, e regras de apropriação, que se expressam em diversas formas e denominações", entre as quais "faxinais" é uma delas, ao lado de "terras dos índios", "terras de herança", "terras soltas", "terras de preto" e outras mais. No caso dos faxinais, parece que a gênese das práticas espaciais dos faxinalenses (isto é, habitantes de um faxinal), em que reprodução material, modo de vida, cultura e identidade não são coisas separadas, remonta a influências tanto europeias quanto indígenas (guaranis), conquanto subsistam controvérsias e falte total clareza a esse respeito.

A despeito da existência de diferentes tipos de faxinais (de acordo com a inexistência ou não de certas limitações para o uso das áreas de uso comum) e de distintos subgrupos entre os faxinalenses no que se refere ao padrão de vida material, no geral pode-se dizer que o faxinal é um sistema de produção agropecuário familiar, basicamente voltado para a subsistência ("sistema faxinal", como é referido tecnicamente) e comunitário, em que se preserva uma área de mata, na qual é frequente a coleta da erva-mate; e essa área, ou um espaço próximo dela, irá igualmente abrigar o criadouro comunitário, com criações sobretudo de suínos, caprinos, ovinos e galináceos.[77] As casas também se localizam ali, na área de mata ou perto dela. Ao redor desses espaços encontram-se, por fim, os plantios (as roças) de milho, de feijão, de fumo, e assim segue. Ainda que a "identidade faxinalense" se tenha mostrado, ao longo do tempo, às vezes um tanto diluída no contexto de (auto) identificações outras, concorrentes ou complementares ("agricultor", "camponês" etc.),[78] tanto cultural quanto politicamente os "povos dos faxinais" vêm buscando resistir ao assédio da agropecuária capitalista e do aparelho de Estado, para isso organizando-se sob a forma, por exemplo, da Articulação Puxirão, fundada em 2005. A depender deles, portanto, ainda não será tão cedo que irá ocorrer a extinção dos faxinais e do modo de vida de suas populações, tantas vezes prevista por pesquisadores evolucionistas e demais arautos da modernização e do "desenvolvimento econômico" capitalista.[79]

* * *

[77] Os porcos, em especial, parecem constituir um verdadeiro símbolo dos faxinais: "[a] palmeira de coco babaçu torna-se o ícone da ação das denominadas quebradeiras de coco, do mesmo modo que a 'cabaça' simboliza os quilombolas da Bahia, o mandacaru representa as comunidades de Fundo de Pasto, e o porco simboliza as comunidades faxinalenses" (Almeida *apud* SOUZA, 2007:585).

[78] Há, aliás, diferentes leituras a respeito do significado político e cultural dos faxinais e da identidade faxinalense. Vale a pena comparar, por exemplo, SOUZA (2007), TAVARES (2008) e SAHR (2008).

[79] O que não quer dizer que não haja uma presença, de diversas maneiras e em diferentes graus, da "modernidade", como registrou Cicilian Löwen SAHR (2008).

"Termos nativos", entretanto, não são encontrados, evidentemente, apenas em ambientes rurais, habitados por "populações tradicionais". Alguns exemplos, entre muitos, são as noções de "*pedaço*" e de "*cena*", que são referências importantes no discurso de muitos jovens de grandes cidades e mesmo de cidades de porte médio no Brasil.[80] Embora esses termos sejam diretamente espaciais, eles foram examinados inicialmente por antropólogos (como MAGNANI, 1992, 1998 e 2005). Contudo, geógrafos de formação também começaram, algum tempo depois, a lidar com eles em seus trabalhos (ver, p. ex., TURRA Neto, 2009 e 2010).

Tanto no caso do "pedaço" quanto da "cena" é possível aplicar dois conceitos examinados em capítulos anteriores deste livro: *território* e *lugar*. O "pedaço" é, imediatamente, um território, o que se expressa cristalinamente por meio de frases do tipo: "de quem é o pedaço?" e "quem manda no pedaço?"; entretanto, o "pedaço" não deixa de ser fortemente também um lugar, um espaço vivido e em relação ao qual se estabelecem, no plano intersubjetivo, relações de afinidade e identidade,

[80] Não me escapa a diferença entre "cidades de porte médio" (em que se deseja ressaltar o aspecto quantitativo) e "cidades médias" (em que, seguindo uma tendência crescente da literatura especializada, se coloca em primeiro plano algo mais complexo: a centralidade "intermediária" de uma cidade e o papel por ela desempenhado em uma rede). Sem embargo, para efeito da presente discussão, prefiro chamar a atenção, inicialmente, para o tamanho demográfico, sem esquecer, evidentemente, que a presença de certos agentes e de certa qualidade de relações entre os agentes é algo que deriva de toda uma gama de condições (renda média regional e local, cultura política etc.), e não somente da quantidade de pessoas, tomada em si mesma. O tamanho demográfico e as demais características que, com as devidas articulações e mediações, definirão a complexidade, a centralidade e a imagem de uma cidade parecem condicionar limiares, certamente flexíveis, a partir dos quais o surgimento de determinadas relações sociais (e práticas espaciais) se torna possível ou pelo menos mais provável.

de familiaridade e estranhamento, de distinção entre *insiders* e *outsiders* ("aquele cara é estranho no pedaço..."). A propósito da noção de "cena" (que encontra um equivalente quase perfeito em outras línguas, como evidencia o alemão *Szene*), assim se expressou Turra Neto, com base em seus trabalhos sobre os *punks* de Londrina (PR): cena "(...) é o lugar de encontro e o encontro em si" (TURRA Neto, 2009:134). Aliás, "[o] encontro se dá em lugares que, por intermédio dos encontros, constituem os territórios e formam a cena" (TURRA Neto, 2004:121). Podemos dizer, assim, que a "cena" é, conceitualmente, ao ser tomada por nós como categoria de análise, um híbrido de território e lugar.

Cada cultura ou subcultura, evidentemente, possui os seus próprios "termos nativos", e a imbricação da língua ou do dialeto com outros aspectos da cultura é tão grande que, em geral, é muito difícil, às vezes mesmo impossível traduzir um "termo nativo" apropriadamente — o que não impede que diferentes (sub)culturas se valham de palavras que, ao fim e ao cabo, são, muitas vezes, verdadeiros equivalentes funcionais umas das outras. Contudo, a tradução, propriamente, nos reserva, amiúde, grandes problemas. Se isso ocorre com termos técnicos já estabelecidos (basta atentarmos para as diferenças entre *bairro* e *neighbourhood*, ou entre *quartier* e *district*, ou entre *barrio* e *Stadtteil*), é fácil imaginar como tudo fica ainda mais difícil em se tratando de palavras não submetidas a um processo sistemático de circulação e intercâmbio no contexto de uma "metalinguagem" científica. Um dos incontáveis exemplos a esse respeito é o termo alemão *Heimat*. Como traduzir isso para o português? *Heimat* não é "apenas" região, mas pode ser e é, muitas vezes, um equivalente funcional de região (se bem que os alemães usem duas outras palavras para expressar a região: *Region*, palavra derivada do latim, como as neolatinas *região*, *région*, *región* etc.; e *Gebiet*, mais indefinida, podendo ser entendida como sendo quase tão vaga quanto "área"). Quando alguém se refere à sua *Heimat*, pode estar falando da escala nacional (o país) ou da escala propriamente regional, mas também da escala local (cidade ou aldeia de origem), ou mesmo de uma escala muito abrangente, como a continental. Traduzir *Heimat* como "terra natal" ou "torrão natal", como se vê, seria impreciso, mas essas dificuldades os anglófonos também têm, pois *Heimat* tampouco se deixa capturar facilmente por palavras como *home* ou *homeland*. Ao lidar com aspectos, particularidades e curiosidades culturais tão enraizados e marcantes como a *Heimatkunde* ("estudos sobre a *Heimat*", o que chegou a alcançar o *status* de matéria escolar!) e a *Heimatmusik* ("música típica da *Heimat*"), e ao ter de explicar isso a um lusófono, anglófono ou francófono, pode-se recorrer ao exercício de explicar longamente o conteúdo da noção. Porém nada substituirá a vivência, o "sentimento" que deriva da imersão na língua e na cultura... E o mesmo pode ser dito com relação a muitas outras palavras, em todas as línguas. Como é difícil, por exemplo, traduzir *saudade*, essa palavra tão caracteristicamente portuguesa...

10
Práticas espaciais

Os debates e os estudos das últimas décadas (a partir dos anos 1970) entre os geógrafos de formação, e em meio ao diálogo entre eles e outros cientistas sociais — bem como com filósofos, como Michel Foucault, Gilles Deleuze, Félix Guattari e Henri Lefebvre —, colaboraram para "desnaturalizar" a Geografia, no sentido de garantir uma posição de destaque para uma conceituação do espaço geográfico também e sobretudo enquanto *espaço social*, na esteira de uma historicização dos vínculos entre sociedade e natureza e da própria compreensão desta última. Ainda que, às vezes, ao preço — totalmente desnecessário, diga-se de passagem — de um lamentável descaso para com o papel dos fatores e processos geoecológicos, o fato é que o grande ganho foi uma afirmação, um refinamento e uma complexificação da pesquisa sócio-espacial. Além disso, tais debates e estudos, sob a inspiração principal de Henri Lefebvre, permitiram que se fosse consolidando, como um patrimônio intelectual, a convicção de que o espaço é, ao mesmo tempo, um *produto* e um *condicionador* das relações sociais — convicção essa que, graças à historicização há pouco referida, nada tem a ver com atribuir ao espaço um papel de "determinação" de maneira semelhante ao que era professado no âmbito do determinismo ambiental ou geográfico que tanto marcou gerações passadas de geógrafos.

À luz dessa compreensão do espaço como algo que não é um epifenômeno, vale dizer, uma coisa secundária ou um simples "quadro de referência" ou "receptáculo" desprovido de maior importância analítica ou política, mas sim um *ingrediente essencial e pleno de implicações da sociedade concreta*, estabelece-se o entendimento de que pretender mudar as relações sociais sem mudar a organização espacial (não somente no que concerne ao substrato material, mas também aos territórios e lugares) seria, mais que inútil, um verdadeiro *contrassenso*. Em um nível de significativa ambição, a mudança da sociedade concreta rumo a uma maior justiça social, portanto, não admite ser entendida e tampouco e muito menos conquistada como uma mudança meramente das *relações sociais*; há de se concebê-la como pressupondo também, simultaneamente, uma mudança do *espaço social*. Ela terá de ser, pois, uma mudança *sócio-espacial*.[81] Quanto às práticas humanas orientadas nessa direção, elas não deverão ser somente práticas sociais sem conteúdo espacial ou espacializante explícito: *práticas espaciais* se fazem, seguramente, imprescindíveis, e é por isso

---

[81] Henri Lefebvre construiu o seu conceito de *espaço social* (ver LEFEBVRE, 1981) de maneira fascinante e inspiradoramente ampla e complexa, o que não deixa de trazer, por se tratar de um discurso mais filosófico-especulativo que propriamente analítico-sistemático, e ainda por cima escrito em um estilo bastante peculiar, o inconveniente, às vezes, de uma certa ambiguidade. O espaço social e as relações sociais, com certeza, não somente são interdependentes, mas além disso se interpenetram de modo nada trivial, como se deixa perceber por meio das ideias de território e lugar. Indubitavelmente, como tenho insistido, o espaço é irredutível à materialidade. Sem embargo, incluir as relações sociais no espaço social, como se elas fossem dele um mero subconjunto, é uma posição expressa por Lefebvre de forma um tanto "imprecisa" em certas passagens (p. ex., LEFEBVRE, 1981:36), a qual definitivamente não parece, por isso, ser muito fecunda ou razoável.

igualmente imprescindível elucidá-las e valorizá-las. De toda maneira, qualquer transformação social relevante, independentemente de seu conteúdo ético-político, é impensável à revelia do espaço. Assim, sejam processos emancipatórios, sejam processos liberticidas, atrelados a valores conservadores e aos interesses das camadas dirigentes das sociedades capitalistas e de controle contemporâneas (ou ainda de contextos sociais heterônomos em estilo tradicional, fortemente patriarcais etc.), em nenhuma circunstância é razoável pensar as relações sociais sem pensar, junto, o espaço. Muitos cientistas sociais ainda não enxergaram isso ou disso se convenceram, mas os casos de miopia ou cegueira intelectual dessa ordem vêm diminuindo a cada década.

Entretanto, é preciso que nos acautelemos também contra o perigo inverso: o da superestimação do papel do espaço. Se o velho demônio do determinismo ambiental foi exorcizado, o do *fetichismo espacial* (ou *espacialismo*) não necessariamente. Ao enfatizarmos a relevância do espaço, caminhamos muitas vezes sobre o fio de uma navalha: como reação à negligência em relação a ele, muito comum entre os cientistas sociais,[82] pode-se resvalar para o extremo oposto, exagerando-se o seu papel e, na verdade, subestimando-se as imbricações do espaço com as relações sociais nas suas várias dimensões. É o que fazia, por exemplo, Edward Soja já no início da década de 1980, com a sua (interessante, mas eivada

[82] É essencial ressaltar que, além dos próprios geógrafos de formação, outras exceções de peso devem ser sempre mencionadas (e vários de seus representantes efetivamente o foram ao longo dos capítulos anteriores): a Economia Regional (ou, mais amplamente, a "Economia Espacial", abrangendo a Economia Regional, a Economia Urbana e a teoria locacional) e a Sociologia Urbana, principalmente. Todavia, seria o caso de silenciar sobre o fato de que a "Economia Espacial" foi geralmente tratada como uma espécie de ramo secundário pelos economistas? Ou sobre o fato de que os pesquisadores devotados à Sociologia Urbana nem sempre dedicaram ao espaço a atenção que lhe seria devida?

de estruturalismo) "dialética sócio-espacial" (SOJA, 1980), e é o que, em seu livro *Seeking Spatial Justice*, trinta anos depois, ele continuou a fazer, ao insistir sobre uma "justiça espacial" não como um aspecto ou componente da ideia mais ampla de *justiça social*, mas sim como uma outra coisa (SOJA, 2010).

Para nos livrarmos também do demônio, especialmente insidioso, do fetichismo espacial, é preciso valorizarmos decididamente os *agentes sociais* e as relações que eles mantêm entre si. O conceito de *prática espacial*, indelevelmente ligado à contribuição de Henri Lefebvre, assume aqui importância crucial. Ele é, por excelência, e ainda mais claramente que conceitos tão complexos como território e lugar, a ponte conceitual entre as relações sociais e o espaço.

De acordo com a lacônica fórmula empregada por Lefebvre em uma das páginas iniciais de *La production de l'espace*, "a *prática espacial* consiste em uma projeção 'sobre o terreno' de todos os aspectos, elementos e momentos da *prática social*" (LEFEBVRE, 1981:14; grifos de Lefebvre).[83] Muitas páginas adiante (mais especificamente na p. 48), aparece a informação, igualmente sintética, de que a prática espacial "secreta" (*secrète*) o seu espaço; "ela o põe e supõe, em uma interação dialética: ela o produz lenta e seguramente, ao dominá-lo e dele apropriar-se".[84] Assim, não é à toa que, como Lefebvre afirma na mesma página, "a prática espacial de uma sociedade se descobre ao se decifrar o seu espaço".[85]

---

[83] No original: "la *pratique spatiale* consiste en une projection 'sur le terrain' de tous les aspects, éléments et moments de la *pratique sociale*."

[84] No original: "elle le pose et le suppose, dans une interaction dialetique: elle le produit lentement et sûrement en le dominant et en se l'appropriant."

[85] No original: "[a] l'analyse, la pratique spatiale d'une société se découvre en déchiffrant son espace."

Para o filósofo francês, a *pratique spatiale* engloba "a produção e a reprodução, lugares especificados e conjuntos espaciais próprios a cada formação social" (LEFEBVRE, 1981:42).[86] Descendo a um plano mais concreto, afirma ele que "[n]o neocapitalismo (...) a prática espacial (...) associa estreitamente em um espaço percebido a realidade quotidiana (o emprego do tempo) e a realidade urbana (os percursos e as redes ligando os lugares de trabalho, da vida 'privada', do lazer)" (LEFEBVRE, 1981:42).[87] No presente livro, assim como em trabalhos meus anteriores nos quais discorri sobre o tema (vide SOUZA, 2010), encarei a contribuição de Lefebvre a propósito da ideia de "prática espacial" como um ponto de partida, sem preocupações de fidelidade relativamente ao pensamento desse filósofo. Uma das razões para isso são as diferenças teórico-filosóficas em relação ao pensamento de Lefebvre, o que, evidentemente, não impede que sejam aproveitados *insights* e outras contribuições. Outra razão é o fato de que, como é perfeitamente compreensível (e esperável) que ocorra quando uma contribuição filosófica fertiliza a atividade de investigação de um pesquisador, preocupado também com investigações empíricas sistemáticas, os conceitos precisam ser *recontextualizados*, *adaptados* no contato com e sob a influência de outras referências filosóficas e científicas e, ademais, das necessidades inerentes à pesquisa empírica de detalhe.

Estabeleça-se claramente: *a prática espacial é uma prática social*. Definitivamente, a especificidade da prática espacial não se traduz à maneira

[86] No original: "production et reproduction, lieux spécifiés et ensembles spatiaux propres à chaque formation sociale."

[87] No original: "[d]ans le neo-capitalisme (...) la pratique spatiale (...) associe étroitement dans l'espace perçu la réalité quotidienne (l'emploi du temps) et la réalité urbaine (les parcours et réseaux reliant les lieux du travail, de la vie 'privée', des loisirs)."

de como se poderia expressar a diferença entre dois fenômenos absolutamente distintos — o que poderia induzir à inferência equivocada de que existem práticas espaciais que não são sociais. E talvez tampouco seja muito adequado dizer que as práticas espaciais representam um "subconjunto" do conjunto maior das práticas sociais — o que poderia sugerir a ideia de que podem existir práticas sociais totalmente independentes do espaço. A prática espacial se nos aparece como algo dotado de uma certa particularidade, em grande parte como uma questão de *perspectiva*. É bem verdade que nem todas as práticas sociais são direta, densa ou complexamente espaciais ou espacializadas; às vezes, há mediações de tal monta entre uma prática social e a sua dimensão espacial (para além, obviamente, do aspecto básico e banal de que não há sociedade e mesmo vida humana sem o espaço) que, por isso, se justifica falarmos das práticas espaciais como práticas sociais de um tipo particular. Comparecer a uma zona eleitoral para sufragar um voto é uma ação que, por mais que, obviamente, o processo se desenrole em um espaço específico e sob diversos condicionamentos sócio-espaciais (por exemplo, o padrão de segregação residencial pode, de diversas maneiras e mesclado com outros tantos fatores atinentes a diversas escalas, interferir nas preferências eleitorais dos residentes de um determinado lugar), dificilmente mereceria ser chamada de "prática espacial". Por outro lado, alterar e mesmo manipular os limites de distritos eleitorais (artifício chamado de "*gerrymandering*" nos Estados Unidos), é claramente uma prática espacial. Da mesma maneira, a proposição e a aprovação da maior parte das leis propostas e aprovadas na Atenas da Antiguidade (e examinadas juntamente com as leis de outras tantas *póleis* por ARNAOUTOGLOU [2003]), como aquelas de proteção de órfãos e de herdeiras ou contra a tirania, não representariam, certamente, práticas espaciais; em contrapartida, a reforma de Clístenes, mencionada capítulos atrás, constitui um excelente exemplo de prática espacial.

Entretanto, todas as práticas espaciais, repito, são sociais. Práticas espaciais são práticas sociais em que a espacialidade (a organização espacial, a territorialidade, a "lugaridade"...) é um componente nítido e destacado da *forma de organização*, do *meio de expressão* e/ou dos *objetivos a serem alcançados*. Toda prática espacial, assim como, mais amplamente, toda prática social, é uma *ação* (ou um conjunto estruturado de ações) inscrita nos marcos de *relações sociais*. Por isso é importante articular o conceito de prática espacial com os de *relação social* e *ação social*. E para isso é recomendável iniciar o percurso revisitando o principal clássico sociológico sobre o assunto, o alemão Max Weber.

Para ele, deve-se entender por *ação* (*Handeln*)

> um comportamento humano, tanto faz que se trate de um comportar-se externo ou interno ou de um permitir ou omitir, sempre quando o sujeito ou os sujeitos da ação ligam a ela um sentido subjetivo. A "ação social", portanto, é uma ação na qual o sentido sugerido pelo sujeito ou sujeitos refere-se ao comportamento de outros e se orienta no que diz respeito ao seu desenvolvimento (WEBER, 1995:400).

Claro está, por conseguinte, que, para ele, nem toda ação humana é propriamente social:

> Nem todo tipo de ação — incluindo a ação externa — é "social", no sentido aqui explicado. Não é uma ação social a ação exterior quando esta se orienta pela expectativa de determinadas reações de objetos materiais. O comportamento íntimo é ação social somente quando está orientado pelas ações de outras pessoas. Não o é, por exemplo,

> o comportamento religioso, quando este não passa de contemplação, oração solitária etc. A atividade econômica (de um indivíduo) somente é ação social na medida em que leva em consideração a atividade de terceiros (WEBER, 1995:415).

Aliás, nem mesmo toda interação humana — isto é, nem todo contato interpessoal — seria, a rigor, social, como se depreende facilmente desta passagem:

> Nem toda espécie de contato entre os homens é de caráter social, mas somente uma ação com sentido dirigida para a ação dos outros. O choque de dois ciclistas, por exemplo, é um simples acontecimento como um fenômeno natural (WEBER, 1995:415).

E Weber vai ainda mais longe, desdobrando seu argumento e introduzindo novos pressupostos. De acordo com ele, a ação social tampouco é idêntica "a) nem a uma ação homogênea de muitos, b) nem a toda ação de alguém influenciada pelo comportamento dos outros" (WEBER, 1995:416). Quanto à primeira situação, ele exemplifica com o seguinte caso: "[q]uando na rua, no início de uma chuva, numerosos indivíduos abrem ao mesmo tempo seus guarda-chuvas, então (normalmente) a ação de cada um não está orientada pela ação dos demais, mas a ação de todos, de um modo homogêneo, está impelida pela necessidade de se proteger da chuva" (WEBER, 1995:416). No que diz respeito à segunda situação, ele assim se expressa:

> É sabido que a ação do indivíduo é fortemente influenciada pela simples circunstância de estar no meio de uma "massa" especialmente concentrada (...). Neste caso, portanto, trata-se de uma ação condicionada pela massa. Esse mesmo tipo de ação pode se dar também num determinado

indivíduo por influência de uma massa dispersa (por intermédio da imprensa, por exemplo), a qual foi percebida por esse indivíduo como sendo proveniente da ação de muitos. Algumas formas de reação são facilitadas, enquanto que outras são dificultadas pelo simples fato de um indivíduo se "sentir" fazendo parte de uma massa. Isso acontece de tal maneira que um determinado acontecimento ou um determinado comportamento humano pode provocar determinados estados de espírito ou de ânimo — alegria, raiva, entusiasmo, desespero e paixões de toda e qualquer natureza — que não se dariam no indivíduo isolado (ou que não se dariam tão facilmente), sem que exista, todavia (em muitos casos, pelo menos), uma relação significativa entre o comportamento do indivíduo e o fato de sua participação numa situação de massa. O desenvolvimento de uma ação semelhante, determinada ou codeterminada pelo simples fato de ser uma situação de massa, mas sem que exista para com ela uma relação significativa, não se pode considerar como ação social na acepção do termo aqui explicado (WEBER, 1995:416).

É evidente que, diante de tantos pressupostos, o conceito weberiano de "ação social", necessariamente, acaba por excluir de seu campo diversas coisas. Sobre isso o sociólogo alemão externou seu ponto de vista com a clareza que lhe era peculiar: "[a] Sociologia de modo algum apenas se refere à ação social, mas esta (a ação social) é (para o tipo de Sociologia aqui desenvolvido) o dado central, ou seja, aquele dado que para ela (Sociologia), por assim dizer, é constitutivo" (WEBER, 1995:417).

Vemos, de todo modo, que o conceito weberiano de ação remete, assim, ao de interação, e dele não pode ser dissociado. Por sua vez, ainda segundo Weber, "[p]or 'relação social' deve-se entender um comportamento de vários — referido reciprocamente conforme o seu conteúdo significativo e orientando-se por essa reciprocidade" (WEBER, 1995:419).

Assim, "[a] relação social consiste, pois, plena e exclusivamente, na probabilidade de que se agirá socialmente numa forma aceitável (com sentido), sendo indiferente, por ora, aquilo em que a probabilidade repousa" (WEBER, 1995:419). O fundamental, para ele, independentemente do conteúdo das ações e relações (conflito, acordo etc.), é que os participantes confiram um *sentido* ou *significado* às suas ações, no contexto de relações entre indivíduos no interior de uma sociedade ou de um grupo social determinado, ainda que esse sentido possa variar e frequentemente varie de indivíduo para indivíduo. A ação social sempre é voltada, de acordo com Weber, para outros indivíduos, seja direta ou indiretamente. Quanto às relações sociais, constituem elas uma trama formada pelas ações (sociais) dos múltiplos agentes; são, por assim dizer, o resultado compartilhado das ações individuais. Na ação do tipo que Weber entende como sendo propriamente social, a conduta do agente é necessariamente orientada pela conduta de outro ou de outros agentes, na base da atribuição de um sentido à ação; quanto às relações sociais, nelas as condutas dos agentes são orientadas por um sentido compartilhado. Segundo Weber, as relações podem ser mais ou menos transitórias, mais ou menos permanentes, podendo chegar, e de fato chegam com impressionante frequência, a estruturar comportamentos dotados de regularidade (costume e hábito), além de se cristalizar sob as formas da convenção e do direito (WEBER, 1995:421, 425 e segs.).

Não é preciso, creio eu, ser adepto da Sociologia "compreensiva" weberiana e muito menos partilhar o conjunto das posições epistemológicas e teóricas de Max Weber, como o seu "individualismo metodológico", para reconhecer o valor das suas conceituações da ação social e das relações sociais. Se, por um lado, mesmo sociólogos de figurino liberal, bastante próximos dos valores metateóricos de Weber, não se abstiveram de criticá-lo pelo afunilamento excessivo de sua visão sobre a ação social e o escopo da Sociologia (pense-se, digamos, em DAHRENDORF [1986: 56 e segs.]), por outro lado não faltaram intelectuais críticos ou influenciados pelo pensamento crítico que, como uma elementar prova de sensatez, sempre souberam reconhecer a qualidade e mesmo o virtuosismo da reflexão weberiana. O que não nos exime da responsabilidade de buscar avançar para além dela, e foi exatamente isso que, entre outros, tentou Anthony Giddens.

Em sua "teoria da estruturação", Giddens buscou superar a antiga dicotomia entre ação (e agentes), de um lado, e sistema (ou estrutura), de outro. Em contraposição a Weber e à supervalorização weberiana da "ação com sentido", "[o] estruturalismo e o funcionalismo enfatizam fortemente", como relembra Giddens, "a preeminência do todo social sobre suas partes individuais (isto é, seus atores constituintes, sujeitos humanos)" (GIDDENS, 1989:1). Em sua opinião, porém, "[o] domínio básico de estudo das ciências sociais, de acordo com a teoria da estruturação, não é a experiência do ator individual nem a existência de qualquer forma de totalidade social, mas [sim] as práticas sociais ordenadas no espaço e no tempo" (GIDDENS, 1989:2). É nesses marcos que Giddens busca uma espécie de "superação dialética" tanto da Sociologia "compreensiva" weberiana quanto do funcionalismo e de seu irmão caçula, o estruturalismo — e é nesses marcos que o sociólogo inglês proporá uma revalorização ontológica e metodológica do tempo *e do espaço* pela teoria sociológica. Uma revalorização que, ao fim e ao cabo, permaneceu limitada, pobre, ao menos aos olhos de um geógrafo de formação.

De todo modo, no que se refere ao conceito de ação, simplesmente esvaziado pelo funcionalismo e pelo estruturalismo, Giddens sugere uma série de contramedidas profícuas para valorizá-lo sem certos constrangimentos impostos pela doutrina weberiana. O sociólogo inglês propõe, por exemplo, que se distinga entre a *monitoração reflexiva* (e a *racionalização*) de uma ação da sua *motivação*; com isso ele abre espaço para uma valorização mais adequada dos condicionamentos estruturais, amiúde secundarizados ou negligenciados pelos sociólogos "compreensivos". A distinção entre *consciência discursiva* e *consciência prática* possui, aqui, grande valor operacional (GIDDENS, 1989:5). Outro aspecto muito importante é a insistência de Giddens sobre as *consequências impremeditadas* das ações (GIDDENS, 1989:9).

Retornando às práticas espaciais, podemos dizer que, se nenhuma prática humana é totalmente independente do espaço social, por outro lado é preciso admitir que muitas das ações humanas se mostram como sendo dependentes da dimensão espacial da sociedade de um modo indireto, fraco, sem grande complexidade ou, ainda, mais ou menos banal. É óbvio que a pesquisa sócio-espacial pode e deve se interessar também por essas ações: seja porque elas se entrelaçam com práticas espaciais, ou mesmo as condicionam ou lhes dão origem, seja porque elas próprias se acham condicionadas pela espacialidade, às vezes de maneira evidente e plena de consequências. Mas nem por isso devem ser consideradas práticas espaciais.

Já outras tantas ações se acham impregnadas da dimensão espacial da sociedade de um modo que podemos constatar como sendo denso, complexo e, mesmo, constituinte. Essa maior força (ou também complexidade) da carga espacial diz respeito a aspectos que vão da identidade de um grupo (e do indivíduo no seu interior) à organização sócio-espacial (política, por exemplo). É por isso que, simplificadamente, sugeri em trabalho anterior que as práticas espaciais fossem qualificadas de "práticas sociais densas de espacialidade" (SOUZA, 2010:23).

As práticas espaciais podem ser, logicamente, de vários tipos. Elas têm servido, ao longo da história da humanidade, ora à dominação, à introdução e manutenção das hierarquias, à coerção e à imposição de cima para baixo ou de fora para dentro das leis e normas que regulam a vida de um grupo ou de uma sociedade (ou seja, do *nómos*, ou dos *nómoi* específicos e concretos), ora à emancipação, à autodeterminação e ao autogoverno, à autodefesa legítima, à instituição livre e lúcida das leis e normas pelo próprio corpo de cidadãos, diretamente. Em resumo: as práticas espaciais têm servido ora (e com muito mais frequência) à *heteronomia*, ora à *autonomia* ou, pelo menos, à *luta contra a heteronomia*.

Sabemos que o poder heterônomo tem sido muito mais frequente na história, e por essa razão as práticas espaciais dirigidas pelos grupos e classes dominantes (e executadas em larga medida pelos próprios dominados) têm prevalecido no tocante à modelagem da ordem sócio-espacial do mundo. Podem ser caracterizados como heterônomos aqueles tipos de espaços (ou de espacialidades) produzidos por práticas espaciais que correspondem, no nível daquilo que o filósofo Cornelius CASTORIADIS (1996b) denominou *poder explícito*, pela *imposição* do *nómos* de cima para baixo ou de fora para dentro; e, no nível do que ele chamou de "*infrapoder implícito*", pelo peso asfixiante da *transcendência* (fontes e justificativas extrasociais do poder) e pela *alienação*.[88]

As práticas espaciais heterônomas têm se apresentado no decorrer dos séculos e dos milênios de muitas formas diferentes. De toda maneira,

---

[88] *Poder explícito* (*pouvoir explicite*) e "*infrapoder implícito*" (*infra-pouvoir implicite*) são dois conceitos extremamente úteis. O *poder explícito* se refere às instituições de tomada de decisão (de *governo*, em sentido amplo — o que inclui o *autogoverno* radicalmente democrático), ao passo que o "*infrapoder implícito*" (o qual remete às "mensagens subliminares", ao imaginário) tem a ver com a força de inércia e com a influência das "significações imaginárias sociais" (valores éticos, crenças religiosas, mitos, *Weltanschauungen*, tabus etc.) que sustentam a sociedade instituída. No caso de "significações imaginárias sociais" heterônomas, ele diz respeito a valores, normas e convenções que, independentemente das (mas complementarmente às) instituições do Estado, condicionam a vida social em conformidade com necessidades de exploração, alienação e controle social.

pode-se verificar que elas têm em comum entre si o fato de que sempre visam à submissão, ao "adestramento", ao "amansamento" (ou mesmo à "domesticação") e ao enquadramento subalterno dos corpos e das mentes. Tais práticas espaciais coercitivas, às vezes também punitivas — e sempre "liberticidas" —, foram e têm sido, concretamente, de diversos tipos: de *dispersão*, de *(auto[s])segregação*, de *confinamento*, de *interdição de acesso*, de *monopólio ou oligopólio de recursos espaciais*, de *organização da exploração do trabalho* (e, no limite, de *trabalhos forçados*), de *indução de comportamentos* e de *adoração de fontes de poder transcendentes*. Elas admitem ser agrupadas com a ajuda dos grandes conjuntos de "tecnologias de poder" radiografados por Michel Foucault: a *soberania*, a *disciplina* e a *segurança/a biopolítica/a governamentalidade*.[89]

No Brasil, Roberto Lobato Corrêa foi um dos primeiros que procuraram lidar com a ideia de prática espacial em um plano teórico-conceitual mais operacional e de detalhe, em comparação com aquele no qual se moveu Lefebvre, tendo em vista as necessidades da investigação empírica. No começo dos anos 1990, em um pequeno artigo sobre as práticas espaciais das corporações empresariais capitalistas (CORRÊA, 1992), ofereceu, tomando por base principalmente estudos por ele realizados sobre o grupo empresarial Souza Cruz, uma classificação das práticas espaciais empresais em que distingue cinco modalidades: *seletividade espacial*, *fragmentação—remembramento espacial*, *antecipação espacial*,

---

[89] Ver, entre outros trabalhos, FOUCAULT, 1984; 1986; 2008. "Segurança", "biopolítica" e "governamentalidade" admitem ser entendidas como facetas diferentes de uma mesma grande "tecnologia de poder", que recontextualizaria (mas *sem substituir*) a soberania e a disciplina, historicamente mais antigas. A "biopolítica" consiste, segundo Foucault, na "maneira como se procurou, desde o século XVIII, racionalizar os problemas postos à prática governamental pelos fenômenos próprios de um conjunto de viventes constituídos em população: saúde, higiene, natalidade, longevidade, raças..." (FOUCAULT, 2008:431).

marginalização espacial e *reprodução da região produtora*. Alguns anos depois, em um texto sobre o conceito de espaço (CORRÊA, 1995), o autor revisitou sua contribuição, utilizando-a para complementar a reflexão conceitual mais geral contida no trabalho em questão. Segundo ele, a *seletividade espacial* corresponde à seleção de localizações de acordo com prioridades estabelecidas, sendo parte indissociável do processo de organização do espaço; a *fragmentação–remembramento espacial* diz respeito à dimensão política que ora leva à subdivisão de unidades espaciais em unidades menores, ora conduz ao seu (re)agrupamento; a *antecipação espacial*, de sua parte, corresponde a "uma prática que pode ser definida pela localização de uma atividade em um dado local antes que condições favoráveis tenham sido satisfeitas", como, por exemplo, a "antecipação à criação de uma oferta significativa de matérias-primas ou de um mercado consumidor de dimensão igual ou superior ao limiar considerado satisfatório para a implantação da atividade" (CORRÊA, 1995:39) — o que, eventualmente, denota uma capacidade de previsão ou uma intuição que pode trazer grandes ganhos para a empresa cuja direção "se antecipar" dessa forma, vindo a colher os louros derivados do pioneirismo; já a *marginalização espacial* tem a ver com a perda de importância de um espaço ou localização em decorrência de transformações econômicas, tecnológicas ou políticas; e, por fim, a *reprodução da região produtora* se refere à viabilização da "reprodução das condições de produção", por meio da inovação, difusão de *know-how*, publicidade etc.

A referida classificação é interessante e útil por evidenciar e sistematizar algumas das principais práticas espaciais dos empresários capitalistas. Contudo, é importante que fique claro que ela, longe de esgotar as possibilidades de identificação e classificação das práticas espaciais, equivale a um olhar específico sobre o assunto, em que se considera um tipo de agente em particular — o capitalista. É possível, em contrapartida, identificar práticas espaciais que dizem respeito a ações cujo sentido e cujo conteúdo político-social são diametralmente opostos: *práticas espaciais insurgentes*.

As práticas espaciais insurgentes (e as práticas sociais em geral) remetem à ideia de *práxis*, ou seja, à ação (ou conjunto estruturado de ações) visando à transformação da realidade, politicamente falando.[90] Nesta altura, sem que seja preciso afunilar a ideia de ação social em geral, nos moldes propostos por Weber (uma vez que não devemos separar as "ações com sentido" das ações não reflexivas, das consequências impremeditadas das ações etc.), vale a pena reter, contudo, a fórmula da "ação com sentido", pois é isto que a práxis é: uma ação (ou, repita-se, um conjunto estruturado de ações) dotada de sentido. No caso da práxis emancipatória, um sentido que é inerentemente crítico em relação ao *status quo* social heterônomo, em graus e de modos variados.

Em um trabalho anterior (SOUZA, 2010:40-1), apresentei seis tipos gerais de práticas espaciais insurgentes. Tais tipos gerais, podemos presumir, são capazes de abranger um número enorme de manifestações

---

[90] A práxis é, essencialmente, uma ação política, ou seja, *orientada para influenciar ou transformar as relações de poder*. Dessa maneira, vale a pena lembrar aqui também o conceito de *ação* de Hannah Arendt, que ela, inspirada nos antigos gregos, distingue de dois outros conceitos (e de duas outras esferas da vida), o *trabalho* (a fabricação de coisas, domínio por excelência do artesão, entre os gregos) e o *labor* (o esforço físico vinculado a uma atividade braçal) (ARENDT, 1983). Na arena da decisão política pública, é a ação que supremamente conta: o confronto de ideias e propostas, o debate. Entretanto, também por inspiração dos gregos, Arendt chegou ao ponto de desvalorizar a economia e a produção material, o que não afronta somente a tradição marxista de reflexão sobre a práxis (tradição essa que, na verdade, tendencialmente incorreu sempre no equívoco oposto: o de sobrevalorizar a economia em detrimento da política), mas gerou até mesmo palavras de desaprovação por parte de um autor libertário-autonomista como Cornelius Castoriadis (cf. CASTORIADIS, 2008:81).

empíricas particulares. Mesmo assim, também aqui não se trata de pretender "esgotar o assunto", mas sim apenas de fornecer um quadro de referência, que certamente poderá ser complementado e melhorado. Reproduzindo, com alguns acréscimos e pequenos aprimoramentos, o que consta do referido trabalho, eis os seis tipos gerais de práticas espaciais insurgentes:

- **Territorialização em sentido estrito:** "apropriação" e controle do espaço por meio ou com a ajuda da presença física. A escala espacial é, via de regra, "nanoterritorial", às vezes local, ou pelo menos é assim que as práticas insurgentes geralmente começam, fortemente enraizadas em lugares específicos; mas, quando um movimento social emancipatório se desdobra em um levante, em uma rebelião ou em uma onda de protesto, e às vezes até mesmo em uma revolução, as práticas insurgentes de territorialização chegam a abranger espaços bem mais vastos, em escala regional, "nacional" etc. Exemplos históricos são, entre outros: a Ucrânia sob a influência do movimento liderado pelo anarquista Nestor Makhno, durante a guerra civil (1917-1921) que se seguiu à Revolução Russa, e, mais amplamente, a própria Revolução Russa; o controle anarquista sobre regiões inteiras da Espanha, durante a maior parte da Guerra Civil (1936-1939); a revolta húngara antiburocrática de 1956, com a criação e multiplicação de conselhos populares; o "território zapatista" em Chiapas, no México, a partir de meados da década de 1990. Quanto à escala temporal, as territorializações insurgentes podem ser menos ou mais duradouras, menos ou mais efêmeras: de uma "ocupação", ou *squatted building*, que pode permanecer como um *território dissidente* por apenas algumas horas, alguns dias ou algumas semanas (até a reintegração de posse aos proprietários), ou continuar existindo por anos, até *piquetes* e "*cortes de ruta*" (bloqueios de ruas e estradas, prática típica dos *piqueteros* argentinos) ou "empates" (prática parecida com os *piquetes*, utilizada pelo movimento dos seringueiros no Acre), de duração efêmera.

- ***Territorialização em sentido amplo:*** nesse caso, em contraste com a territorialização em sentido estrito, territórios são identificados, direitos formais e prerrogativas legais de proprietários privados são desafiados e regras espaciais impostas pelo Estado são quebradas mediante símbolos provocativos, porém sem a presença física duradoura dos transgressores/desafiadores (como é sobejamente ilustrado pelas ações clandestinas de grafitagem). Muitas vezes é uma prática espacial "silenciosa" e feita "às escondidas", ao passo que as territorializações em sentido estrito costumam ser "ruidosas" (acompanhadas de protestos, apitaços, panelaços e equivalentes) e "abertas", conduzidas publicamente.

- ***Refuncionalização/reestruturação do espaço material:*** trata-se do ajuste do substrato espacial material a novas necessidades, decorrentes de novas relações sociais. O substrato espacial material precisa ser adaptado a novas funções no transcurso da manutenção de territórios dissidentes por um período de tempo relativamente longo. Quase axiomaticamente, práticas espaciais insurgentes não podem ser duradouramente exercidas, ao menos de maneira minimamente satisfatória, no mesmo quadro espacial criado por práticas espaciais heterônomas. Às vezes a adaptação pode ser alcançada através de intervenções físicas mínimas, utilizando-se espaços preexistentes de uma maneira nova e criativa (*refuncionalização* de formas espaciais); às vezes, porém, o espaço material preexistente necessita ser reconstruído ou fortemente modificado a fim de agasalhar novas relações sociais (*reestruturação* do substrato espacial material e de sua organização).[91]

- **Ressignificação de lugares:** a imagem dos lugares é, muitas vezes, disputada entre diferentes agentes. Nessas circunstâncias, a cultura, o simbolismo e o discurso aparecem na qualidade de "campos de batalha", em que visões de mundo e práticas hegemônicas e não hegemônicas entram em confronto. As representações espaciais (por exemplo, por meio da paisagem), os relatos sobre as histórias dos lugares, a toponímia, as discussões em torno das supostas "vocações" e do futuro dos espaços... Tudo isso tem, não raro, crucial importância para as lutas políticas.

- **Construção de circuitos econômicos alternativos:** como expediente para a geração de renda, mas também para financiar diversas atividades (culturais, políticas etc.), movimentos emancipatórios têm, várias vezes, investido ou tentado investir no desenvolvimento de alternativas mais ou menos profundas ao mercado capitalista e às relações de produção capitalistas (emprego assalariado, hierarquia de rendimentos etc.) no que se refere à produção, à comercialização e ao consumo.

[91] Atenção: como deixei claro no Capítulo 4, a expressão "reestruturação espacial" não deve ser circunscrita ao substrato espacial material, podendo dizer respeito, também, a reestruturações propriamente territoriais, como foi a reforma conduzida por Clístenes em Atenas.

- ***Construção de redes espaciais:*** a formação de redes espaciais (ou geográficas) corresponde à implementação de práticas multiescalares integrando várias ou mesmo muitas experiências de resistência local ou regional e seus respectivos territórios dissidentes. Uma tal integração permite que sejam alcançadas sinergias em matéria de visibilidade pública de demandas e protestos, de eficiência logística, de solidariedade pública e de ajuda mútua entre organizações e ativistas de vários lugares, ocasionalmente ou em certos casos até mesmo de mais de um país (solidariedade internacional, ativismo transnacional).

Os tipos de práticas espaciais anteriormente descritos têm sido muitas vezes combinados uns com os outros no âmbito de *estratégias sócio-espaciais* complexas. Um ótimo exemplo de estratégia sócio-espacial como articulação de práticas espaciais insurgentes é fornecido pelas ocupações de prédios ociosos e "abandonados" protagonizadas, de Amsterdã a Nova Iorque e de Nova Iorque ao Rio de Janeiro, por *squatters*. Murray Bookchin relata, sobre isso, um caso que mostra que tal estratégia nada tem de recente:

> Enquanto a maioria dos teóricos sociais parece ainda não estar suficientemente atenta para o poder do público em criar as suas próprias instituições e formas de organização, existem muitos exemplos desse poder que me encorajam. Um dos meus favoritos vem da Nova Iorque de fins da década de 1970, e foi chamado de "East Eleventh Street Movement". Inicialmente, o movimento era uma organização de bairro porto-riquenha, uma das muitas do Lower East Side de Manhattan, que formou uma aliança com alguns jovens radicais ecologicamente orientados a fim de reabilitar um prédio de apartamentos consumido por um incêndio. O prédio, um dos piores do gueto hispânico, tinha-se tornado um local muito frequentado por dependentes de drogas, depenadores

de carros, assaltantes e incendiários. Após ser tomado ilegalmente por ocupantes da comunidade, o prédio foi totalmente reconstruído por ativistas na base do cooperativismo: na sua maior parte porto-riquenhos, mais uns poucos negros e alguns brancos. As tentativas do movimento de adquirir o título de propriedade do prédio, de financiar a sua reabilitação e expandir as suas atividades para outras construções abandonadas iriam se tornar uma *cause célèbre* que inspirou esforços similares tanto no Lower East Side como em outras áreas.

O prédio foi ocupado mesmo antes de as negociações com a Prefeitura estarem finalizadas. O governo municipal estava patentemente relutante em auxiliar os ativistas, e precisou ser submetido a uma forte pressão local antes de providenciar qualquer ajuda. No fim, o prédio foi não somente reconstruído, mas, na verdade, "ecologicamente modernizado" com instalações poupadoras de energia, isolamento térmico, painéis solares para esquentar a água e um gerador eólico para garantir uma parte do fornecimento de energia elétrica. Falou-se sobre tetos ecológicos (com jardins/pomares), reciclagem de lixo e transformação de terrenos das cercanias em miniparques[92] (BOOKCHIN *et al.*, 1991:101-2).

---

[92] No original: "While most social theorists still seem to lack a sufficient awareness of the public's power to create its own political institutions and forms of organization, there are many examples of that power that encourage me. One of my favorites is drawn from New York in the late 1970s. It was called the 'East Eleventh Street Movement.' Initially, the movement was a Puerto Rican neighborhood organization, one of several in the Lower East Side of Manhattan, which formed an alliance with some young ecologically-oriented radicals to rehabilitate an abandoned tenement that had been completely gutted by fire. The block itself, one of the worst in the Hispanic ghetto, had become a hangout for drug addicts, car-strippers, muggers, and arsonists. After being illegally taken over by community squatters, the building was totally rebuilt by co-opers, composed for the most part of Puerto Ricans, a few blacks, and some whites. The movement's attempts to acquire title to the building, to fund its rehabilitation, and expand its activities to other abandoned structures were to become a *cause célèbre* that inspired similar efforts both in the Lower East Side

Em nossos dias, as ocupações de prédios ociosos promovidas pelo movimento dos sem-teto em várias cidades brasileiras não são casos menos inspiradores. Essas ocupações, por suas características e por seus efeitos, bem representam algo que poderia ser chamado de "*revitalização de baixo para cima*" em escala nanoterritorial. A linguagem amplamente difundida do planejamento urbano conservador fala de "revitalização" referindo-se a processos durante os quais áreas supostamente "degradadas" (como instalações portuárias decadentes e as áreas residenciais circunvizinhas) e/ou bairros pobres em geral são submetidos a uma "gentrificação" e tornados úteis para propósitos capitalistas, como se antes esses espaços estivessem "sem vida", o que, especialmente no caso de áreas residenciais populares, chega a ser uma afronta. Em flagrante contraste com esse vocabulário, uma "revitalização de baixo para cima" equivale a uma situação na qual alguns agentes (sem-teto, ou, para usar o termo internacionalmente utilizado, *squatters*) assumem o controle de espaços "abandonados" com a finalidade de lhes dar alguma função social legítima. "Revitalização de baixo para cima" parece ser, assim, uma expressão adequada para designar o que acontece com espaços ociosos (prédios vazios e abandonados, terrenos não utilizados e mantidos como reserva de valor) que se tornam alvo de práticas espaciais insurgentes relacionadas com a sua ocupação por *squatters*. Foi o que ocorreu com os prédios situados na Zona Portuária do Rio de Janeiro que se transformaram

---

and other areas. [§] The building was taken over even before negotiations with the city had been completed. The city government was patently reluctant to assist the co-opers and had to be subjected to strong local pressure before supplying any aid. Ultimately, the building itself was not only rebuilt but was 'ecologically retrofitted' with energy-saving devices, insulation, solar panels for heating water, and a wind generator to supply some of its electric power. There was talk of rooftop gardens, waste recycling, and turning abandoned lots nearby into neighborhood 'vest-pocket' parks."

em ocupações como Quilombo das Guerreiras, Chiquinha Gonzaga, Zumbi dos Palmares e Machado de Assis, no decorrer da primeira década deste século. Nem todas essas ocupações, submetidas a pressões e à repressão do Estado, puderam sobreviver. Mas representaram e ainda representam, exemplarmente, uma combinação de *territorialização em sentido estrito* com *refuncionalização/reestruturação do espaço material* e *ressignificação de lugares*. Também não faltaram tentativas de desenvolver alternativas às relações de trabalho capitalistas (ou seja, tentativas de *construção de circuitos econômicos alternativos*), sob a forma de cooperativas. Certamente, no que concerne à *construção de redes espaciais*, o movimento dos sem-teto brasileiro ainda está distante de alcançar a notoriedade e a importância internacionais que os zapatistas mexicanos e os *piqueteros* argentinos (ou, no próprio Brasil, os sem-terra) alcançaram; apesar disso, a construção de redes — às vezes conduzida de modo genuinamente autogestionário — está embrionariamente presente também no seio desse movimento.

Conforme foi dito no Capítulo 8, os geógrafos chegaram com atraso à temática dos ativismos sociais. Apesar das exceções que apareceram já na década de 1970, especialmente em língua inglesa (cf. MILLER, 2000:1), seria preciso esperar pela década seguinte para que a produção assinada por geógrafos de formação acerca do tema dos ativismos sociais passasse a ter pelo menos alguma visibilidade dentro da própria Geografia — e isso tanto no Brasil quanto em outros países.[93] Fora da própria Geografia, todavia, a visibilidade desses esforços ainda é muito pequena. Cientistas sociais autoidentificados como sociólogos e cientistas políticos, frequentemente ciosos de suas ilusórias fronteiras disciplinares e excessivamente controlados por uma epistemologia que fragmenta o Social, parecem ter

[93] Consulte-se, para um breve panorama sobre a produção em inglês a partir da década de 1980, MILLER (2000:1).

imensa dificuldade para conceber que pesquisadores com formação básica em Geografia possam ter algo de relevante a dizer sobre ativismos sociais. Para isso concorrem as fragilidades e insuficiências históricas do próprio campo disciplinar atribuído aos geógrafos, mas o problema também reflete mais amplamente a reduzida capacidade da maior parte dos cientistas sociais para valorizar a dimensão espacial da sociedade. Há mais de uma década, após proceder a um balanço retrospectivo da produção das diversas ciências sociais (em língua inglesa) sobre o tema dos ativismos, no qual foram reconhecidos alguns avanços, Byron Miller sintetizou com as seguintes palavras um diagnóstico que, essencialmente, permanece atual:

> [a] despeito desses avanços, entretanto, ainda há significativas lacunas nos debates e na discussão entre pesquisadores de movimentos sociais. Uma lacuna importante é a ausência de atenção para com a estruturação geográfica [*geographic structuring*] dos movimentos sociais. Embora algumas contribuições relevantes tenham vindo da Sociologia e da Ciência Política, esse tipo de pesquisa permanece largamente confinado às fronteiras disciplinares da Geografia. (...) Um tratamento conceitual geograficamente mais sensível [*more geographically sensitive conceptualization*] dos movimentos sociais é necessário, caso realmente se deseje entender os movimentos sociais em suas plenas complexidade e variabilidade[94] (MILLER, 2000:3).

[94] No original: "[d]espite these advances, however, there are still significant gaps in the debates and discussion among researchers of social movements. One significant gap is the absence of attention to the geographic structuring of social movements. Although some significant contributions have come from sociology and political science, such research remains largely confined within disciplinary boundaries of geography. (...) A more geographically sensitive conceptualization of social movements is necessary if social movements are to be understood in their full complexity and variability."

Com algumas poucas exceções, Miller constatou uma nítida "aspatiality of most social movements research" (MILLER, 2000:5). Mais especificamente, de acordo com a sua avaliação,

> [n]a maior parte das vezes, a estruturação geográfica [*geographic structuring*] é ignorada ou, na melhor das hipóteses, tratada como uma questão menor. Nos casos em que a geografia chega a ser considerada, ela é tipicamente: (*a*) reduzida à variável "distância", tratada separadamente e a ser incluída em um rol de variáveis sociais independentes, com isso mantendo-se o velho dualismo do "social" e do "espacial"; ou então (*b*) circunscrita ao exame de diferenças entre países no que se refere às características dos movimentos, com isso assumindo-se incorretamente uma homogeneidade em escala nacional no que diz respeito aos processos de mobilização[95] (MILLER, 2000:4-5).

Assim, se para os não geógrafos o desafio é o de "espacializar" os estudos sobre os ativismos sociais, para os geógrafos a tarefa ainda grandemente pendente é a de dedicar maior atenção aos ativismos. O balanço feito por Walter Nicholls na segunda metade da primeira década do século XXI foi, no geral, realista e justo, a despeito de ele considerar, fundamentalmente, apenas a produção em língua inglesa:

---

[95] No original: "[f]or the most part, geographic structuring is ignored or, at best, treated as a minor side issue. If geography is considered at all, it is typically (*a*) reduced to a separate distance variable to be included among a variety of independent social variables, thereby maintaining the old dualism of 'the social' and 'the spatial,' or (*b*) limited to examination of national-level differences in movement characteristics, thereby incorrectly implying national homogeneity in mobilization processes."

> Até recentemente, os geógrafos humanos falharam em fazer convergir esforços para estudar e teorizar os movimentos sociais. Conquanto muitos geógrafos tenham apresentado interesse pelas reações políticas a questões estruturais arraigadas, como o desenvolvimento desigual, não havia muito interesse em examinar os mecanismos específicos que permitiam às pessoas se mobilizar coletivamente em decorrência de um conjunto comum de queixas. Em outras palavras, os movimentos sociais não eram examinados na qualidade de um objeto de pesquisa em si mesmos[96] (NICHOLLS, 2007:1-2).

Não que o estudo das práticas espaciais só deva ter interesse para os pesquisadores que decidirem se devotar ao estudo de ativismos sociais; as práticas espaciais dos grupos empresariais, tematizadas por Roberto Lobato Corrêa, demonstram o contrário. Entretanto, a contribuição dos geógrafos e outros pesquisadores sócio-espaciais para a investigação da dinâmica e do papel dos ativismos há de passar, acima de tudo, pela valorização e pelo manuseio adequado do conceito de práticas espaciais e suas derivações.

---

[96] No original: "[a] sustained effort by human geographers to study and theorize social movements failed to coalesce until recently. Though many geographers displayed an interest in political reactions to deep-seated structural issues like uneven development, there was not much of an interest in examining the specific mechanisms that enabled people to mobilize collectively in response to a common set of grievances. In other words, social movements were not examined as an object of inquiry in their own right."

11

Desenvolvimento sócio-espacial

Nem todos os estudos e pesquisas precisam ter uma vinculação direta com a tentativa de colaborar para a superação ou atenuação de problemas sócio-espaciais, assim como nem todo trabalho científico relevante precisa ter uma preocupação de gerar resultados diretamente "aplicáveis" (em alguns casos, isso nem sequer faria qualquer sentido). De toda maneira, vale a pena, de um ponto de vista humanístico e socialmente crítico, levar a sério a famosa décima primeira tese sobre Feuerbach, de Marx ("Os filósofos se limitaram a interpretar o mundo de diversas maneiras, quando o que importa é transformá-lo"[97]); ou então,

---

[97] "*Die Philosophen haben die Welt nur verschieden interpretiert; es kommt darauf an, sie zu verändern*" é uma formulação com a qual qualquer um que desaprove a heteronomia e se indigne com as suas consequências pode simpatizar sem dificuldade, independentemente de ser marxista ou não. Sem embargo, o mundo de hoje, diferentemente do mundo de Marx (ou Reclus ou Kropotkin...), é essencialmente marcado por incertezas, e não por certezas em relação ao "progresso" ou ao valor absoluto da ciência. Em nossos dias, é conveniente reconhecer que voltou a ser extremamente relevante (teria mesmo deixado de sê-lo algum dia?...) dedicar esforços a interpretar e elucidar a realidade, caso se queira contribuir para transformá-la.

pura e simplesmente, valorizar o significado da bela frase que Bertolt Brecht pôs na boca de seu Galileu: "eu sustento que a única finalidade da ciência está em aliviar a canseira da existência humana." Se entendermos essa "única finalidade" não como uma apologia do imediatismo, mas sim como o horizonte *ético* da pesquisa científica, acredito que a frase da peça de Brecht seja irretocável.

Por isso é pertinente, ao final deste livro, concluir o percurso com uma discussão referente a um esforço conceitual atinente à reflexão sobre o *desenvolvimento sócio-espacial*. Mais do que apenas conceitual, aliás: *teórico*-conceitual. Aqui fica especialmente claro aquilo que se disse na Apresentação, a propósito da íntima ligação entre conceitos e teorias, entre esforços de conceituação e de teorização.

Venho investindo, desde meados da década de 1990, em uma abordagem que achei por bem denominar *"macroteoria aberta" do desenvolvimento sócio-espacial*, designando por isso um enfoque basicamente *procedural* da mudança sócio-espacial, fundado filosoficamente sobre o *princípio de autonomia* (que constitui, no fundo, quase que o único conteúdo *substantivo*, histórica e culturalmente falando, desse arcabouço teórico). A rigor, essa "macroteoria aberta" é uma ferramenta para escavar e explorar as possibilidades de pensar os vínculos entre espaço geográfico e relações sociais, dentro de uma perspectiva de mudança para melhor (superação de obstáculos e gargalos), sem recorrer às usuais "muletas" e sem incorrer nos vícios das diversas teorias do desenvolvimento, mormente nos marcos da ideologia capitalista do desenvolvimento econômico: *etnocentrismo* (mais especificamente, eurocentrismo), *teleologismo* (isto é: etapismo, evolucionismo, historicismo) e *economicismo*. Em vez de buscar definir um conteúdo específico para o "desenvolvimento", como sói acontecer, a minha intenção tem sido a de propor, discutir e testar princípios e critérios tão abertos (mas também tão coerentes) quanto possível, de maneira que a definição do conteúdo da "mudança para melhor" seja deliberadamente reservada como *um direito e uma tarefa dos próprios agentes sociais* (sujeitos, protagonistas), e não um privilégio do analista. Por dizer respeito à complementação de um enfoque político-filosófico já existente (o enfoque castoriadiano da autonomia), a abordagem do desenvolvimento sócio-espacial inspirada no "projeto de autonomia" constitui uma "macroteoria" ou pelo menos um *esboço* de "macroteoria"; e, por ser basicamente *procedural*, e não substantiva,[98] pareceu-me merecer o adjetivo "aberta". Essa opção por um enfoque procedural, sublinhe-se, é, na minha compreensão, a melhor saída para livrar o debate em torno da mudança social (ou mais precisamente *sócio-espacial*) de seu usual ranço etnocêntrico, e, por tabela, igualmente de seus não muito menos usuais outros vícios, que geralmente derivam do olhar eurocêntrico.

---

[98] Ou seja: interessada, basicamente, em refletir sobre princípios e parâmetros para se examinar e avaliar os processos e os resultados das ações, em vez de preocupar-se com uma tentativa de fixar os próprios conteúdos, anistoricamente e de modo transcultural. Ainda que, evidentemente, um certo conteúdo não possa deixar de estar presente, uma vez que qualquer proposição de princípios e parâmetros não deixa de ser *cultural-histórico-geograficamente situada*. Isso se aplica claramente ao presente caso — a ideia de autonomia —, mas igualmente se aplica a qualquer outro valor social, que jamais pode ser anistórico ou totalmente "universal", no sentido de culturalmente desenraizado. Entretanto, por seu alcance, a ideia de autonomia, como um princípio e parâmetro, "abre" muito mais do que "fecha", a ponto de, em parte, como tenho argumentado (ver, p. ex., SOUZA, 2006a:79-80), poder ser mobilizada até mesmo para subsidiar a defesa da etnodiversidade e da rejeição da interferência indevida (etnocêntrica e mesmo imperialisticamente motivada) em culturas distintas da ocidental (ou do universo cultural daqueles países e regiões já muito fortemente ocidentalizados).

Mas de que trata, afinal, o "desenvolvimento sócio-espacial"? Está na hora de definir melhor os termos da discussão e examinar, passo a passo, o escopo do conceito.

* * *

Vou me permitir retomar e resumir algumas considerações que teci em meu livro *A prisão e a ágora* (SOUZA, 2006a). Para começar, proponho assumirmos o termo "desenvolvimento" simplesmente como um cômodo substituto da fórmula *transformação social para melhor, propiciadora de melhor qualidade de vida e maior justiça social.*[99] Saliento de antemão que estou

---

[99] Sintetizando uma explicação que já forneci em trabalhos anteriores (como SOUZA, 2002 e 2006a), é necessário levar em conta tanto as diferenças quanto a complementaridade essencial entre estas duas metas: melhor qualidade de vida e maior justiça social. *Qualidade de vida* é algo de difícil apreensão, por ser a sua apreensão variável de acordo com a matriz cultural e a época, mas, em última instância, até mesmo de indivíduo para indivíduo. De todo modo, existem fatores gerais que podem, muito amplamente, favorecer ou sabotar a possibilidade de se alcançar uma boa qualidade de vida, em sentido material ou imaterial. *Justiça social*, de sua parte, também é um conceito que se presta a longuíssimas discussões, e tem sido objeto de extensa literatura, na Filosofia e nas ciências sociais. Para os presentes propósitos, a injustiça social se refere a desigualdades entre indivíduos e grupos que possam ser consideradas como ilegítimas ou questionáveis do ponto de vista moral, refiram-se elas a assimetrias e disparidades na distribuição da riqueza material, na possibilidade de participar de processos decisórios ou no reconhecimento da dignidade e do valor humano; portanto, a busca por justiça social diz respeito a uma busca por igualdade (no sentido de *igualdade efetiva de oportunidades*, o que nada tem a ver com uniformidade de modos de vida ou homogeneidade de gostos). Se compreendermos a melhoria da qualidade de vida como a crescente satisfação de necessidades — básicas ou não (tão) básicas, materiais ou imateriais — de uma parcela cada vez maior da população, e o aumento da justiça social como a diminuição

presumindo ser aquele termo passível de ser redefinido em moldes não etnocêntricos, não teleológicos e não economicistas. Com isso abre-se a seguinte perspectiva diante dos nossos olhos: enquanto houver *heteronomia* — isto é, enquanto houver assimetria estrutural de poder (dirigentes e dirigidos, dominantes e dominados), enquanto houver iniquidades, pobreza e injustiça, enquanto houver relações de rapina ambiental em larga escala (em detrimento de interesses difusos, mas particularmente em detrimento de determinados grupos e em benefício imediato de outros) —, fará sentido almejar uma mudança para melhor na sociedade, rumo a mais *autonomia*. Esta apresenta duas faces interligadas e interdependentes: *autonomia individual* (capacidade individual de decidir com conhecimento de causa e lucidamente, de perseguir a própria felicidade livre de opressão) e *autonomia coletiva* (que compreende tanto a autoinstituição lúcida da sociedade, em que o fundamento das "leis" não é metafísico, mas sim a vontade consciente dos homens e mulheres, quanto a existência de instituições garantidoras de um acesso realmente igualitário aos processos de tomada de decisão sobre os assuntos de interesse coletivo).

---

de desigualdades ilegítimas, seremos forçados a admitir que, em determinadas circunstâncias, pode ser constatada uma elevação do nível médio da qualidade de vida (assim percebida pela população) sem que necessariamente tenha havido aumento da justiça social: basta que os desníveis mantenham as suas proporções anteriores. (Na realidade, uma elevação do nível médio da qualidade de vida, notadamente no que se refere a aspectos materiais, pode até vir acompanhada de um retrocesso em matéria de justiça social.) Inversamente, um aumento da justiça social também não precisa ter relação direta ou imediata com a melhoria da qualidade de vida: basta que as desigualdades ilegítimas diminuam, sem que os principais fatores que afetam a qualidade de vida se alterem, para percebermos o alcance dessa ressalva. Por tudo isso, as metas de melhoria da qualidade de vida e aumento da justiça social precisam ser combinadas e calibradas uma à luz da outra.

Considerando, por conseguinte, as condições e os condicionamentos históricos da produção do conhecimento, a preocupação com o desenvolvimento sócio-espacial se justifica, teórico-epistemologicamente, como veremos mais à frente, como uma tentativa de "superação dialética" da ideologia capitalista e eurocêntrica do "desenvolvimento econômico"; porém, acima de tudo, se justifica, ético-politicamente, enquanto houver injustiça social e heteronomia.[100]

O "projeto de autonomia" consiste em uma "refundação"/reinterpretação radical, por assim dizer, do projeto democrático, buscando inspiração na democracia direta da *pólis* grega clássica, ainda que sem ignorar-lhe os defeitos (notadamente a ausência de um elemento universalista, evidente diante da escravidão e da não extensão às mulheres dos direitos de cidadania) e sem clamar ingenuamente por uma simples transposição de instituições da Antiguidade para um contexto sócio-espacial contemporâneo. Ao mesmo tempo, no meu entendimento, a discussão sobre a autonomia, no sentido castoriadiano, se inscreve na tradição mais ampla do pensamento libertário, atualizando-a.[101]

O pensamento autonomista castoriadiano foi edificado no bojo de uma poderosa reflexão crítica tanto sobre o capitalismo e os limites da "democracia" representativa[102] quanto sobre a pseudoalternativa

---

[100] Vejo-me quase tentado a acrescentar: *ou, mais amplamente ainda, enquanto houver problemas sócio-espaciais a serem enfrentados*. Contudo, com isso perderíamos, precisamente, a perspectiva histórica, ainda que, obviamente, os problemas sócio-espaciais (de algum tipo) e os dramas humanos não venham a desaparecer mesmo em uma hipotética sociedade basicamente autônoma do futuro.

[101] Sobre o sentido amplo que atribuo ao adjetivo *libertário*, ver a nota 5.

[102] As aspas se justificam à luz do fato de que, como frisou Cornelius Castoriadis, os sistemas representativos modernos são, no fundo, não democracias em sentido

do "socialismo" burocrático, visto como autoritário e, mesmo, tributário do imaginário capitalista em alguns aspectos essenciais. Ainda que a abordagem autonomista possa ser vista, em grande parte, e tenha ela consciência disso ou não, como uma espécie de "herdeira moral" do anarquismo clássico (essa é pelo menos a minha interpretação, desde os anos 1980) — em sua dupla oposição ao capitalismo e ao "comunismo autoritário" —, seria, no entanto, incorreto tê-la na conta de uma simples variante dentro do anarquismo: divergindo da tradição anarquista clássica, redutora contumaz do *poder* e da *política* ao *Estado*, isto é, ao poder e à política estatais, compreende-se que uma sociedade sem poder algum não passa, conforme lembrou Castoriadis (ver Capítulo 4), de uma "ficção incoerente".[103]

---

forte, mas sim "oligarquias liberais" (CASTORIADIS, 1999). O aparelho de Estado expressa e, ao mesmo tempo, garante a manutenção de uma separação estrutural entre dirigentes e dirigidos, em que os cidadãos alienam seu direito soberano de decidir em favor de "representantes" pré-selecionados pelos partidos (que são verdadeiros "micro-Estados") e crescentemente também por mecanismos de filtragem que incluem a grande imprensa e os interesses do grande capital em geral. O *mandato livre* que recebem tais representantes é uma espécie de "cheque em branco", já que o controle efetivo por parte da população simplesmente inexiste (nos piores casos) ou é sempre bastante limitado e imperfeito (nos melhores casos). Formas de participação direta da população nas decisões, que vão dos clássicos plebiscito e referendo até esquemas como "orçamentos participativos", podem atenuar certos vícios do sistema, mas não superam o essencial do problema. A isso acresce que as possibilidades de revogação de mandatos (*impeachment*, cassação), mesmo quando previstas, são de difícil aplicação: devido à circulação ruim das informações (que muitas vezes não chegam até o público), por conta do corporativismo parlamentar, e assim sucessivamente.

[103] Um neoanarquista como Murray Bookchin também criticou essa simplificação, assim como simplificações semelhantes a propósito das ideias de "governo" e "lei"

Faz-se mister esclarecer que não se trata aqui, como jamais se tratou para Castoriadis, de erigir a autonomia (que nada tem a ver com "autarquia" ou ensimesmamento econômico, político ou cultural, mas sim com as condições efetivas de exercício da liberdade, em diferentes escalas) em uma nova utopia em estilo racionalista. Não se trata de buscar um "paraíso terreno", e muito menos de imaginar que a ultrapassagem da heteronomia seja um processo historicamente predeterminado ou inevitável. A autonomia, entendida muito simplificadamente como uma democracia autêntica e radical,[104] é, ao mesmo tempo, um *princípio ético-político*

(vide BOOKCHIN, 1995b:27 e 2007:95), tão comuns no interior do anarquismo clássico. Contudo, Bookchin buscou, durante várias décadas, se inserir no âmbito do movimento anarquista (várias vezes sendo rechaçado pelos mais ortodoxos), ao passo que Castoriadis jamais buscou uma tal inserção, ou mesmo um diálogo sistemático com os anarquistas. Ainda que essa atitude e certas generalizações às vezes um pouco injustas da parte de Castoriadis em relação aos anarquistas possam ser reprovadas, o fato é que, livre de certas amarras impostas pela tradição, ele inovou com uma profundidade ímpar, sendo a sua reflexão em torno do *projet d'autonomie* a mais cabal expressão disso, no plano político-filosófico.

[104] Sem dúvida, porém, não é tão simples assim, mesmo quando se reconhece, concordando com Castoriadis, que a democracia deve ser encarada como um regime (em sentido forte), e não como um simples conjunto de procedimentos (CASTORIADIS, 1996). A ideia de autonomia é, de certo modo, ainda mais complexa que a de democracia radical ou autêntica. Essa é também a razão, aliás, pela qual o conceito de autonomia é mais abrangente que o de *autogestão*. Enquanto a autogestão se refere, inicialmente, aos princípios e condições de exercício do *poder explícito* — no caso, um poder autônomo —, a autonomia, além de remeter a uma reflexão aprofundada sobre os seus níveis *individual* e *coletivo*, também pressupõe, explicitamente, uma concepção de superação do *infrapoder* heterônomo, isto é, das fundamentações extrassociais (metafísicas, naturalistas etc.) do poder — coisa que, admita-se, está somente implícita no conceito de autogestão, na melhor das hipóteses. Isso *não* quer dizer, no entanto, que o conceito de autogestão seja *supérfluo* (como o de democracia

e um *critério de julgamento*, e é essa segunda característica que lhe confere um sentido operacional: os *ganhos efetivos de autonomia* são um critério que pode ser empregado no exame da utilidade social de situações e processos concretos, em substituição a critérios implícitos ou explícitos de corte liberal (que tendem a superestimar a liberdade individual, sendo muito fracos ou lenientes a propósito das condições efetivas de exercício da liberdade coletiva) ou marxista (que, em certa medida, fazem o inverso, além de serem complacentes, em significativa medida, com a heteronomia, sob a forma do "centralismo democrático" leninista, da "ditadura do proletariado" e/ou do "Estado socialista").

De um projeto, uma política ou um esquema de gestão implementado pelo Estado, passando pela dinâmica e pelo desempenho de uma organização de movimento social, e chegando até os resultados de uma onda de protestos ou revolução: cada uma dessas coisas deve ser avaliada considerando-se, acima de tudo, a sua contribuição, no curto e no longo prazos, direta ou indiretamente, para a redução ou a ampliação da heteronomia, ou para ganhos maiores ou menores (ou nulos) de autonomia. Empiricamente, é nisso que se estriba uma avaliação do desenvolvimento sócio-espacial como um processo no sentido ora advogado. Em cada caso, a pergunta fundamental tem a ver com a redução ou superação da heteronomia e com a conquista da autonomia. Crescimento econômico ou progresso técnico desvinculados ou que se façam às custas de rapina ambiental, aumento de injustiça social (concentração de renda e/ou patrimônio, por exemplo) ou deterioração da qualidade de vida da

---

radical tampouco o é): ele é e continuará sendo um referencial muito importante, como aliás reconheceu o próprio Castoriadis (cf. CASTORIADIS, 1983), conquanto tenha um escopo imediato mais restrito.

maioria da população — situações típicas sob o capitalismo, conquanto não apareçam com a mesma intensidade em todos os espaços e em todas as escalas — podem até permitir que se fale de "desenvolvimento econômico" capitalista, mas *não* de desenvolvimento sócio-espacial.[105] Mesmo um cenário em que se pudesse constatar um aumento da satisfação das necessidades materiais (básicas ou não) da maioria da população e uma melhoria em certos indicadores de justiça social (como a distribuição de renda e patrimônio), seria um cenário de ganhos apenas relativos e limitados em matéria de desenvolvimento sócio-espacial (por mais importante que isso tudo possa ser!), caso não houvesse um aumento correspondente no grau de liberdade. No limite, um tal cenário poderia indicar até mesmo uma situação de manutenção, consolidação ou agravamento da heteronomia, pois algumas melhorias materiais na qualidade de vida e a diminuição de certas disparidades podem ser obtidas até mesmo sob o tacão de regimes autoritários, inclusive totalitários.

O "projeto de autonomia", tal como descortinado por Cornelius Castoriadis, constitui — é até supérfluo dizer — um lastro *metateórico*.[106]

---

[105] A rigor, o "desenvolvimento econômico", na sua essência, se reduz ao binômio *crescimento econômico* (expresso pelo crescimento do PIB, por exemplo) + *progresso técnico*. Os manuais de "Economia do Desenvolvimento" podem até fazer alusão a indicadores "socioeconômicos" e "sociais" em geral (da renda *per capita* ao número de leitos de hospital por 1.000 habitantes), mas isso *não* pertence ao núcleo do conceito de "desenvolvimento econômico". A lembrança, de tempos em tempos e aqui e ali, de objetivos tais como a redução de certas disparidades e a melhoria de uns tantos indicadores "sociais" serve, no máximo, como um lembrete de que, no fim das contas, a economia é parte da sociedade, e não o inverso — muito embora os economistas, por vício profissional, tendam a considerar a economia em si e por si, negligenciando ou banalizando a política, a cultura e a psicologia.

[106] Enquanto o plano propriamente *teórico* diz respeito às comparações, extrapolações, sistematizações etc. que, alimentadas por observações empíricas, permitem

Para ser tornado operacional, do ponto de vista da pesquisa e das necessidades de cientistas, a interrogação filosófica que está aí embutida (*o que é uma sociedade justa?*) precisa ser desdobrada em *parâmetros* e em *indicadores* que lastreiem as análises de detalhe e o estudo de situações e processos concretos. Essas situações e esses processos vão, como acabei de dizer, de intervenções e políticas públicas promovidas pelo Estado capitalista até as práticas espaciais insurgentes de movimentos sociais emancipatórios, e, indo mais além, até a espacialidade de rebeliões e revoluções.[107]

---

a construção de explicações menos ou mais gerais — sendo as observações empíricas, ulteriormente, por sua vez, realimentadas por esforços de generalização e síntese, e assim indefinidamente, em uma dialética incessante entre abstração e concretude e entre Sujeito e Objeto —, o plano *metateórico* remete às interrogações e especulações filosóficas (éticas, político-filosóficas, epistemológicas, ontológicas e estéticas), que contribuem decisivamente, diretamente e por meio da fertilização, inspiração e orientação da pesquisa científica (sendo a Filosofia, por seu turno, cada vez mais realimentada e informada pelo trabalho científico), para elucidar a realidade. Nas ciências da sociedade, a interdependência e a interpenetração dos planos teórico e metateórico (frequentemente subestimadas pelos pesquisadores) são ainda mais evidentes que nas ciências da natureza.

[107] No que concerne ao desenvolvimento sócio-espacial, venho propondo, há muitos anos, o seguinte encadeamento de parâmetros: 1) *parâmetro subordinador* (escolha de natureza, evidentemente, basicamente metateórica): a própria *autonomia*, com as duas faces interdependentes da *autonomia individual* (grau de efetiva liberdade individual) e da *autonomia coletiva* (grau de autogoverno e de autodeterminação coletiva, na ausência de assimetrias de poder estruturais, e também com os dois níveis distintos da autonomia no plano interno (ausência de opressão no interior de uma dada sociedade) e no plano externo (autodeterminação de uma dada sociedade em face de outras); 2) *parâmetros subordinados gerais*: justiça social (questões da simetria, da equidade e da igualdade *efetiva* de oportunidades) e qualidade de vida (referente aos níveis histórica e culturalmente variáveis de satisfação de necessidades materiais e imateriais); 3) *parâmetros subordinados particulares*: derivados dos gerais, enquanto

A autonomia, na qualidade de princípio e, principalmente, de critério de julgamento, precisa ser "geograficizada", "espacializada". E a "geograficização" da autonomia remete, de imediato, a uma *questão de escala*: aumentos de autonomia em pequena escala (na esteira, por exemplo, de autossegregação), beneficiando grupos que, economicamente, existem às custas do trabalho e da opressão de outros, terão a ver, no fundo, com uma autonomia que se apoia em uma flagrante *heteronomia* em uma escala mais abrangente — constituindo, portanto, uma *pseudo*autonomia, do ângulo da justiça social. E mais: a autonomia, mesmo sendo, logicamente, uma *meta* (que é ou pode vir a ser assumida por vários grupos e movimentos e, hipoteticamente, por sociedades inteiras, dependendo de suas características culturais), não corresponde a um "estágio" alcançável de uma hora para outra. A superação da heteronomia é um processo longo, penoso, aberto à contingência e multifacetado; ganhos de autonomia aqui podem ser neutralizados com retrocessos heterônomos acolá... E não há, diferentemente do etapismo das velhas teorias capitalistas

especificação deles, correspondem aos aspectos concretos (cuja escolha e seleção dependerão da construção de um objeto específico e das circunstâncias em que se der a análise ou julgamento) a serem levados em conta nas análises, tais como (apenas para exemplificar) o nível de segregação residencial, o grau de acessibilidade (acesso socialmente efetivo a recursos espaciais/ambientais) e a consistência participativa de uma determinada instância ou de um determinado canal institucional vinculado ao planejamento ou gestão sócio-espacial. Aproveitando o gancho, a tarefa de construção de indicadores é importante complemento dos esforços de seleção e integração de parâmetros; sobre isso tenho buscado contribuir, por exemplo, precisamente no que se refere à construção de indicadores de consistência participativa (e, mais recentemente, colaborando para se pensar em indicadores de "horizontalidade"/"verticalidade" de organizações de movimentos sociais, levando-se em conta a dimensão espacial).

do "desenvolvimento econômico" (como as "etapas do crescimento econômico" preconizadas por W. W. Rostow no começo da década de 1960) e também do marxismo ortodoxo (sucessão predeterminada de modos de produção), promessa historicista alguma a assegurar a concretização do "projeto de autonomia", em cujo âmbito se reconhece que a história é, como sempre, um *processo aberto às contingências* e *radicalmente criativo.*

* * *

Pois bem: e quanto ao "desenvolvimento"? Será que falar em "desenvolvimento" implica endossar teleologismo, eurocentrismo e economicismo? Sim e não. Se tivermos em mente o quadro discursivo e ideológico do "desenvolvimento econômico capitalista", com todo o seu cortejo de expressões e termos derivados ou associados ("países desenvolvidos", "países subdesenvolvidos", "países em desenvolvimento", "economias desenvolvidas" etc.), então a resposta deve ser um decidido *sim*. E é essa a referência que, mais ou menos explicitamente, determinados autores, como Cornelius Castoriadis, Serge Latouche, Gustavo Esteva e Arturo Escobar, tinham em mente ao assinalar suas apropriadas objeções à impostura ideológica do desenvolvimentismo e das teorias e abordagens do "desenvolvimento" capitalista, em suas diversas versões (das mais antigas ou antiquadas, como aquelas dos anos 1950 e 1960 e os enfoques "puramente econômicos" em geral, até as mais recentes, como o "desenvolvimento sustentável").[108] O problema é que, ao desferirem suas

---

[108] Consulte-se, a propósito das críticas ao "desenvolvimento", Cornelius CASTORIADIS (1986a), Serge LATOUCHE (1986, 1994 e 1995), Gustavo ESTEVA (1992 e 1993) e Arturo ESCOBAR (1995). Ver também o *Development Dictionary*, organizado por Wolfgang Sachs (SACHS, 1992).

críticas e professarem sua salutar iconoclastia, não raro eles incorreram em reducionismo terminológico e conceitual, por tomarem, explícita ou tacitamente, a palavra (e a ideia de) *desenvolvimento* como sinônimo de *desenvolvimento econômico (capitalista)* — falha que, curiosamente, deu margem, inclusive, a pequenas contradições.

O termo *desenvolvimento*, em si mesmo, nada tem, necessariamente, de teleológico, e muito menos de eurocêntrico ou economicista.[109] Ele existe há muitos séculos, não tendo surgido com a ideologia capitalista do "desenvolvimento econômico" e tampouco se restringindo a ela. Etimologicamente, "desenvolvimento" (e seus equivalentes em outras línguas, do inglês *development* ao alemão *Entwicklung*) significa retirar um "envoltório", algo que "envolve" alguma coisa. O sentido é cristalino: "liberar", "retirar obstáculos". É bem verdade que isso tem sido capturado, em vários domínios, de modo teleológico, finalista, como a noção do desenvolvimento de um organismo (uma planta, por exemplo), em que as "etapas" são conhecidas de antemão; e foi esse o sentido mais ou menos embutido, desde o começo, no discurso capitalista do "desenvolvimento econômico" (assim como, antes dele, no discurso do "progresso", termo

[109] Tanto quanto, por exemplo, o uso do termo "estrutura" não implica, necessariamente, "estruturalismo", ou o termo "função", "funcionalismo", e assim sucessivamente. Terminaríamos privados de vocabulário se fôssemos banir de nossas vistas toda e qualquer palavra que, em algum momento ou mesmo com frequência, tem sido empregada de um modo que reprovamos, ou que tenha sido "contaminada" por algum tipo de discurso ideológico. Teríamos de jogar na lata do lixo, entre outros termos, "reforma" (e até "revolução"), "planejamento", "gestão" (e o que seria da "*auto*gestão", assim?...), "política", "poder", "dialética"... Nem mesmo "autonomia" sobraria. Moral da história: desfazer-se de palavras, em vez de disputar o seu significado, pode ser a solução mais cômoda, mas nem sempre é a mais inteligente.

derivado de um verbo latino que quer dizer "avançar", "seguir adiante", "caminhar para a frente"). *Não obstante*, isso jamais esgotou o universo de emprego dessa palavra, especialmente no quotidiano. Quando falamos no "desenvolvimento artístico" ou "intelectual" de alguém, só mesmo uma interpretação muito tacanha ou até mesmo insana enxergaria aí a suposição de que se sabe de antemão onde a busca de um artista ou intelectual por (auto[s])superação irá dar. Em geral, o que queremos dizer é que há uma *busca*, um processo de *pôr-se em movimento* — que, quase por definição, é aberto e imprevisível. A "ultrapassagem de obstáculos" que está implícita na palavra desenvolvimento não remete, inevitavelmente, a uma pressuposição de que o percurso seja conhecível antecipadamente e de uma vez por todas, ou de que existam "etapas" predeterminadas e iguais para todos! É notável, aliás, que a palavra "desenvolvimento", indicando "mudança (para melhor)", seja empregada (distraidamente?) até mesmo pelos críticos mais profundos do "desenvolvimento econômico" capitalista.[110]

Definitivamente, o desenvolvimento sócio-espacial, referente a um processo de enfrentamento da heteronomia e tendo a autonomia como um *horizonte de pensamento e ação*, é uma antítese ético-política do "desenvolvimento econômico" capitalista. São ideias antípodas: se situam

[110] Acompanhemos a seguinte passagem, exemplar: "[h]á muito tempo eu penso que a solução para os problemas atuais da humanidade deve passar pela conjunção desse elemento [formas de sociabilidade e um certo 'tipo de ser humano' ainda não completamente modelado pelo imaginário capitalista, tais como ainda podem ser encontrados em países do 'Terceiro Mundo'] com o que o Ocidente pode aportar; eu entendo, por isso, a transformação da técnica e do saber ocidentais de maneira que eles possam ser postos a serviço da manutenção e do *desenvolvimento* [*développement*] das formas autênticas de sociabilidade que subsistem nos países 'subdesenvolvidos' (...)" CASTORIADIS, 1986a:173-74; grifo de M.L.S).

em posições diametralmente opostas uma à outra, nos planos filosófico e teórico. Porém, quais seriam os *limites culturais* do conceito ora apresentado, coerentemente dentro da convicção de que uma imposição de valores e instituições, por bem-intencionada que fosse, não passaria de heteronomia, de (tentativa de) dominação?...

Assim como a ideia de autonomia surgiu entre os gregos na Antiguidade, também a noção de uma "mudança (para melhor)", como um valor permanente, possui raízes históricas: a saber, em uma cosmovisão e apreensão do tempo tipicamente europeias ou ocidentais. Para uma sociedade tribal, daquelas tratadas por Pierre Clastres em seu magnífico *A sociedade contra o Estado* (CLASTRES, 1982), a ideia de uma autossuperação ou "mudança para melhor" não soaria somente estranha, por ser exógena: representaria um *antivalor*, uma vez que a *permanência* é que é desejada, e não qualquer transformação substancial, não sendo por acaso que as mudanças, mesmo as pequenas, são muito lentas e pouco perceptíveis.[111] Porém, mesmo sem imaginar, por um momento que seja,

---

[111] Falar em "desenvolvimento" (e em "subdesenvolvimento"), aliás, só faz sentido no contexto da ocidentalização que veio na esteira da multissecular expansão do capitalismo, dos séculos XV e XVI à atual globalização: as civilizações pré-colombianas, o Egito dos faraós, a Atenas de Péricles ou o Japão feudal não eram, evidentemente, "subdesenvolvidos", nem tampouco "desenvolvidos" ("subdesenvolvidos" ou "desenvolvidos" *em relação a quê?...*). Essas categorias simplesmente tornam-se inteiramente desprovidas de toda e qualquer razoabilidade fora do contexto histórico da emergência e da expansão do moderno capitalismo. E, mesmo nos marcos históricos do capitalismo, não podem ser usadas sem muito cuidado: não somente pelas razões há muito apontadas pelos teóricos da "dependência" e do imperialismo (isto é, de que o "desenvolvimento" dos países centrais se fez em larga medida às custas do "subdesenvolvimento" da periferia do sistema), mas também porque parecem sempre pressupor que determinados países atingiram o "estado" de "desenvolvidos", enquanto que outros não — por mais que fenômenos como

ser razoável ou justo tentar impor a "mudança para melhor", como um *valor*, às mais diferentes culturas (e, na esteira disso, valores específicos e conteúdos substantivos, como "equidade", "democracia", "igualdade de gênero" etc.), um fato dificilmente poderia ser negado: hoje, em meio à globalização, e cada vez mais, o anseio por uma "mudança para melhor" está, nas sociedades ocidentais ou fortemente ocidentalizadas, indubitavelmente presente. E no bojo disso a própria autonomia, como um valor, encontra espaço para se disseminar, ao menos como um valor *latente*. É inegável que, atualmente, o Ocidente expandiu e continua a expandir, em certa medida, suas fronteiras para todo o planeta. É praticamente o mundo todo que, nos dias que correm, se acha ocidentalizado em alguma medida — *para o bem e para o mal*.[112] Como eu escrevi

---

a "precarização do mundo do trabalho", a antiga e a "nova pobreza", as altas taxas de depressão e suicídio, o histórico de degradação ambiental, as manifestações político-eleitorais, o crescimento da xenofobia e do racismo etc. na Europa Ocidental e nos EUA nos convidem, o tempo todo, a duvidar de que estejamos diante de modelos perfeitos, dignos de serem imitados e imunes a ressalvas significativas.

[112] Essa sutileza é relevante, pois não deveríamos esquecer que, do Ocidente, não vieram somente heteronomia e os valores e ideologias que tentam justificá-la e legitimá-la, mas também o seu antídoto, sob a forma de práticas e pensamentos emancipatórios, inclusive libertários. Por mais que os processos de colonização das Américas, da África e da Ásia e, por fim, de "ocidentalização do mundo" tenham sido concretizados na esteira de incontáveis dramas, repressões e mesmo crimes — rapina ambiental, genocídios, institucionalização do racismo, superexploração do trabalho, criação de fontes de conflitos duradouras etc. —, a influência do Ocidente, a começar pelo Iluminismo, pode ser melhor caracterizada como *ambivalente* (e *contraditória*) que como algo de sentido unívoco e exclusivamente negativo. A despeito de muitas (ou a maior parte das) injustiças e opressões vivenciadas no Globo terem algo (ou muito) a ver com ideias e práticas ocidentais, não seria razoável ignorar que, do ponto de vista da equidade de gênero, da crítica da gerontocracia e das

em livro anterior, "[a] inocência foi perdida, quem sabe até mesmo para os ianomâmis ou pigmeus africanos remanescentes" (SOUZA, 2006a:107). E, com isso, chegamos à interessante e quase paradoxal situação em que, até mesmo para se lutar pela etnodiversidade no Globo e pela autodeterminação dos povos não ocidentais, uma ideia ocidental, *autonomia*, se torna indispensável, da mesma maneira que a ideia de uma "mudança para melhor" (no sentido de frear o avanço da pasteurização cultural, do cinismo intervencionista e da destruição de ecossistemas inteiros) passa a ser uma meta válida, de certo modo, em escala planetária, sem a qual *o conjunto* da humanidade corre o risco de testemunhar e padecer uma catástrofe social e ambiental sem precedentes.[113]

---

desigualdades sociais etc. — um ponto de vista, aliás, que deve bastante à experiência greco-ocidental, da democracia antiga ao Iluminismo e às reflexões e lutas dos últimos séculos... —, sociedades tradicionais e pré-capitalistas não são, necessariamente, nenhum modelo irrepreensível (às vezes, nem mesmo de prudência ecológica).

[113] Tive a oportunidade de propor os conceitos de "autonomia no plano interno" e "autonomia no plano externo" em vários trabalhos anteriores (cf. SOUZA, 1997a e 2006a). A "autonomia no plano interno" corresponde à autonomia em seu sentido forte, destrinchado por Castoriadis: autonomia *individual* e *coletiva* como premissas e, dialeticamente, igualmente produtos da liberdade, no interior de uma dada sociedade. Ocorre, todavia, que, de um ponto de vista que recuse o eurocentrismo, é preciso levar em conta, adicionalmente, o direito de autodeterminação mesmo daqueles povos imersos em imaginários saturados (aos olhos ocidentais ou ocidentalizados, evidentemente) de heteronomia. A "autonomia no plano externo" representa essa possibilidade de autopreservação política e cultural, a ser respeitada sobre os fundamentos de um princípio de *não intervenção*. Esse princípio, sublinhe-se, nada tem a ver com simpatizar com práticas e instituições que um observador ocidental ou ocidentalizado, especialmente quando autonomista e libertário, considere problemáticas ou repugnantes, como o patriarcalismo, a gerontocracia,

À luz da abordagem autonomista do desenvolvimento sócio-espacial, a diferença entre os países ditos "desenvolvidos" e aqueles ditos "subdesenvolvidos" (ou, eufemisticamente, "em desenvolvimento", "emergentes" etc.) é, sob alguns aspectos fundamentais, uma questão meramente de *grau* — ainda que, material e mesmo politicamente, as distinções em matéria de satisfação de necessidades e margem de manobra para o exercício da liberdade cheguem a ser gritantes e chocantes. Em outras palavras, ainda que a diferença de grau seja enorme, como aquela existente entre os países escandinavos ou a Holanda, de um lado, e Mianmar ou a Coreia do Norte, de outro. Com efeito, a heteronomia verificada em um país europeu e aquela observável em um país latino-americano ou africano remete a diferenças mais propriamente de quantidade que

---

a infibulação das meninas ou seja lá o que for; e muito menos tem algo a ver com silenciar diante de flagrantes caricaturas de "tradições" e argumentos culturais (como aqueles tantas vezes utilizados para justificar as atrocidades de ditadores na África, na América Latina ou na Ásia, ditadores esses, aliás, não raro bastante influenciados pelo Ocidente...). O que está em questão é a legitimidade do direito de se imiscuir, com palavras e principalmente com pressões e intervenções mais concretas (econômicas, culturais e militares), nos assuntos de outros povos, em nome de valores pretensamente universais. Esse é um tema que deve estar constantemente aberto para debate, fazendo-se justiça à sua imensa complexidade: o risco de se adotar uma resposta apriorística absolutamente negativa ("interferir nos assuntos de outros povos e culturas é sempre ilegítimo") é, decerto, o de se deixar de lado o fato de que influências sempre acabam ocorrendo, e solidariedade externa pode ser, inclusive, desesperadamente buscada por uma parcela de uma sociedade (e sociedades nunca são totalmente homogêneas); por outro lado, o risco de se adotar uma resposta apriorística inversa, basicamente positiva ("interferir nos assuntos de outros povos e culturas é, a princípio, perfeitamente ilegítimo"), é o de se prestar, por razões "humanitárias", a apoiar, ingenuamente, projetos de cunho imperialista e neocolonizador.

de qualidade: afinal, mesmo em uma "democracia" representativa em estilo escandinavo há uma separação estrutural entre dirigentes e dirigidos, com todas as consequências que daí advêm. Além disso, como sabemos (basta comparar os EUA com, digamos, a Suécia), o grau de heteronomia interno se correlaciona mal com o poderio econômico e militar: ser mais "rico" ou "poderoso" não significa, necessariamente, ser mais justo e menos conflituoso.

Pode-se dizer que aquilo que realmente mais se assemelha a uma distinção qualitativa entre os países se refere à sua posição *geoeconômica* e *geopolítica* no cenário internacional: o histórico contraste entre, de um lado, os assim chamados "países capitalistas centrais" — capazes de exportar capital e drenar recursos dos demais países e até de protagonizar intervenções militares em outros continentes para defender seus interesses, além de, mais recentemente, externalizar impactos ambientais "exportando entropia"[114] — e, de outro lado, os "países periféricos". De toda

[114] O economista romeno (radicado nos EUA) Nicholas Georgescu-Roegen (1906-1994) foi pioneiro em interpretar o processo econômico com a ajuda da Segunda Lei da Termodinâmica, também conhecida como "Lei da Entropia" (GEORGESCU-ROEGEN, 1999). Ainda que ele não tenha tirado todas as conclusões necessárias no que toca ao papel do capitalismo, sua análise, extremamente heterodoxa e erudita, é um ponto de partida indispensável. A entropia é uma grandeza que expressa o "grau de desordem" em um sistema físico(-químico), e a "Lei da Entropia" reza que "a quantidade de entropia de qualquer sistema termodinamicamente fechado tende a aumentar com o tempo, até alcançar um valor máximo". O tema não é isento de controvérsias, e seria um erro tomar a entropia, vulgarmente, como sinônimo de "desarrumação" ou "confusão", já que sistemas fechados e, assim, submetidos a um aumento de entropia, não precisam corresponder a uma imagem ordinária e subjetiva (e estética) de "desordem". O que está em questão é a "desordem" do ponto de vista *termodinâmico* — além, por extensão, do postulado de que, em busca do "equilíbrio térmico", existe, no universo, a tendência de equalização

sorte, a oposição "países (capitalistas) centrais" *versus* "países (capitalistas) periféricos", conquanto constitua uma primeira aproximação válida, não é suficiente, ainda mais hoje em dia, para dar conta plenamente da realidade.[115]

---

de temperatura, com a transferência de calor de corpos quentes para corpos frios, e com a diminuição subsequente da chance de obtenção de *trabalho*, em sentido físico. O planeta Terra, por receber radiação do Sol, não pode ser considerado um sistema fechado; mas, dado que o aporte de matéria nova é irrelevante, circunscrito a um ou outro meteorito que caia aqui ou acolá, a Terra pode ser tomada como um sistema *semifechado*. E, do ponto de vista *econômico*, um sistema semifechado como a Terra funciona, na prática, como um sistema fechado. O processo econômico corresponde à transformação de *matéria bruta* em *matérias-primas*, e matérias-primas em *bens*, por meio do *trabalho* e com a ajuda de fontes de *energia*; os subprodutos desse processo são, sempre, a *dissipação de energia* (gerando calor) e a *geração de resíduos e rejeitos* — de "lixo". Nisso consiste um processo entrópico. Só é possível compensar essa tendência se servindo de novas fontes de baixa entropia; ou, em termos humano-sociais, recorrendo a novas fontes de matérias-primas, por exemplo. No entanto, isso vale de modo "localizado"; em todo sistema (semi)fechado, em que aportes adicionais de baixa entropia sejam muito difíceis e raros ou até mesmo impossíveis, isso não se aplica, e a tendência de incremento da entropia é inexorável. Apesar dessa inexorabilidade, a tendência de aumento da entropia pode ser acelerada ou desacelerada, dependendo do modo de produção e de seus impactos ecológicos. Ora, o capitalismo se baseia, justamente, nos imperativos da acumulação e do crescimento, o que faz dele um modo de produção *extremamente entrópico* em escala *global*. Ilhas de "neguentropia" (entropia negativa) e a redução de entropia têm sido viáveis, aqui e ali, na escala de regiões, países ou grupos de países, mas na esteira de uma externalização maciça de custos ambientais: "exportando-se entropia", portanto, por exemplo, sob a forma de transferência de tecnologias e indústrias mais impactantes e poluidoras (= mais entrópicas) para a semiperiferia, ou mesmo sob a forma de exportação de lixo químico, biológico ou nuclear.

[115] Apesar das razões que serão arroladas a seguir, no corpo do texto, com o fito de mostrar as limitações desse esquema classificatório centro/periferia, abrirei mão, doravante, das aspas, para não sobrecarregar demais o texto. De toda sorte,

Note-se, para começo de conversa, que os países *semiperiféricos* aí estão a provar que até mesmo nos terrenos geoeconômico e geopolítico há tons de cinza entre o preto e o branco. É bem verdade, convenhamos, que os países ditos semiperiféricos, a despeito das suas características intermediárias,[116] são, em última análise, também eles entidades mais ou menos subalternas no plano mundial; apesar disso, não seria ajuizado postular que a expressão geopolítica e geoeconômica de um país semi-

---

às limitações ora apresentadas há que se agregar ainda a sensível argumentação do Subcomandante Insurgente Marcos, desenvolvida no âmbito de uma série de falas intitulada *Nem centro nem periferia*, proferida em dezembro de 2007 em San Cristóbal de las Casas, em Chiapas (MARCOS, 2009). A dimensão que poderíamos chamar de ético-político-cultural aflora com intensidade em tais falas, obrigando a relativizar a "centralidade" do "centro" e a "periferidade" da "periferia" à luz da seguinte questão: "centro" e "periferia" *para quem*, e *de que ponto de vista?* De uma perspectiva radicalmente comprometida com um humanismo sem aspas, o sofrimento, as angústias, a cultura e as necessidades de qualquer povo não são, intrinsecamente, jamais "periféricas", a não ser de um ângulo *geopolítico* — seja para denunciar a subalternização de algumas culturas e cosmovisões em favor de outras, seja para, no discurso de um *outsider* arrogante (discurso esse embebido em valores de dominação e colonialismo), endossar essa subalternização.

[116] Tanto no terreno geopolítico (razão pela qual eles são, frequentemente, chamados de "potências regionais") quanto no plano econômico-social. Economicamente, algumas de suas características os aproximam dos países centrais: uma industrialização expressiva e pujante, ainda que incompleta e lacunar; esforços importantes na área de "pesquisa & desenvolvimento" (P&D), apoiados por um sistema universitário digno de nota; economia diversificada. Vários "indicadores sociais", por outro lado, os aproximam dos países tipicamente periféricos — e, às vezes, o seu desempenho, em matéria de educação, saúde etc. é até mesmo pior que o de alguns países periféricos: compare-se, por exemplo, o Brasil com o Uruguai ou a Costa Rica... Por isso, o Brasil, país semiperiférico típico, já foi chamado de "país subdesenvolvido industrializado".

periférico é *sempre* inferior àquela de um país central: basta compararmos, por exemplo, o Brasil com a Holanda ou a Suécia. Além do mais, os países centrais não formam um universo nada homogêneo (e tampouco os periféricos formam!); e, quando olhamos mais de perto, a própria aplicação do adjetivo *central* merece ser conduzida com parcimônia. Para além de alguns casos inquestionáveis (EUA, Japão, Alemanha, França, Reino Unido, Itália, Canadá), e incluindo ainda alguns países centrais de porte mais modesto (como Holanda, Suécia e Bélgica), os problemas principiam com países como Noruega, Dinamarca e Finlândia, que possuem indicadores de bem-estar que se situam entre os melhores do mundo há muitas décadas, mas que são geopolítica e geoeconomicamente pouco expressivos, além de *não* terem edificado sua prosperidade em grande parte graças a um passado colonial/imperialista. E os problemas prosseguem com Portugal (ex-metrópole colonial, hoje reduzida à irrelevância geopolítica e econômica), Irlanda, Grécia... Sem contar os países da Europa Oriental (Polônia, Hungria, Romênia etc.)... Definitivamente, Portugal, Irlanda, República Tcheca ou Polônia não são centrais, mas tampouco são periféricos.[117] Seriam, por isso, semiperiféricos? Essa até pode

---

[117] Países periféricos usualmente apresentam as seguintes características econômicas, socioeconômicas e geodemográficas: um PIB para cuja formação a indústria contribui muito pouco, e a agricultura e/ou o extrativismo, em contrapartida, contribuem muito; a pauta de exportações é (quase) totalmente dominada por produtos do setor primário (alimentos e matérias-primas); a população é predominantemente rural; o setor de serviços, mesmo que hipertrofiado, é bastante deficiente; a concentração de renda e patrimônio é muito elevada, com a pirâmide de renda e *status* dividindo-se entre uma pequena elite e uma imensa massa pobre e despossuída, sendo ínfimo ou pequeno o peso quantitativo e político da "classe média". Sem dúvida, há alguns países que, embora economicamente classificáveis como sendo de tipo periférico, não são assim tão marcados por disparidades socioeconômicas, como Uruguai e Costa Rica; todavia, são exceções que confirmam a regra.

ser, à primeira vista, uma hipótese tentadora, mas a sugestão de pô-los na mesma gaveta que Brasil, Coreia do Sul, México, Índia ou África do Sul carece de realismo, pois com isso criaríamos uma "categoria-valise" demasiado heterogênea. E o que dizer, então, da China? Faria, ainda, sentido chamá-la de semiperiférica? Ou já seria razoável qualificá-la como "central"?... Como se vê, aproximações sucessivas revelam uma atordoante complexidade, perante a qual o esquema países centrais/países periféricos, mesmo quando complementado com a categoria intermediária dos países semiperiféricos, é uma ferramenta cuja utilidade não deve ser exagerada.

Pois bem: voltando à questão de *se* e *o quanto* os países centrais poderiam ser chamados, de fato, de "desenvolvidos", é inegável que, na base de uma mescla de fatores como a pressão de movimentos sociais internos a esses países (como o movimento operário no século XIX e no início do século XX) e, em muitos casos, os benefícios da expansão colonial/imperialista, tais países criaram condições para mitigar consideravelmente as desigualdades e a heteronomia dentro de suas fronteiras. Entretanto, seria isso suficiente para justificar o adjetivo "desenvolvidos"? *Se nós*: a) entendermos o desenvolvimento sócio-espacial como um processo de superação de injustiças e conquista de autonomia, processo esse sem fim (término) delimitável; b) não esquecermos as significativas desigualdades que podem ser encontradas em muitos dos países capitalistas considerados "desenvolvidos" — a começar, obviamente, pelos EUA; *então* a oposição entre países "subdesenvolvidos" e "desenvolvidos", ainda que talvez um pouco útil para ajudar a caracterizar (grosseiramente) um certo tipo de contraste no que tange a indicadores econômicos e de bem-estar, se revelará ardilosa e muito pouco rigorosa, razão pela qual deve ser evitada. Na verdade, ela pode terminar prestando antes um desserviço que um auxílio à tarefa de elucidar a realidade. A despeito do que induz a pensar a expressão "(sub)desenvolvimento", nós não deveríamos acreditar tão facilmente que os países ditos "desenvolvidos" são modelos imitáveis ou dignos de imitação. Vê-los como propriamente imitáveis é abdicar do senso de historicidade; e tê-los como dignos de imitação é perder o sentido do próprio valor cultural, como tantas vezes ocorre com os colonizados.

* * *

Debruçando-nos sobre o tema de um modo alternativo em relação às teorizações das décadas de 1950 a 1970 — e, em grande medida, também diferentemente do pantanoso terreno do "desenvolvimento sustentável", que tem sido muito mais um *slogan* ideologicamente manipulado e manipulável que um referencial teórico sólido —, "desenvolvimento" não deve ser, portanto, sinônimo de "conquistar mais do mesmo" no interior do modelo social capitalista — isto é, perseguir altas taxas de crescimento e mais modernização tecnológica. O desenvolvimento sócio-espacial é, acima de tudo, o enfrentamento da heteronomia e a conquista de mais e mais autonomia. *E isso não pode ser feito sem a consideração complexa e densa da dimensão espacial em suas várias facetas*: como "natureza primeira"; como "natureza segunda" material, transformada pela sociedade em campo de cultivo, estrada, represa hidrelétrica, cidade...; como território, espaço delimitado por e a partir de relações de poder, ou, mais rigorosamente, projeção espacial de relações de poder; como lugar, espaço dotado de significado e carga simbólica, espaço vivido em relação ao qual se desenvolvem identidades sócio-espaciais, ou, no fundo, imagens espaciais e sentimentos e afetos espacializados; e assim sucessivamente. Por conseguinte, cumpre reescrever a fórmula anteriormente empregada: o que importa não é, sendo rigoroso, uma "transformação social para melhor, propiciadora de melhor qualidade de vida e maior justiça social", mas sim uma transformação para melhor das relações sociais *e do espaço*, propiciadora de melhor qualidade de vida e maior justiça social.

É preciso grifar a importância da "geograficidade" da realidade humano-social. Porém, o que é essa "geograficidade"? O termo tem origem na Geografia francesa, mais especificamente em E. DARDEL (1990). Se, em Dardel, o termo assume um sentido mais ontológico, referente às relações viscerais do homem com o espaço como coconstitutivas do próprio ser humano (ideia que, sem tomar conhecimento de Dardel, Robert D. Sack buscou explorar, décadas mais tarde, em seu livro sobre o *homo geographicus* [SACK, 1997]), em Yves Lacoste, que também o empregou, ele possui um sentido mais epistemológico, concernente àquilo que caracterizaria a abordagem geográfica da realidade, em analogia ao "senso de historicidade" (LACOSTE, 1988).

No entanto, enfatizar a "geograficidade" da realidade humano-social não é o mesmo que saudar o *espacialismo*, o "fetichismo espacial" — por exemplo, no estilo da "justiça espacial" advogada por Edward Soja em seu *Seeking Spatial Justice* (SOJA, 2010). Enquanto Soja teima (como faz desde os tempos de sua "dialética sócio-espacial" [cf. SOJA, 1980], ainda que com estilo diverso) em tentar caracterizar a "justiça espacial" como uma esfera distinta da justiça social e dotada de vida própria (assim como o espaço em si seria dotado de "leis próprias", ontologicamente), a perspectiva do desenvolvimento sócio-espacial insiste em postular que a maneira sensata de valorizar o espaço é procurar compreender a sua relevância no contexto da sociedade concreta. Do meu ponto de vista, o que conta é a dimensão espacial da justiça social, e não uma "justiça espacial" como "estrutura", "instância" ou "(sub)sistema" mais ou menos independente.

No passado, as teorias e abordagens do "desenvolvimento", por vício disciplinar de origem (sendo oriundas da Economia ou da Sociologia), ou negligenciavam o espaço geográfico ou valorizavam-no muito parcelarmente, mutilando-o. O espaço era, o mais das vezes, reduzido a um espaço econômico ou, então, visto como "meio ambiente" e "recursos naturais".[118] O tipo de pesquisa e reflexão ora advogado sobre a mudança

---

[118] Em SOUZA (2006a) e, já antes disso (1997a) e em outros lugares, eu havia discorrido sobre a maneira como o espaço geográfico é tratado (quando é!) nas teorias sobre o desenvolvimento, da teorização mais clássica sobre o desenvolvimento econômico (de Schumpeter a Rostow e a Hirschman) ao "desenvolvimento sustentável" da década de 1990 em diante, passando pelos enfoques da "redistribuição com crescimento", da "satisfação de necessidades básicas", da "dependência" (e do "sistema mundial capitalista" de I. Wallerstein), do "development from below", do "desenvolvimento endógeno", do "ecodesenvolvimento" e do "etnodesenvolvimento". Também tive a oportunidade de considerar o que chamo de críticas "niilistas", no estilo de um S. Latouche ou de um G. Esteva. Faz-se necessário salientar que de modo algum pretendo ou pretendi sugerir que aportes sumamente fecundos ou pelo menos interessantes sobre o espaço não tenham sido carreados por pelo menos algumas dessas vertentes. Das contribuições perrouxianas a propósito da regionalização e do "polos de crescimento" à valorização operada por I. Sachs a propósito do ambiente natural (para além do economicismo mais estreito), passando pelos elementos inspiradores que podem ser encontrados nos trabalhos de um Wallerstein, bastante coisa foi e tem sido importante para mim mesmo. O grande problema é que, como expus no texto, a valorização do espaço, quando existe, é ao menos aos olhos de um geógrafo tímida e parcial. E a isso se deve acrescentar que, na minha avaliação, uma valorização realmente holística e plena da dimensão espacial não exige apenas uma formação profissional propiciadora das bases epistemológicas e teórico-conceituais para uma tal valorização, mas igualmente uma disposição filosófica para evitar a tentação de determinar de modo muito amarrado o que seja o conteúdo concreto da "mudança para melhor" (= desenvolvimento). Uma significativa abertura nesse estilo é, aliás, o que pode permitir que, para além dos próprios conceitos científicos usuais (espaço

sócio-espacial tem como apanágio, portanto, não apenas buscar evitar o economicismo, o etnocentrismo e o teleologismo (etapismo, historicismo), mas, obviamente, também o empenho na afirmação da *espacialidade* como um aspecto essencial do problema.

A partir do momento em que, para pensar a superação de problemas, não nos restringimos às escalas internacional e nacional, que têm sido as escalas privilegiadas pelas teorizações sobre o "desenvolvimento econômico", e passamos a levar seriamente em conta igualmente as necessidades quotidianas das pessoas reais, somos obrigados a considerar mais pormenorizadamente temas como as condições, os limites e as potencialidades do uso do solo, a disponibilidade e a qualidade da infraestrutura técnica e social, a adequação da malha viária e dos sistemas de transporte, as barreiras visíveis e invisíveis, as imagens de lugar... Ou seja, temas diretamente relacionados à acessibilidade, à locomoção, ao conforto ambiental, às chances de participação nas tomadas de decisão, à autoestima coletiva etc. Em consequência, tende a tornar-se evidente que abordagens puramente setoriais ou enfoques excessivamente abstratos e parciais a propósito do espaço e da espacialidade não nos servem: se nossas tarefas incluem a desestigmatização sócio-espacial, a eliminação de barreiras e fronteiras, o redesenho territorial etc. — o que nos confronta com a necessidade de lidar com metas e estratégias muito variadas, com distintos graus de ambição e relativas a diferentes escalas temporais e espaciais, como a reforma agrária, a reforma urbana, a transformação

---

e seus derivados: território, lugar, paisagem, região...), "*termos nativos*" ("pedaço", "cena" e outros tantos — ver Capítulo 9) possam ser peças-chave da análise, em meio a uma consideração séria das vivências espaciais e cosmovisões particulares de cada grupo ou cultura.

espacial visando à redefinição dos vínculos entre cidade e campo, a reconsideração conjunta da produção, do abastecimento e do consumo, a proteção ambiental, o uso de fontes alternativas de energia, a descentralização territorial, esforços de reconstrução alternativa de imagens de lugar e coisas que tais —, então é lógico que pensar a mudança social pressupõe, obrigatoriamente, pensar também o espaço e a espacialidade, no contexto da sociedade concreta.

De maneira muito mais indireta que direta — ou seja, sem dialogar muito com os "teóricos do desenvolvimento" e suas teorias —, a Geografia vem dando, desde o século XIX, contribuições decisivas para a empreitada de (re)pensar a mudança sócio-espacial, e tenho procurado recuperar e valorizar essas contribuições. Uma delas, aliás, gostaria de ressaltar, por seu pioneirismo e sua afinidade ética e político-filosófica com o meu próprio trabalho: o projeto de Élisée Reclus, e especialmente do Reclus de *L'Homme et la Terre* (RECLUS, 1905-1908), de investigar a dialética entre uma natureza que condiciona a sociedade e uma sociedade que se apropria da natureza (material e simbolicamente: na verdade, a própria "natureza" é sempre uma ideia culturalmente mediada) e, para o bem e para o mal, a transforma. Esse projeto possui, acredito, um brilho ímpar e duradouro. É certo que a crença no "progresso" e o otimismo exagerado em relação ao avanço tecnológico e ao papel positivo da ciência, típicos de um autor cuja mentalidade foi forjada no século XIX (e que são, nesse contexto, totalmente compreensíveis), precisam, hoje, ser revistos, sem que necessariamente nos convertamos em pessimistas; e é lógico que, conceitual, teórica e metodologicamente, não faz mais sentido simplesmente reproduzir o caminho trilhado por Reclus. Isso nem sequer faria justiça ao espírito do próprio geógrafo francês, que estava, ele próprio, sempre em movimento, e soube se renovar ao longo de sua vida intelectual. Mas a ideia do homem como "a natureza tomando consciência de si mesma" (uma de suas muitas frases lapidares), reconsiderada à luz de uma época em que um modo de produção essencialmente antiecológico parece conduzir a humanidade à beira de um precipício civilizatório, na esteira de processos cada vez mais entrópicos em escala global, é a "deixa" para que os pesquisadores sócio-espaciais, geógrafos de formação ou não, refinem e otimizem a colaboração que podem prestar a um repensamento do mundo e suas perspectivas.

Reclus, aliás, é um dos que nos inspiram a conclusão de o quanto as conversas atuais em torno da "sustentabilidade ambiental" podem ser (e amiúde são), além de comumente vazias, também enganosas e traiçoeiras: afinal, tacitamente, geralmente se mantém a premissa de que, para além de uma certa "qualidade de vida", é o próprio contexto sócio-espacial macro — o capitalismo — que se deseja, no frigir dos ovos, também "sustentar". A *prudência ecológica* que podemos extrair como uma das lições de Reclus (e também de Murray Bookchin e de alguns outros grandes pensadores da ecologia e da natureza, no interior do pensamento crítico) é, assim, um componente crucial da perspectiva do desenvolvimento sócio-espacial, e um componente que não depende somente das características individuais dos agentes (sua "consciência" e seus valores morais), mas também e decisivamente das estruturas, das determinações e dos processos "anônimos" que condicionam — sem determinar por completo e sem suprimir uma dose de livre-arbítrio! — os papéis e as ações dos agentes. O capitalismo, por força do imperativo da reprodução ampliada do capital e da crença ("significação social imaginária", no dizer de Castoriadis) na expansão ilimitada da racionalidade (instrumental) e da técnica, convida, no seu âmago, ao inverso da prudência ecológica. À luz disso, o discurso hegemônico sobre o "desenvolvimento sustentável" é, como toda ideologia (em sentido forte), uma mescla de falácias e fatos, de meias-verdades, induzindo constantemente ao (auto)engano.

* * *

Uma última questão precisa ser examinada, oferecendo-se, com isso, a chance de desfazer alguns (possíveis) mal-entendidos. Se o exercício do poder e processos de territorialização são coisas indissociáveis, então, de uma perspectiva que questione a heteronomia, impõem-se, como extensão e aplicação da ideia de autonomia, as ideias de *território autônomo* e *territorialidade autônoma*. Entretanto, quais seriam a substância e o alcance de tais referenciais? Será realista falar em território autônomo e territorialidade autônoma em face da globalização, período histórico em que se torna cada vez mais difícil manter um espaço como uma "ilha" autossuficiente?

Relembrando a objeção levantada por Castoriadis contra uma das premissas do pensamento anarquista clássico, o primeiro mal-entendido a ser desfeito tem a ver com a redução do *poder* a algo necessariamente ruim. Na tradição anarquista da segunda metade do século XIX e das primeiras décadas do século XX, o poder é visto como algo que em si mesmo é digno de suspeição e mesmo de rejeição.[119] Ora, aí reside

[119] Também no âmbito do senso comum — resultado, muito especialmente nos países da (semi)periferia capitalista, da experiência diária dos cidadãos com um poder estatal corrupto e desmoralizado — verifica-se essa tendência de uso do termo. Algo análogo, diga-se de passagem, ocorre com o termo "política". Sobre isso, ecoando a advertência de seu companheiro Murray Bookchin, assim manifestou-se Janet Biehl: "[a] desconfiança e a hostilidade em relação à 'política' são muito profundas. No entanto, um exame mais de perto revela que o objeto do

um equívoco: o poder *estatal* é abusivamente tomado como paradigma do poder *em geral*.[120] Tal posição constitui uma hipersimplificação e uma perigosa distorção. À luz dela, expressões como "poder autônomo" e "territorialidade autônoma" poderiam até soar como oximoros.

Subsídios adequados para a imunização contra o reducionismo de tomar *poder* como sinônimo de *poder heterônomo* foram fornecidos, assim espero, no Capítulo 4. Exercer poder sempre implica, evidentemente, a capacidade de estabelecer normas; e não só isso: também a possibilidade de fazer com que sejam cumpridas, sob pena, para os recalcitrantes e transgressores, de sanções morais ou materiais. Isso, que pode soar antipático a alguns ouvidos, precisa ser encarado com bom-senso. O ponto é: *quem* estabelece as normas e as faz cumprir, *e como?* Essa capacidade não precisa, de jeito nenhum, ser exercida apenas por uma instância de poder que encarne uma separação estrutural entre dirigentes e dirigidos — como é, exatamente, o caso do aparelho de Estado (sendo a separação

ressentimento popular não é a política, mas sim o Estado. Além do mais, o ressentimento contra o Estado é saudável e legítimo, uma vez que o Estado representa um conjunto de opressores [*a set of masters*], não o bem comum. Lamentavelmente, a política se acha hoje tão identificada com as técnicas de governo estatal [*Statecraft*] que, para muita gente, a hostilidade em relação ao Estado envenena a sua atitude em face da política" (BIEHL, 1998:90).

[120] Seja relembrado, de passagem, que o filósofo Michel Foucault, que contribuiu grandemente para refinar a nossa reflexão sobre as formas do poder, concentrou-se quase exclusivamente no poder heterônomo (apesar de, diversamente dos anarquistas clássicos, não reduzir o poder ao poder estatal). Com isso, também colaborou para reforçar o preconceito segundo o qual o poder sempre merece ser visto como uma espécie de antípoda da liberdade — razão pela qual, aliás, conforme eu já mencionei no Capítulo 4, ele foi criticado (até com uma ponta de exagero) pelo neoanarquista Murray Bookchin.

entre dominantes e dominados, aqui, o resultado de uma divisão de classes e de uma assimetria estrutural de poder entre grupos sociais), interpretação que também se aplica, de resto, a quaisquer organizações verticais e rigidamente hierárquicas.[121]

---

[121] O "x" da questão reside em perceber que exercer poder não significa, necessariamente, *impor* a vontade a outra pessoa, mas sim exercer *influência*, o que também pode ter a ver com *persuadir*, dialogicamente. Para ilustrar simplificadamente, imaginemos um centro acadêmico que procure se organizar autogestionariamente, e que possua uma pequena biblioteca. Regras terão, inevitavelmente, de ser instituídas para o uso dessa biblioteca. Haverá limite para quantos livros cada estudante pode pegar emprestado? Por quanto tempo pode-se ficar com os livros? Se houver atraso na devolução, haverá sanções? Ora: a solução "cada um pode pegar o que quiser, pelo tempo que desejar", rapidamente mostraria os seus limites, pois correríamos o sério risco de ver muita gente privada de acesso a certos livros, enquanto que outros teriam o conforto de ficar com eles por muito tempo. Isso para não falar da hipótese de que, mesmo sem agir com má-fé, alguém poderia, simplesmente, esquecer de devolver. Ao se reunirem os estudantes para decidir, em pé de igualdade, quais são as regras, estará sendo exercido um poder, mas que não será um poder heterônomo. E, mesmo tentando esgotar as possibilidades de alcançar um consenso sobre as regras, discordâncias poderão persistir, e não haverá mal algum em submeter certas coisas a votação. Além do mais, um consenso momentâneo pode ser questionado no momento seguinte, se alguém achar que algumas regras precisam ser aprimoradas. Quem participou do processo em condições de igualdade e defende uma posição minoritária tem duas opções: ou se retira do processo ou, se aceita participar, aceita também respeitar as normas aprovadas pela maioria. As minorias devem ter sempre determinados direitos e garantias básicos respeitados, a começar pelo direito de solicitar, em qualquer tempo, que a questão seja recolocada em discussão e apreciada novamente. Porém um usuário recalcitrante ou comodista, que não devolva o livro que pegou emprestado, poderá ser coagido pelo coletivo; e uma simples admoestação já é, note-se, uma coação. Coação nada tem a ver, necessariamente, com coação *física*, tampouco com agressões verbais, chantagem etc. A coação pode ser, basicamente, *moral*. (Aliás, mesmo a obtenção de consenso não

A *heteronomia*, ou a imposição da "lei" (no sentido amplo da palavra grega *nómos*: norma, regra, lei, costume, convenção) de cima para baixo — por uma elite dominante — e/ou de fora para dentro — por uma potência invasora —, é aquela situação com a qual a humanidade mais frequentemente se viu confrontada, como foi admitido já no capítulo anterior. Sem embargo, a heteronomia não é a única possibilidade, e muito menos constitui ela uma inevitabilidade decorrente de qualquer "lei natural" ou "vontade divina". A *autonomia*, como vimos páginas atrás, é a capacidade de um grupo de *autogerir-se* e *autogovernar-se*, o que pressupõe a ausência de assimetrias estruturais de poder e, nesses marcos, de hierarquias institucionalizadas, bem como da atribuição da legitimidade do poder a uma fonte qualquer extrassocial.[122] Esse é, precisamente, o sentido profundo de "dar a si próprio a lei" (*autós-nómos*). Certamente que essa é uma construção difícil e delicada. Difícil e delicada, sim, mas que está longe de ser impossível! É fácil demonstrar, empiricamente, que ela se tornou realidade numerosas vezes ao longo da história, e isso em várias escalas temporais e espaciais: dos dois séculos da democracia ateniense na Antiguidade (de 510 a 322 a.C.) até as experiências autogestionárias protagonizadas por vários movimentos sociais em escala nanoterritorial nas últimas décadas, passando pelos conselhos operários (sovietes,

---

exclui a coação; ao se procurar um consenso a todo custo, o preço pode ser elevado: posições discordantes podem ser antes *abafadas* que, realmente, *superadas na base do convencimento*. Busca de consenso e vitória por votação não são coisas mutuamente excludentes na prática da democracia direta!) O que importa é que, no decorrer de todo esse processo, é de poder que estamos falando: de um poder *autônomo*, sobre os fundamentos da horizontalidade e da ausência de hierarquia institucionalizada.

[122] Em outras palavras: transcendental e externa ao grupo (Deus, os deuses, o Destino, a "natureza" etc.).

Arbeiterräte etc.) do início do século XX e pelos *kibbutzim* na Palestina, antes da criação do Estado de Israel. E, para quem pensa que tais experiências foram, espacialmente, sempre demasiado localizadas, basta recordar a autogestão anarquista em regiões inteiras da Espanha, durante alguns anos, em meio à guerra civil (1936-1939), e, antes disso, na Ucrânia, durante a Revolução Russa. Em ambas as situações, a construção popular foi derrotada militarmente — na Ucrânia, esmagada pelos bolcheviques ao término da guerra civil de 1917-1921; na Espanha, sepultada por uma mistura de alguns equívocos de uma parcela dos próprios anarquistas com, principalmente, a sabotagem imposta pelos comunistas alinhados com a URSS de Stalin, o que acabou servindo, em última análise, aos interesses de Franco. Contemporaneamente, o caso dos zapatistas, em Chiapas, deve também ser lembrado, já que, a despeito de diversas limitações, trata-se de uma experiência em escala regional.

Como podemos inferir das reflexões da filósofa Hannah Arendt (vale relembrar o que foi visto sobre elas no Capítulo 4), nem mesmo o poder mais heterônomo pode apoiar-se exclusivamente na coerção; ele não pode prescindir inteiramente de alguma dose de consentimento.[123] Arendt esclareceu, muito persuasivamente, que a violência é mais que apenas algo *distinto* do poder: em última instância, a violência, de certo modo, até mesmo *se contrapõe* ao poder, em um sentido profundo e que soa

---

[123] Ainda de maneira diferente e menos elaborada e abrangente, essa ponderação havia sido um pouco antecipada por Antonio Gramsci (cf. GRAMSCI, 1984), o qual, referindo-se ao Estado capitalista, frisara que ele cada vez mais complexamente se servia não somente da coerção, mas igualmente do consentimento: a hegemonia ideológica, essencial para a dominação, não poderia ser eficientemente alcançada sem determinadas instituições da sociedade civil (como a Igreja, por exemplo), as quais, ao secundarem o Estado, de certa maneira passam a fazer "parte dele".

um tanto contraintuitivo. Pois ora: não é exatamente quando o poder se deslegitima, ao desvanecer-se ou escassear o consentimento, que as elites dirigentes costumam apelar para o uso da força bruta com a finalidade de tentar manter privilégios e perpetuar a dominação? Na qualidade de relação social que se exerce apenas na presença desse quinhão de consentimento — mesmo que, em se tratando de poder heterônomo, seja um consentimento comumente obtido com base na fraude, no engodo, no logro, na chantagem —, o poder está longe de esgotar-se na coerção, muito menos na coerção física e no autoritarismo. O que Arendt não tematizou, contudo, foi o poder verdadeira e propriamente *autônomo*. Dessa tarefa encarregou-se Cornelius Castoriadis, como vimos.

Imaginemos a situação em que um conjunto de pessoas delibera, em condições de *efetiva* liberdade,[124] sobre o estabelecimento de determinadas regras — digamos, por exemplo, normas de uso do solo e de fruição de recursos. Em tais circunstâncias, o poder não é exercido, hierárquica e estruturalmente, por uns (em geral, uma minoria) em detrimento ou sobre os fundamentos da alienação de outros (em geral, uma maioria). Pelo contrário: ele tende a ser compartilhado por *todos* os participantes, dado que são asseguradas condições de forte igualdade no tocante às chances de influenciar o estabelecimento das regras, do *nómos*. Com isso, indivíduos e grupos podem ser e inevitavelmente são, decerto,

[124] O que pressupõe que as *condições materiais*, incluído aí tudo o que facilita o acesso a informações confiáveis (essenciais para se poder decidir com conhecimento de causa), não sejam díspares ao ponto de gerar uma nítida clivagem entre indivíduos e grupos no que toca à chance de participação lúcida e livre nos negócios de interesse coletivo.

influenciados uns pelos outros, na base da *persuasão*,[125] mas não *dominam* uns aos outros sob a cobertura de instituições hierárquicas e estruturas sociais assimétricas. Cada um dos participantes, uma vez tendo possuído uma chance pelo menos aproximadamente igual de modelar o processo ou nele imprimir sua marca, se verá moralmente obrigado a respeitar as regras de cuja construção ele participou livremente, apesar da frustração de não ver suas posições serem sempre vitoriosas. (Ademais, suas posições, mesmo tendo sido derrotadas hoje, podem ser vitoriosas amanhã!) Cada um dos participantes, conclui-se, está com isso submetido a um poder — só que esse poder emana *da própria coletividade como um todo*.

Aquela submissão do indivíduo ao poder autônomo da coletividade, entretanto, jamais se deve dar de maneira a asfixiar a liberdade individual. Essa é a razão pela qual, aliás, o pensamento libertário, desde Proudhon, já desconfiava da alternativa marxista ao liberalismo: enquanto este hipervaloriza o indivíduo (e, no fim das contas, em especial os proprietários...), o marxismo comumente tendeu a inverter o sinal e hipervalorizar a "coletividade" em detrimento da individualidade — problema ainda embrionário em Marx, mas levado às últimas consequências pelos regimes totalitários de inspiração leninista do século XX. Por essa razão, Cornelius Castoriadis, o principal filósofo que lidou com a questão da autonomia de um ponto de vista realmente libertário, recorrentemente insistiu acerca da interdependência entre a autonomia *individual* e a autonomia *coletiva* (CASTORIADIS, 1983, 1990 e 1996).

Assim sendo, se pensarmos a autonomia coletiva em *várias escalas*, ao menos como projeto (projeto que, em não diversas situações históricas,

---

[125] O que, evidentemente, não exclui intrigas de bastidores, boataria, "ruídos na comunicação" etc.

como lembrei parágrafos atrás, chegou a ser concretizado, em que pesem certas imperfeições e limitações), veremos que nada poderia estar mais distante da ideia de autonomia que qualquer tipo de "fechamento". Trocas e interações são e continuarão sendo um fator de enriquecimento material e cultural. Mais que isso — e muito mais que um simples resultado de quadros indesejáveis e inevitáveis de dependência —, articulações entre grupos e espaços, sob a forma de trocas, acordos, negociações e cooperação entre territórios de mesmo nível escalar e de níveis escalares distintos, deverão ser, eticamente, uma decorrência dos princípios da solidariedade e da ajuda mútua.[126] Autonomia *não* é sinônimo de autarquia econômica ou de isolamento cultural; com efeito, ela nada tem a ver com autossuficiência ou insulamento. Nenhum indivíduo é uma "mônada" isolada, e tampouco as coletividades organizadas que os indivíduos formam são compartimentos estanques. Isso, que sempre foi um fato, apenas é tornado mais evidente e incontestável com a globalização.

Sem embargo, uma coisa é certa: atuando em um meio econômica, política e cultural-ideologicamente hostil, aqueles que se engajam pela edificação de uma sociedade não heterônoma precisam cavar as suas trincheiras e erguer as suas barricadas, reais ou metafóricas; precisam, vale dizer, engendrar espaços de resistência política, cultural e até mesmo econômica (SOUZA, 2006, p. 592; ver também pp. 291 e segs.). Tais trincheiras e barricadas eu as tenho chamado de *territórios dissidentes* (SOUZA, 2006a:592; 2010; 2011).

A existência de uma territorialidade autônoma, em escala mais ampla, evidentemente pressupõe uma sociedade autônoma. Essa é a razão pela qual, em um sentido forte e em um nível de elevada ambição,

---

[126] Conforme, aliás, extensamente procurei demonstrar alhures (ver SOUZA, 2006).

a construção de algo assim, bem como a própria conquista de uma sociedade autônoma, nos remete a uma meta de longo prazo, orientada por um horizonte de pensamento e ação; não se trata, obviamente, de uma tarefa de curto prazo, inteiramente concretizável aqui e agora. Por outro lado, territórios dissidentes, refletindo a contestação do *status quo*, são viáveis já agora e, com efeito, surgem e ressurgem diante de nossos olhos diariamente: sob a forma de ocupações de sem-teto, *okupas* e outras variações de *squatting* através do mundo; sob a forma de empresas tomadas, recuperadas e geridas pelos próprios trabalhadores; sob a forma de um território dissidente em escala regional, como o "território zapatista" em Chiapas, México; e assim sucessivamente. Muitos desses esforços acabam se dissipando, seja por força da repressão estatal (despejos e reintegrações de posse, prisões, criminalização dos movimentos sociais...), seja por cooptação e amansamento dos insurgentes.[127] Além do mais, nem todos os territórios dissidentes são, de fato, geridos de maneira efetivamente

---

[127] Um exemplo é o que tem ocorrido com muitas empresas recuperadas, inclusive na Argentina (país em que esse tipo de processo alcançou grande visibilidade): há uma tendência bastante forte de institucionalização e "acomodação" dos trabalhadores, após a regularização de sua posse da empresa, na modalidade de cooperativa ou outra; muitas vezes, acabam por comportar-se como empresários capitalistas em miniatura, e até mesmo como "micropatrões", quando passam a empregar (mesmo que ao arrepio da lei que rege tais empresas cooperativadas) mão-de-obra assalariada. Também o *squatting* pode ser "amansado" ou "domesticado", e a regularização fundiária, desejável por garantir a segurança jurídica da posse e estabilizar a ocupação, pode revelar-se uma faca de dois gumes, dependendo da maneira e das circunstâncias em que ocorrer, pois pode levar a uma dissolução de certas relações sociais, ao enfraquecimento do investimento simbólico e político em padrões alternativos de sociabilidade, à plena reinserção do imóvel no mundo da mercadoria e no imaginário privatista, e assim segue.

"horizontal": vários grupos e organizações de movimentos sociais professam um compromisso com a emancipação, mas reproduzem fortes traços de "verticalidade" e hierarquia.

Sem embargo, em que pesem a repressão e a cooptação, as práticas espaciais insurgentes e os territórios dissidentes insistem em reaparecer, mesmo que em outros lugares e com outra forma. E, em que pesem os traços heterônomos, cada vez mais se nota uma abertura relativamente a práticas e princípios autogestionários. Há um imenso potencial para que esses espaços atuem e continuem a atuar como ambientes de gestação de "utopias experimentais":[128] utopia não como "fantasia irrealizável", mas sim como metas testáveis e aprimoráveis por meio da práxis. Territórios, enfim, de experimentação anti-heterônoma. Autênticos "laboratórios" da... *autonomia*.

---

[128] A expressão "utopia experimental" é tomada de empréstimo ao neomarxista Henri Lefebvre (LEFEBVRE, 1991). Tenho sérias dúvidas, porém, se o próprio Lefebvre seria um guia inteiramente indicado para nos orientar quanto a um resgate da ideia de utopia que faça justiça à história como *processo radical de criação* e à *práxis*. Nesse mesmo livro, registre-se, fica evidente um traço conservador de seu autor: ao mesmo tempo que o proletariado é visto por ele como sendo a única classe capaz de fazer a revolução, essa classe, mergulhada em uma quotidianidade alienante, não teria "espontaneamente o sentido da obra". Traduzindo: por não perceber a "totalidade", o proletariado teria dificuldades em compreender (sozinho) que o seu "ser" o predestinaria a uma grande tarefa histórica. Esse "sentido (da obra)" ele o receberia dos intelectuais críticos. No fundo, isso não passa de um modo sofisticado de dizer o mesmo que Lênin já dissera muitas décadas antes: ou a classe trabalhadora se deixa orientar pela intelectualidade marxista (supostamente detentora de um sentido de "totalidade"), ou ela alcançará, no máximo, o reformismo. De um ponto de vista libertário, fica evidente a dimensão *heterônoma* e *racionalista* de uma tal interpretação, tipicamente burocrático-gestorial, a qual, em última instância, esvazia a práxis.

Bibliografia

A lista que vem a seguir está muito longe de ser exaustiva. Uma bibliografia no mínimo das mesmas dimensões poderia ser produzida para quase *cada um* dos conceitos discutidos neste livro. Os títulos elencados abaixo são apenas aqueles mencionados ao longo do trabalho, e a finalidade é apenas a de orientar o leitor ou a leitora em seu esforço de aprofundamento. Assim como o próprio livro, esta bibliografia tem, portanto, um caráter introdutório.

ABREU, Maurício de Almeida (1987): *Evolução urbana do Rio de Janeiro*. Rio de Janeiro: Jorge Zahar e IPLANRIO.

ARENDT, Hannah (1983 [1958]): *A condição humana*. Rio de Janeiro: Forense Universitária, 2.ª ed.

_______ (1985 [1970]): *Da violência*. Brasília: Editora Universidade de Brasília.

ARNAOUTOGLOU, Ilias (2003 [?]): *Leis da Grécia antiga*. São Paulo: Odysseus.

AUGÉ, Marc (1994): *Não-lugares*. Introdução a uma Antropologia da supermodernidade. Campinas: Papirus.

BAHIANA, Luis Cavalcanti da Cunha (1986): *Contribuição ao estudo da questão da escala na Geografia: escalas em Geografia Urbana*. Rio de Janeiro: mimeo. (= Dissertação de mestrado submetida ao Programa de Pós-Graduação em Geografia da Universidade Federal do Rio de Janeiro.)

BEAUMONT, Justin e LOOPMANS, Maarten (2008): Towards radicalized communicative rationality: resident involvement and urban democracy in Rotterdam and Antwerp. *International Journal of Urban and Regional Research*, 32(1), pp. 95-113.

BERNARDES, Lysia (1987a [1960]): Função defensiva do Rio de Janeiro e seu sítio original. In: BERNARDES, Lysia M. C. e SOARES, Maria Therezinha de Segadas: *Rio de Janeiro: Cidade e região*. Rio de Janeiro: Prefeitura da Cidade do Rio de Janeiro.

_______ (1987b [1959]): Importância da posição como fator do desenvolvimento do Rio de Janeiro. In: BERNARDES, Lysia M. C. e SOARES, Maria Therezinha de Segadas: *Rio de Janeiro: Cidade e região*. Rio de Janeiro: Prefeitura da Cidade do Rio de Janeiro.

_______ (1987c [1961]): Expansão do espaço urbano no Rio de Janeiro. In: BERNARDES, Lysia M. C. e SOARES, Maria Therezinha de Segadas: *Rio de Janeiro: Cidade e região*. Rio de Janeiro: Prefeitura da Cidade do Rio de Janeiro.

BIEHL, Janet (1998): *The Politics of Social Ecology*. Montreal e outros lugares: Black Rose Books.

BOOKCHIN, Murray (1995a): *From Urbanization to Cities*. Toward a New Politics of Citizenship. Londres: Cassel.

_______ (1995b): *Social Anarchism or Lifestyle Anarchism: An Unbridgeable Chasm*. Oakland e Edimburgo: AK Press.

_______ (2003): O municipalismo libertário. In: BOOKCHIN, Murray *et al.*: *O bairro, a comuna, a cidade... espaços libertários!* São Paulo: Imaginário, IEL e Nu-Sol.

_______ (2007 [2002]): The Communalist Project. In: *Social Ecology and Communalism*. Oakland e Edimburgo: AK Press.

BOOKCHIN, Murray *et al.* (1991 [1989-1990]): *Defending the Earth*. A Debate Between Murray Bookchin and Dave Foreman. Montreal e Nova Iorque: Black Rose Books.

BOURDIEU, Pierre (1998 [1989]): *O poder simbólico*. Rio de Janeiro: Bertrand Brasil.

BRENNER, Neil (2000): The Urban Question as a Scale Question: Reflections on Henri Lefebvre, Urban Theory and the Politics of Scale. *International Journal of Urban and Regional Research*, 24(2), pp. 361-78.

_______ (1996): *Justice, Nature and the Geography of Difference*. Cambridge e Oxford: Blackwell.

CAMPOS, Andrelino de Oliveira (2005): *Do quilombo à favela*. A produção do "espaço criminalizado" no Rio de Janeiro. Rio de Janeiro: Bertrand Brasil.

CARLOS, Ana Fani Alessandri (1994): *A (re)produção do espaço urbano*. São Paulo: EDUSP.

CASTELLS, Manuel (1999 [1996]): *A sociedade em rede* (= A era da informação: Economia, sociedade e cultura, vol. 1). (A segunda edição de *The Rise of the Network Society*, aprimorada, foi lançada em 2000.)

CASTORIADIS, Cornelius (1975): *L'institution imaginaire de la société*. Paris: Seuil. (Edição brasileira: *A instituição imaginária da sociedade*; Rio de Janeiro, Paz e Terra, 1983.)

_______ (1983 [1979]): Introdução: socialismo e sociedade autônoma. In: *Socialismo ou barbárie*. O conteúdo do socialismo. São Paulo: Brasiliense.

_______ (1985 [1973]): A questão da história do movimento operário. In: *A experiência do movimento operário*. São Paulo: Brasiliense.

_______ (1986a): Réflexions sur le "développement" et la "rationalité". In: *Domaines de l'homme* — Les carrefours du labyrinthe II. Paris: Seuil. (Edição brasileira: contida em *As encruzilhadas do Labirinto II* — Os domínios do homem; Rio de Janeiro, Paz e Terra, 1987.)

_______ (1986b): L'imaginaire: la création dans le domaine social-historique. In: *Domaines de l'homme* — Les carrefours du labyrinthe II. Paris: Seuil. (Edição brasileira: contida em *As encruzilhadas do Labirinto II* — Os domínios do homem; Rio de Janeiro, Paz e Terra, 1987.)

_______ (1986c): La logique des magmas e la question de l'autonomie. In: *Domaines de l'homme* — Les carrefours du labyrinthe II. Paris: Seuil. (Edição brasileira: contida em *As encruzilhadas do Labirinto II* — Os domínios do homem; Rio de Janeiro, Paz e Terra, 1987.)

_______ (1990): Pouvoir, politique, autonomie. In: *Le monde morcelé* — Les carrefours du labyrinthe III. Paris: Seuil. (Edição brasileira: contida em As encruzilhadas do labirinto III — O mundo fragmentado; São Paulo, Paz e Terra, 1992.)

_______ (1996): La démocratie comme procédure et comme régime. In: *La montée de l'insignifiance* — Les carrefours du labyrinthe IV. Paris: Seuil. (Edição brasileira: contida em *As encruzilhadas do labirinto IV* – A ascensão da insignificância; São Paulo, Paz e Terra, 2002.)

_______ (1999): Quelle démocratie? In: *Figures du pensable* — Les carrefours du labyrinthe VI. Paris: Seuil. (Edição brasileira: contida em *As encruzilhadas do labirinto VI* – Figuras do pensável; Rio de Janeiro, Civilização Brasileira, 2004.)

_______ (2008 [1983-84]): *La cité et les lois — Ce qui fait la Grèce, 2* (Séminaires 1983-1984). (= *La création humaine III*). Paris: Seuil. (Texto estabelecido, apresentado e anotado por Enrique Escobar, Myrto Gondicas e Pascal Vernay.)

CASTRO, Iná Elias de (1999): O problema da escala. In: CASTRO, Iná E. de *et al.* (orgs.): *Geografia: Conceitos e temas*. Rio de Janeiro: Bertrand Brasil.

CAUQUELIN, Anne (2007 [2000]): *A invenção da paisagem*. São Paulo: Martins Fontes.

CHAUI, Marilena (2003 [1994]): *Introdução à história da Filosofia (Volume I: Dos pré-socráticos a Aristóteles)*. São Paulo: Companhia das Letras, 2ª ed. (revista, ampliada e atualizada), 3ª reimp.

CHOMBART DE LAUWE, Pierre-Henri (1952): *Paris et l'agglomération parisienne*. Paris: P.U.F.

CLASTRES, Pierre (1982 [1974]): *A sociedade contra o Estado*. Pesquisas de Antropologia Política. Rio de Janeiro: Francisco Alves.

CORRÊA, Roberto Lobato (1986): *Região e organização espacial*. São Paulo: Ática.

_______ (1989): *A rede urbana*. São Paulo: Ática.

_______ (1992): Corporação, práticas espaciais e gestão do território. *Revista Brasileira de Geografia*, 54(3), pp. 115-21.

_______ (1993): *O espaço urbano*. São Paulo: Ática.

_______ (1995): Espaço: Um conceito-chave na Geografia. In: CASTRO, Iná E. de *et al.* (orgs.): *Geografia: Conceitos e temas*. Rio de Janeiro: Bertrand Brasil.

_______ (1997a [1982]): Repensando a Teoria das Localidades Centrais. In: *Trajetórias geográficas*. Rio de Janeiro: Bertrand Brasil.

_______ (1997b [1988]): As redes de localidades centrais nos países subdesenvolvidos. In: *Trajetórias geográficas*. Rio de Janeiro: Bertrand Brasil.

_______ (1997c): Origem e tendências da rede urbana brasileira: algumas notas. In: *Trajetórias geográficas*. Rio de Janeiro: Bertrand Brasil.

_______ (1997d [1995]): Dimensões de análise das redes geográficas. In: *Trajetórias geográficas*. Rio de Janeiro: Bertrand Brasil.

_______ (1997e): Região: A tradição geográfica. In: *Trajetórias geográficas*. Rio de Janeiro: Bertrand Brasil.

_______ (2004): Estudos sobre a rede urbana. Rio de Janeiro: Bertrand Brasil.

COSGROVE, Denis (1984): *Social Formation and Symbolic Landscape*. Londres e Sidney: Croom Helm.

_______ (1993) *The Palladian Landscape*: Geographical Change and its Cultural Representations in Sixteenth-Century Italy. Leicester: Leicester University Press.

COSGROVE, Denis e DANIELS, Stephen (orgs.) (1988): *The Iconography of Landscape*: Essays on the Symbolic Representation, Design and Use of Past Environments. Cambridge: Cambridge University Press.

COSTA, Rogério Haesbaert da (1988): *RS: Latifúndio e identidade regional*. Porto Alegre: Mercado Aberto.

COX, Kevin (1996): Editorial: The difference that scale makes. *Political Geography*, 15(8), pp. 667-669.

CRESSWELL, Tim (2004): *Place: A Short Introduction*. Malden (MA) e outros lugares: Blackwell.

CUNHA, Euclides da (1995 [1902]): *Os sertões*. In: *Obra completa* (vol. II). Rio de Janeiro: Nova Aguilar (reimpressão atualizada da primeira edição).

DAHRENDORF, Ralf (1986 [1967]): Elemente der Soziologie. In: *Pfade aus Utopia*. Zur Theorie und Methode der Soziologie. Munique e Zurique: Piper.

DANIELS, Stephen (1993): *Fields of Vision: Landscape Imagery and National Identity*. Cambridge: Polity Press.

DARDEL, Eric (1990 [1952]): *L'homme et la terre*. Nature de la réalité géographique. Paris: Editions du CTHS.

DAVIS, Mike (2006): *Planet of Slums*. Londres: Verso.London

DE CERTEAU, Michel (1996 [1990]): *A invenção do cotidiano — Artes de fazer*. Petrópolis: Vozes, 2.ª ed.

DELANEY, David e LEITNER, Helga (1997): The political construction of scale. *Political Geography*, 16(2), pp. 93-7.

DELEUZE, Gilles e GUATTARI, Félix (1973): *Capitalisme et schizophrénie, t. 1: L'anti-Œdipe*. Paris: Minuit.

_______ (1980): *Capitalisme et schizophrénie, t. 2: Mille plateaux*. Paris: Minuit.

DE MARTONNE, Emmanuel (1973 [1909]): *Tratado de Geografía Física*, 3 vols. Barcelona: Editorial Juventud, 2.ª ed.

DIAS, Leila Christina (1995a): *Réseaux d'information et réseau urbain au Brésil*. Paris: L'Harmattan.

_______ (1995b): Redes: Emergência e organização. In: CASTRO, Iná E. de *et al.* (orgs.): *Geografia: Conceitos e temas*. Rio de Janeiro: Bertrand Brasil.

_______ (2007): Os sentidos da rede: Notas para discussão. In: DIAS, Leila Christina e SILVEIRA, Rogério Leandro Lima da (orgs.): *Redes, sociedades e territórios*. Santa Cruz do Sul: UNISC.

DI MÉO, Guy (1994): Épistemologie des aproches géographiques et sócio-anthropologiques du quartier urbain. *Ann. Géo.*, n.º 577, pp. 255-75.

DUARTE, Aluízio Capdeville (1983): A produção do espaço regional. In: DINIZ, José Alexandre Felizola e DUARTE, Aluízio Capdeville: *A Região cacaueira da Bahia*. Recife: SUDENE-CPR-Divisão de Políticas Espaciais (= Estudos regionais, n.º 10).

DUNCAN, James (1990): *The City as Text: The Politics of Landscape Interpretation in the Kandyan Kingdom*. Cambridge: Cambridge University Press.

DUNCAN, James e DUNCAN, Nancy (2003): Can't live with them; can't landscape without them: racism and the pastoral aesthetic in suburban New York. *Landscape Journal*, 22(1), pp. 88-98.

_______ (2004): *Landscapes of Privilege: The Politics of the Aesthetic in an American Suburb*. Londres: Routledge.

DUPUY, Gabriel (1991): *L'urbanisme des réseaux*. Paris: Armand Colin.

ENTRIKIN, J. Nicholas (1991): *The Betweenness of Place*. Towards a Geography of Modernity. Baltimore: The Johns Hopkins University Press.

ESCOBAR, Arturo (1995): *Encountering development: The Making and Unmaking of the Third World*. Princeton University Press: Princeton.

ESTEVA, Gustavo (1992): *FIESTA — jenseits von Entwicklung, Hilfe und Politik*. Frankfurt: Brandes & Apsel.

_______ (1993): Entwicklung. In: SACHS, Wolfgang (org.): *Wie im Westen so auf Erden*. Ein polemisches Handbuch zur Entwicklungspolitik. Reinbeck bei Hamburg: Rowohlt.

FORMAN, Richard T. T. e GODRON, Michel (1986): *Landscape Ecology*. Nova Iorque e outros lugares: John Wiley & Sons.

FOUCAULT, Michel (1984): (1984 [1979]): *Microfísica do poder*. Rio de Janeiro: Graal, 4.ª ed.

_______ (1986 [1975]): *Vigiar e punir*. História da violência nas prisões. Petrópolis: Vozes, 4.ª ed.

_______ (2006 [1967]): Outros espaços. In: *Michel Foucault — Estética: Literatura e pintura, música e cinema* (= Ditos & escritos, III). Rio de Janeiro e São Paulo: Forense Universitária, 2.ª ed.

_______ (2008 [1978-79]): *O nascimento da biopolítica*. São Paulo: Martins Fontes.

FREITAS, Décio (1990 [1973]): *Palmares: a guerra dos escravos*. Rio de Janeiro: Graal, 4.ª ed., reimpressão.

FRÉMONT, Armand (1980 [1976]): *A região, espaço vivido*. Coimbra: Almedina.

FREYRE, Gilberto (2011 [1971]): Unidade e diversidade, nação e região. In: *Novo mundo nos trópicos*. São Paulo: Global, 3.ª ed.

GEORGESCU-ROEGEN, Nicholas (1999 [1971]): *The Entropy Law and the Economic Process*. Cambridge (MA) e Londres: Harvard University Press; Nova Iorque e outros lugares: toExcel.

GIDDENS, Anthony (1989 [1984]): *A constituição da sociedade*. São Paulo: Martins Fontes.

GOMES, Flávio dos Santos (2006 [1995]): *Histórias de quilombolas*. Mocambos e comunidades de senzalas no Rio de Janeiro, século XIX. São Paulo: Companhia das Letras, edição revista e ampliada.

GOMES, Paulo César da Costa (1995): O conceito de região e sua discussão. In: CASTRO, Iná E. de *et al.* (orgs.): *Geografia: Conceitos e temas*. Rio de Janeiro: Bertrand Brasil.

GONÇALVES, Carlos Walter Porto (1998): *Nos varadouros do mundo: da territorialidade seringalista à territorialidade seringueira*. Rio de Janeiro: mimeo. [Tese de doutorado submetida ao Programa de Pós-Graduação em Geografia da UFRJ.]

_______ (2001): Outras Amazônias: As lutas por direitos e a emergência política de outros protagonistas. In: *Amazônia, Amazônias*. São Paulo: Contexto.

GONZÁLEZ, Sara (2006): Scalar narratives in Bilbao: A cultural politics of scales approach to the study of urban policy. *International Journal of Urban and Regional Research*, pp. 836-57.

GOUGH, Jamie (2004): Changing scale as changing class relations: Variety and contradiction in the politics of scale. *Political Geography*, Nr. 23, pp. 185-211.

GRAMSCI, Antonio (1984 [1949]): *Maquiavel, a política e o Estado moderno*. Rio de Janeiro: Civilização Brasileira, 5.ª ed.

GUATTARI, Félix (1987): *Revolução molecular: pulsações políticas do desejo*. São Paulo: Brasiliense, 3.ª ed.

GUATTARI, Félix e ROLNIK, Suely (1985): *Micropolítica*. Cartografias do desejo. Petrópolis: Vozes.

HABERMAS, Jürgen (1981): *Theorie des kommunikativen Handelns*. Frankfurt (Meno): Suhrkamp (2 vols.).

_______ (1990): Discourse Ethics: Notes on Philosophical Justification. In: *Moral Consciousness and Communicative Action*. Cambridge (MA): MIT Press.

_______ (1999): Versöhnung durch öffentlichen Vernunftgebrauch. In: *Die Einbeziehung des Anderen*. Studien zur politischen Theorie. Frankfurt (Meno): Surhkamp.

HAESBAERT, Rogério (1995): Desterritorialização: entre as redes e os aglomerados de exclusão. In: CASTRO, Iná *et al.* (orgs.): *Geografia: conceitos e temas*. Rio de Janeiro: Bertrand Brasil.

_______ (1997): *Des-territorialização e identidade: a rede "gaúcha" no Nordeste*. Niterói: EDUFF.

_______ (2004): *O mito da desterritorialização*. Do "fim dos territórios" à multiterritorialidade. Rio de Janeiro: Bertrand Brasil.

HARTSHORNE, Richard (1977 [1939]): *The Nature of Geography*. A Critical Survey of Current Thought in the Light of the Past. Westport (Connecticut): Greenwood Press.

_______ (1978 [1959]): *Propósitos e natureza da Geografia*. São Paulo: HUCITEC e EDUSP.

HARVEY, David (1980 [1973]): *A justiça social e a cidade*. São Paulo: HUCITEC.

_______ (1985): "The urban process under capitalism: A framework for Analysis". In: *The Urbanization of Capital*. Baltimore: The Johns Hopkins University Press.

_______ (1996): *Justice, Nature and the Geography of Difference*. Cambridge e Oxford: Blackwell.

HEROD, Andrew (2011): *Scale*. Londres e Nova Iorque: Routledge.

HOWITT, Richard (2000): Nests, Webs and Constructs: Contested Concepts of Scale in Political Geography. In: AGNEW, John *et al.* (orgs.): *A Companion to Political Geography*. Oxford: Blackwell.

KÖHLER, Bettina e WISSEN, Markus (2003): Glocalizing protest: Urban conflicts and global social movements. *International Journal of Urban and Regional Research*, 27(4), pp. 942-51.

LA BLACHE, Paul Vidal de (1982 [1888-1889]): Las divisiones fundamentales del territorio francés. In: MENDOZA, Josefina Gómez *et al.* (orgs.): *El pensamiento geográfico*. Estudio interpretativo y antología de textos (De Humboldt a las tendencias radicales). Madri: Alianza Editorial.

LACOSTE, Yves (1988 [1976]): *A Geografia — Isso serve, em primeiro lugar, para fazer a guerra*. Campinas: Papirus.

LATOUCHE, Serge (1986): *Fault-il refuser le développement?* Essai sur l'anti-économique du Tiers Monde. Paris: PUF.

________ (1994): *A ocidentalização do mundo*. Petrópolis: Vozes.

________ (1995): *La mégamachine*. Raison technoscientifique, raison économique et mythe du progrès. Paris: La Découverte/M.A.U.S.S.

LEFEBVRE, Henri (1981 [1974]): *La production de l'espace*. Paris: Anthropos.

________ (1983 [1970]): *La revolución urbana*. Madri: Alianza Editorial, 4ª ed.

________ (1991 [1968]): *O direito à cidade*. São Paulo: Moraes.

LENCIONI, Sandra (1999): *Região e Geografia*. São Paulo: EDUSP.

LÉVÊQUE, Pierre e VIDAL-NAQUET, Pierre (1997 [1964]): *Cleisthenes the Athenian*. An Essay on the Representation of Space and Time in Greek Political Thought from the End of the Sixth Century to the Death of Plato. New Jersey: Humanities Press.

LIPIETZ, Alain (1988 [1977]): *O capital e seu espaço*. São Paulo: Nobel.

LYNCH, Kevin (1994 [1981]): *Good City Form*. Cambridge (MA): The MIT Press.

MACHADO, Lia Osorio (1999): Urbanização e mercado de trabalho na Amazônia Brasileira. *Cadernos IPPUR*, ano XIII, n.º 1, pp. 109-38.

MAGNANI, José Guilherme Cantor (1992): Da periferia ao centro: pedaços e trajetos. *Revista de Antropologia*, n.º 35, pp. 191-203.

________ (1998): *Festa no pedaço*. São Paulo: HUCITEC.

________ (2005): Os circuitos dos jovens urbanos. *Tempo Social*, 17(2), pp. 173-205.

MARCOS [*Subcomandante Insurgente*] (2009 [2007]): *Ni el centro ni la periferia*. Disponível na Internet em 05/05/2009: http://redlatinasinfronteras.wordpress.com/2008/01/29/mex_zap-textos-presentados-por-el-sci-marcos-enlaces.

MARKUSEN, Ann (1981): Região e regionalismo: Um enfoque marxista. *Espaço & Debates*, 1(2), pp. 61-99.

MARSTON, Sallie (2000): The social construction of scale. *Progress in Human Geography*, 24(2), pp. 219-42.

_______ (2004): A Long Way from Home: Domesticating the Social Production of Scale. In: SHEPPARD, Eric e McMASTER, Robert (orgs.): *Scale and Geographic Inquiry*. Oxford: Blackwell.

MARSTON, Sallie A. *et al.* (2005): Human geography without scale. *Transactions of the Institute of British Geographers*, NS 30, pp. 416-32.

MARTINS, Luciana de lima (2001): *O Rio de Janeiro dos viajantes: O olhar britânico* (1800-1850). Rio de Janeiro: Jorge Zahar.

MASSEY, Doreen (1994): *Space, Place, and Gender*. Minneapolis: University of Minnesota Press.

_______ (2005): *For Space*. Londres e outros lugares: SAGE.

MASUDA, Jeffrey R. e CROOKS, Valorie A. (2007): Introduction: (Re)thinking the scales of lived experience. *Area*, 39(3), pp. 257-8.

McMASTER, Robert e SHEPPARD, Eric (2004): Introduction: Scale and geographic inquiry. In: SHEPPARD, Eric e McMASTER, Robert (orgs.): *Scale and Geographic Inquiry*. Oxford: Blackwell.

MEIER, Christian (1997): *Athen*. Ein Neubeginn der Weltgeschichte. Berlim: btb.

MILLER, Byron (2000): *Geography and Social Movements*. Comparing Antinuclear Activism in the Boston Area. Minneapolis e Londres: University of Minnesota Press.

MITCHELL, Don (org.) (1994): *Landscape and Power*. Chicago: The University of Chicago Press.

_______ (2002): Cultural landscapes: the dialectical landscape — recent landscape research in human geography. *Progress in Human Geography*, 26(3), pp. 381-389.

_______ (2003): Cultural landscapes: just landscapes or landscapes of justice? *Progresss in Human Geography*, 27(6), pp. 787-796.

MONBEIG, Pierre (1943): O estudo geográfico das cidades. *Boletim Geográfico*, v. 1, n.° 7, pp. 7-29.

_______ (1984 [1952]): *Pioneiros e fazendeiros de São Paulo*. São Paulo: HUCITEC e POLIS.

NICHOLLS, Walter J. (2007): The Geographies of Social Movements. *Geography Compass*, 1(3), pp. 607-22 [Texto colhido na Internet em 9/5/2007: http://www.blackwell-synergy.com/doi/pdf/10.1111/j.1749-198.2007.00014

OSLENDER, Ulrich (2004): Fleshing out the geographies of social movements: Colombia's Pacific coast black communities and the "aquatic space". *Political Geography*, nº 23, pp. 957-85.

PENDRAS, Mark (2002): From local consciousness to global change: Asserting Power at the local scale. *International Journal of Urban and Regional Research*, 26(4), pp. 823-33.

PESSOA, Fernando (1998 [s.d.]): [Cancioneiro] — Nota preliminar. In: *Obra poética*. Rio de Janeiro: Nova Aguilar, 3ª ed. (décima sexta reimpressão).

POULANTZAS, Nicos (1985 [1978]): *O Estado, o poder, o socialismo*. Rio de Janeiro: Graal.

PERROUX, François (1950): Economic space : Theory and applications. *The Quarterly Journal of Economics*, vol. 64, Nº 1 (Feb.), pp. 89-104.

PITHOUSE, Richard (2008): Book Review: Mike Davis (2006) *Planet of Slums*. *Journal of Asian and African Studies*, 43 (5), pp. 567-74. (Disponível, também, em http://abahlali.org/files/Davis_Review_JAAS.pdf.)

RABHA, Nina (1984): Cristalização e resistência no centro do Rio de Janeiro. (Dissertação em Geografia) Universidade Federal do Rio de Janeiro: mimeo.

_______ (1985): Cristalização e resistência no centro do Rio de Janeiro. *Revista Rio de Janeiro*, nº 1, pp. 35-59.

RACINE, Jean-Bernard *et al.* (1983 [1980]): Escala e ação, contribuição para uma interpretação do mecanismo de escala na prática da Geografia. *Revista Brasileira de Geografia*. Rio de Janeiro, 45 (1): pp. 123-135.

RAFFESTIN, Claude (1993 [1980]): *Por uma Geografia do Poder*. São Paulo: Ática.

RAMOS, Graciliano (1997 [1938]): *Vidas secas*. Rio de Janeiro e São Paulo: Record.

RATZEL, Friedrich (1974 [1897]): *Politische Geographie*. Osnabruck: Otto Zeller.

REGO, José Lins do (1986a [1932]): Menino de engenho. In: *Ficção completa* (vol. II). Rio de Janeiro: Nova Aguilar (primeira reimpressão).

_______ (1986b [1934]): Bangüê. In: *Ficção completa* (vol. II). Rio de Janeiro: Nova Aguilar (primeira reimpressão).

REIS, João José (2008): *Domingos Sodré, um sacerdote africano*. Escravidão, liberdade e candomblé na Bahia do século XIX. São Paulo: Companhia das Letras.

RELPH, Edward (1976): *Place and Placelessness*. Londres: Pion.

_______ (1981): *Rational Landscapes and Humanistic Geography*. Londres: Croom Helm.

RECLUS, Élisée (1864): De l'action humaine sur la géographie physique — L'Homme et la Nature. *Revue des Deux Mondes*, vol. 54 (15 de dezembro), pp. 762-771 [Comentário bibliográfico sobre *Man and Nature*, de G. P. Marsh.] Reprodução fac-similar disponibilizada na Internet pela Librairie Nationale Française (http://gallica.bnf.fr/ark:/12148/bpt6k66040w/f5.image.r=L%E2%80%99Homme+et+la+Nature:+De+l%E2%80%99action+humaine+sur+la+g%C3%A9ographie+physique.langPT).

_______ (1866): Du sentiment de la Nature dans les sociétés modernes. *Revue des Deux Mondes*, vol. 63 (15 de maio), pp. 352-381. Reprodução fac-similar disponibilizada na Internet pela Librairie Nationale Française (http://gallica.bnf.fr/ark:/12148/bpt6k660328.r=du+sentiment+de+la+nature+dans+les+soci%C3%A9t%C3%A9s+modernes.langPT).

_______ (1868-1869): *La Terre*. Description des phénomènes de la vie du globe. Paris: Hachette, 2 vols. Reprodução fac-similar disponibilizada na Internet pela Librairie Nationale Française (http://gallica.bnf.fr; o endereço específico varia de acordo com o tomo).

_______ (1876-1894): *Nouvelle Géographie Universelle*. La Terre et les Hommes. Paris: Hachette, 19 vols. Há uma reprodução fac-similar disponibilizada na Internet pela Librairie Nationale Française (http://gallica.bnf.fr; o endereço específico varia de acordo com o tomo), mas da qual estão ausentes três volumes (4, 11 e 14). [Uma versão em inglês, publicada em Nova Iorque em 1892 por D. Appleton and Company sob o título *The Earth and its Inhabitants*, pode

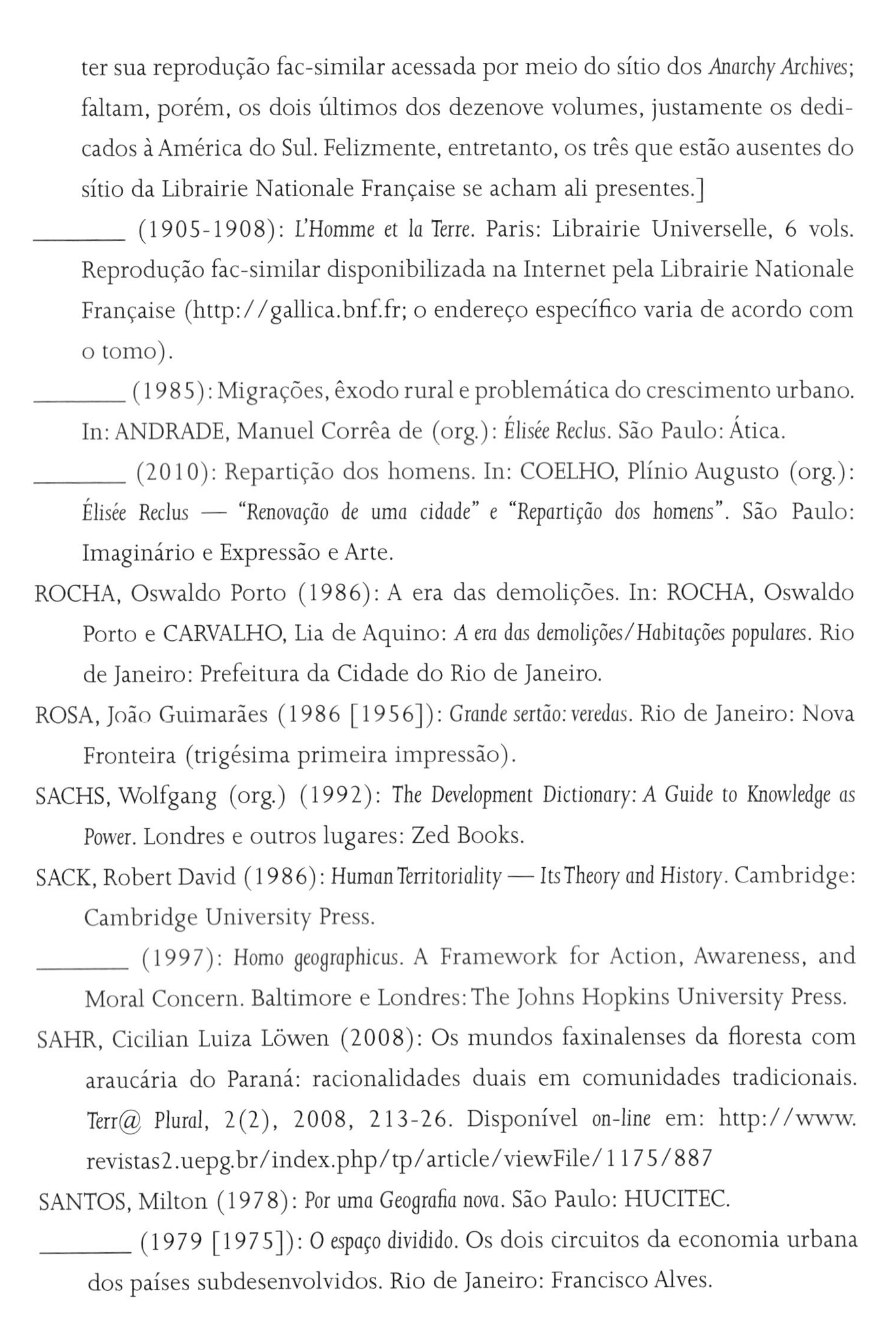
ter sua reprodução fac-similar acessada por meio do sítio dos *Anarchy Archives*; faltam, porém, os dois últimos dos dezenove volumes, justamente os dedicados à América do Sul. Felizmente, entretanto, os três que estão ausentes do sítio da Librairie Nationale Française se acham ali presentes.]

________ (1905-1908): *L'Homme et la Terre*. Paris: Librairie Universelle, 6 vols. Reprodução fac-similar disponibilizada na Internet pela Librairie Nationale Française (http://gallica.bnf.fr; o endereço específico varia de acordo com o tomo).

________ (1985): Migrações, êxodo rural e problemática do crescimento urbano. In: ANDRADE, Manuel Corrêa de (org.): *Élisée Reclus*. São Paulo: Ática.

________ (2010): Repartição dos homens. In: COELHO, Plínio Augusto (org.): *Élisée Reclus — "Renovação de uma cidade" e "Repartição dos homens"*. São Paulo: Imaginário e Expressão e Arte.

ROCHA, Oswaldo Porto (1986): A era das demolições. In: ROCHA, Oswaldo Porto e CARVALHO, Lia de Aquino: *A era das demolições/Habitações populares*. Rio de Janeiro: Prefeitura da Cidade do Rio de Janeiro.

ROSA, João Guimarães (1986 [1956]): *Grande sertão: veredas*. Rio de Janeiro: Nova Fronteira (trigésima primeira impressão).

SACHS, Wolfgang (org.) (1992): *The Development Dictionary: A Guide to Knowledge as Power*. Londres e outros lugares: Zed Books.

SACK, Robert David (1986): *Human Territoriality — Its Theory and History*. Cambridge: Cambridge University Press.

________ (1997): *Homo geographicus*. A Framework for Action, Awareness, and Moral Concern. Baltimore e Londres: The Johns Hopkins University Press.

SAHR, Cicilian Luiza Löwen (2008): Os mundos faxinalenses da floresta com araucária do Paraná: racionalidades duais em comunidades tradicionais. *Terr@ Plural*, 2(2), 2008, 213-26. Disponível *on-line* em: http://www.revistas2.uepg.br/index.php/tp/article/viewFile/1175/887

SANTOS, Milton (1978): *Por uma Geografia nova*. São Paulo: HUCITEC.

________ (1979 [1975]): *O espaço dividido*. Os dois circuitos da economia urbana dos países subdesenvolvidos. Rio de Janeiro: Francisco Alves.

_______ (1996): *A natureza do espaço*. São Paulo: HUCITEC.

_______ (2005a [1993]): O retorno do território. In: *Da totalidade ao lugar*. São Paulo: EDUSP.

_______ (2005b [1994]): O lugar: encontrando o futuro. In: *Da totalidade ao lugar*. São Paulo: EDUSP.

SCHAMA, Simon (1996): *Landscape and Memory*. Nova Iorque: Vintage Books.

SCHERER-WARREN, Ilse (1987): O caráter dos novos movimentos sociais. In: SCHERER-WARREN, Ilse e KRISCHKE, Paulo J. (orgs.): *Uma revolução no cotidiano?* Os novos movimentos sociais na América do Sul. São Paulo: Brasiliense.

_______ (2007): Redes sociais: trajetórias e fronteiras. In: DIAS, Leila Christina e SILVEIRA, Rogério Leandro Lima da (orgs.): *Redes, sociedades e territórios*. Santa Cruz do Sul: UNISC.

SCISÍNIO, Alaôr Eduardo (1997): *Dicionário da escravidão*. Rio de Janeiro: Léo Christiano Editorial.

SIQUEIRA, Vera Beatriz (2006): Paisagem revelada, paisagem construída. In: BELLUZZO, Ana M. (org.): *Coleção Brasiliana/Fundação Estudar*. São Paulo: Via Impressa Edições de Arte.

SMITH, Neil (1990 [1984]) *Uneven Development: Nature, Capital and the Production of Space*. Oxford: Blackwell, 2ª ed. [A edição brasileira, de 1988, foi publicada pela editora Bertrand Brasil, do Rio de Janeiro, sob o título *Desenvolvimento desigual: Natureza, capital e a produção do espaço*.]

_______ (1992): Geography, difference and the politics of scale. In: DOHERTY, Joe *et al.* (orgs.): *Postmodernism and the Social Sciences*. Londres: Palgrave Macmillan.

_______ (1993): Homeless/global: Scaling places. In: BIRD, Jon et al. (orgs.): *Mapping the Futures*. Local Cultures, Global Change. Londres: Routledge.

_______ (2004): Scale Bending and the Fate of the National. In: SHEPPARD, Eric e McMASTER, Robert (orgs.): *Scale and Geographic Inquiry*. Oxford: Blackwell.

SOARES, Maria Therezinha de Segadas (1987a [1962]): A integração do Recôncavo da Guanabara na Área Metropolitana do Rio de Janeiro. In:

BERNARDES, Lysia M. C. e SOARES, Maria Therezinha de Segadas: *Rio de Janeiro: Cidade e região*. Rio de Janeiro: Prefeitura da Cidade do Rio de Janeiro.

_______ (1987b [1962]): O conceito geográfico de bairro e sua exemplificação na cidade do Rio de Janeiro. In: BERNARDES, Lysia M. C. e SOARES, Maria Therezinha de Segadas: *Rio de Janeiro: Cidade e região*. Rio de Janeiro: Prefeitura da Cidade do Rio de Janeiro.

SOJA, E. (1980): The Socio-Spatial Dialetic. *Annals of the Association of American Geographers*, 70 (2), pp. 207-225.

_______ (2010): *Seeking Spatial Justice*. Minneapolis: University of Minnesota Press.

SORRE, Max. (1984 [1957]): O espaço do geógrafo e do sociólogo. In: MEGALE, Januário Francisco (org.): *Max. Sorre*. São Paulo: Ática.

SOUZA, Marcelo Lopes de (1988): *O que pode o ativismo de bairro?* Reflexão sobre as limitações e potencialidades do ativismo de bairro à luz de um pensamento autonomista. Dissertação de Mestrado em Geografia pela UFRJ. Rio de Janeiro: mimeo.

_______ (1989): O bairro contemporâneo: Ensaio de abordagem política. In: *Revista Brasileira de Geografia*, vol., 51, nº 2. Rio de Janeiro: IBGE.

_______ (1995): O território: Sobre espaço e poder, autonomia e desenvolvimento. In: CASTRO, Iná E. de *et al.* (orgs.): *Geografia: Conceitos e temas*. Rio de Janeiro: Bertrand Brasil.

_______ (1996): As drogas e a "questão urbana" no Brasil. A dinâmica sócio-espacial nas cidades brasileiras sob a influência do tráfico de tóxicos. In: Castro, Iná *et al.* (orgs.): *Brasil: questões atuais da reorganização do território*. Rio de Janeiro: Bertrand Brasil.

_______ (1997a): "Algumas notas sobre a importância do espaço para o desenvolvimento social". *Território*, ano II, nº 3, jul./dez. 1997. Rio de Janeiro, pp. 13-35.

_______ (1997b): A expulsão do paraíso: O "paradigma da complexidade" e o desenvolvimento sócio-espacial. In: CASTRO, Iná E. *et al.* (orgs.): *Explorações geográficas*. Rio de Janeiro: Bertrand Brasil.

_______ (2002): *Mudar a cidade*. Uma introdução crítica ao planejamento e à gestão urbanos. Rio de Janeiro: Bertrand Brasil.

_______ (2006a): *A prisão e a ágora*. Reflexões sobre a democratização do planejamento e da gestão das cidades. Rio de Janeiro: Bertrand Brasil.

_______ (2006b): *Together* with the state, *despite* the state, *against* the state: Social movements as "critical urban planning" agents. *City*, 10(3), pp. 327-42.

_______ (2007): Da "diferenciação de áreas" à "diferenciação socioespacial": A "visão (apenas) de sobrevôo" como uma tradição epistemológica e metodológica limitante. *Cidades*, vol. 4, nº 6, pp. 101-14.

_______ (2009): Práticas espaciais insurgentes em um mundo globalizado: Da "revolução molecular" à política de escalas. In: MENDONÇA, Francisco *et al.* (orgs.): Espaço e tempo: Complexidade e desafios do pensar e do fazer geográfico. Curitiba: ADEMADAN.

_______ (2010): *Com o* Estado, *apesar do* Estado, *contra o* Estado: Os movimentos urbanos e suas práticas espaciais, entre a luta institucional e a ação direta. *Cidades*, vol. 7, nº 11 [= número temático *Formas espaciais e política(s) urbana(s)*], pp. 13-47.

_______ (2011): A cidade, a palavra e o poder: Práticas, imaginários e discursos heterônomos e autônomos na produção do espaço urbano. In: *A produção do espaço urbano*. Agentes e processos, escalas e desafios" (organizado juntamente com Ana Fani Alessandri Carlos e Maria Encarnação Beltrão Sposito). São Paulo: Contexto.

SOUZA, Roberto Martins de (2007): Da invisibilidade para a existência coletiva: Redefinindo fronteiras étnicas e territoriais mediados pela construção da identidade coletiva de Povos Faxinalenses. *Anais do II Seminário Nacional Movimentos Sociais, Participação e Democracia* (25 a 27 de abril de 2007, Florianópolis). Disponível *on-line* em: http://www.sociologia.ufsc.br/npms/roberto_mde_souza.pdf

SPOSITO, Maria Encarnação Beltrão (2011): A produção do espaço urbano: Escalas, diferenças e desigualdades socioespaciais. In: CARLOS, Ana Fani

Alessandri et al. (orgs.): *A produção do espaço urbano*. Agentes e processos, escalas e desafios. São Paulo: Contexto.

SWYNGEDOUW, Erik (2000): Authoritarian governance, power, and the politics of rescaling. *Environment and Planning D: Society and Space*, vol. 18, pp. 63-76.

_______ (2004): Scaled Geographies: Nature, Place, and the Politics of Scale. In: SHEPPARD, Eric e McMASTER, Robert (orgs.): *Scale and Geographic Inquiry*. Oxford: Blackwell.

TARROW, Sidney (2005): *The New Transnational Activism*. Nova Iorque: Cambridge University Press.

_______ (2008 [1998]): *Power in Movement*. Social Movements and Contentious Politics. Cambridge e outros lugares: Cambridge University Press, 2ª ed.

TARROW, Sidney e McADAM, Doug (2003): Scale Shift in Transnational Contention. (Artigo apresentado no simpósio *Transnational Processes and Social Movements* [Bellagio, Itália, 22-26 de julho de 2003] e disponível na Internet: http://falcon.arts.cornell.edu/sgt2/contention/documents/ST%20scaleshift%20jun04.doc)

TAVARES, Luís Almeida (2008): *Campesinato e os faxinais do Paraná: as terras de uso comum*. Tese de doutorado submetida ao Programa de Pós-Graduação em Geografia Humana da Universidade de São Paulo. São Paulo: mimeo.

TILLY, Charles e TARROW, Sidney (2007): *Contentious Politics*. Boulder e Londres: Paradigm.

TUAN, Yi-Fu (1980 [1974]): *Topofilia*. Um estudo da percepção, atitudes e valores do meio ambiente. São Paulo: DIFEL.

_______ (1983): *Espaço e lugar: A perspectiva da experiência*. São Paulo: DIFEL.

TURRA Neto, Nécio (2004): *Enterrado vivo*. Identidade *punk* e território em Londrina. São Paulo: Editora da UNESP.

_______ (2009): *Punk* e *hip-hop* na cidade: Territórios e redes de sociabilidade. *Cidades*, vol. 6, nº 9, pp. 121-154.

_______ (2010): *Punk* e *hip-hop* como movimentos sociais? *Cidades*, vol. 7, nº 11, pp. 49-66.

VALVERDE, Orlando (1979 [1958]): Apresentação da 1ª edição. In: WAIBEL, Leo: *Capítulos de Geografia Tropical e do Brasil*. Rio de Janeiro: IBGE.

VELHO, Gilberto (1973): *A utopia urbana*. Um estudo de Antropologia Social. Rio de Janeiro: Zahar.

VERNANT, Jean-Pierre (1984 [s.d.]): *As origens do pensamento grego*. São Paulo: DIFEL, 4ª ed.

WEBER, Max (1995 [1973; anos variados para os textos individuais]): *Metodologia das ciências sociais (Parte 2)*. São Paulo: Cortês e Editora da UNICAMP.

WYLIE, John (2007): *Landscape*. Londres e Nova Iorque: Routledge.

ZEILIG, Leo e ANSELL, Nicola (2008): Spaces and scales of African student activism: Senegalese and Zimbabwean university students at the intersection of campus, nation and globe. *Antipode*, 40(1), pp. 31-54.

ZIBECHI, Raúl (1997): *La revuelta juvenil de los '90*. Las redes sociales en la gestación de una cultura alternativa. Montevidéu: Nordan-Comunidad.

________ (2007): *Autonomías y emancipaciones*. América Latina en movimiento. Lima: Universidad Nacional Mayor de San Marcos.

________ (2008) *Territorios en resistencia: Cartografía política de las periferias urbanas latinoamericanas*. Buenos Aires: Lavaca.

Este livro foi composto na tipografia
Joanna MT Std, em corpo 12/15, e impresso em
papel off-set no Sistema Digital Instant Duplex
da Divisão Gráfica da Distribuidora Record.